PYTHON 3 : 400 EXERCICES CORRIGÉS POUR BIEN DÉBUTER

PATEL ASSAD

Avant propos

Le problème essentiel de tout livre informatique est la compréhension et de dire précisément son niveau.

Exemple

Cours : 1 + 1 = 2

Examen : Calculer l'intégrale $\iiint x + y + z \, dxdydz$

soit en Python

Cours

```
>>> 1 + 1
```

Examen

Coder l'intégrale en définissant une fonction à n arguments dont son block contiendra trois fonctions récursives avec un return d'une liste de tous les résultats.

Bon j'ai un peu grossi le trait mais cet exemple illustre toutes les tares des livres actuels.

J'ai essayé de détailler au maximum les corrigés ainsi que les schémas de raisonnement.

De fait, ce livre est accessible à tout le monde.

Si vous voyez des erreurs → zorblug.5534@gmail.com

Des vidéos explicatives → https://www.youtube.com/channel/UCVFpMcuKcw59wWSERq-FUSJg

Table des matières

>>>1.
L'OPÉRATEUR
D'ADDITION +

« *Additionnez* » Un professeur de mathématiques

>>> Exercice 1

Pour chaque ligne de code :

1° Donnez *l'expression*

2° Quels sont les *opérandes* et *opérateurs* ?

3° Donnez la *valeur* après *évaluation*

```
>>> 1 + 2
>>> 1 + 2 + 3
>>> 1 + 2 + 3 + 4
```

Corrigé :

L'expression est : 1+2

L'opérateur est l'addition : +

Les opérandes (ou valeur) sont : 1 et 2

```
>>> 1 + 2
3
```

L'expression est : 1 + 2 + 3

L'opérateur est l'addition : +

Les opérandes (ou valeurs) : 1, 2 et 3

```
>>> 1 + 2 + 3
6
```

L'expression est : 1 + 2 + 3 + 4

L'opérateur est l'addition : +

Les opérandes (ou valeurs) sont : 1, 2, 3 et 4

```
>>> 1+2+3+4
10
```

>>> A Retenir

En Python on entre une *expression* et il en ressort
une *valeur* unique.

```
>>> Expression
valeur
```

>>> Exercice 2

Evaluez les expressions suivantes

```
>>> 2+3
>>> 5+4+9
```

```
>>> 1+10+11+12
```

>>> **Exercice 3**

Evaluez les expressions suivantes

```
>>> 100 + 1259

>>> 3 + 99 + 402

>>> 1 + 5555 +66666
```

Corrigés

>>> Exercice 2

```
>>> 2 + 3

5

>>> 5 + 4 + 9

18

>>> 1 + 10 + 11 + 12

34
```

>>> Exercice 3

```
>>> 100 + 1259

1359

>>> 3 + 99 + 402
```

assad patel

504

>>> 1 + 5555 +66666

72222

>>> 2.
L'OPÉRATEUR
DE
SOUSTRACTION

-

« Sa vie était une constance soustraction d'elle-même » Clarice Lispector

>>> Exercice 4

Evaluez le code suivant

```
>>> 1 - 1
>>> 1 – 2 - 3
>>> 50 - 44
```

Corrigé

L'expression est : 1 – 1 avec comme opérandes les valeurs 1 et 1 et pour opérateur : -

assad patel

```
>>> 1-1
0
```

L'expression est 1-2-3 avec comme opérandes les valeurs 1,2 et 3 et pour opérateur : -

```
>>> 1-2-3
-4
```

L'expression est 50-44 avec comme opérandes les valeurs 50 et 44 et pour opérateur : -

```
>>> 50-44
6
```

>>> Exercice 5

Evaluez le code suivant

```
>>> 4-5
>>> 1 – 18 -7
>>> 100 – 78
```

>>> Exercice 6

Evaluez le code suivant

```
>>> 1 – 5 -6
>>> 2 – 97 -102
>>> 500-400
```

Corrigés

>>> Exercice 5

```
>>> 4-5

-1

>>> 1 – 18 -7

-24

>>> 100 – 78

22
```

>>> Exercice 6

```
>>> 1 – 5 – 6

-10

>>> 2 – 97 -102

-197

>>> 500 – 400

100
```

>>> 2.1. Expressions avec l'opérateur + et l'opérateur -

>>> Exercice 7

Que fait le code suivant

```
>>> 1 + 2 – 3

>>> 1 + 1 – 2
```

Corrigé

L'expression est 1 + 2 − 3

Elle combine deux opérateurs qui sont + et -, il en ressort une valeur unique

```
>>> 1 + 2 − 3
0
```

De même, l'expression est 1 + 1 − 2

```
>>> 1 + 2 − 2
0
```

>>> Exercice 8

Que fait le code suivant

```
>>> 4 − 6 + 1
>>> 1 -2 −10
```

Corrigé

L'expression est 4 − 6 + 1

```
>>> 4 − 6 + 1
-1
>>> 1 -2 −10
-11
```

>>> 3.
L'OPÉRATEUR DE MULTIPLICA-TION *

« Multiplions les pains » Anonyme

>>> Exercice 9

Evaluez les expressions suivantes

```
>>> 3 * 1
>>> 1 * 2 * 3
>>> 2 * 4 * 16 * 256
```

Corrigé

L'expression est : 3*1 avec comme opérandes : 3 et 1 et pour opérateur : *

```
>>> 3 * 1
3
```

L'expression est : 1*2*3 avec comme

opérandes : 1, 2 et 3 et pour opérateur : *

```
>>> 1 * 2 * 3
6
```

L'expression est : 2*4*16*256 avec comme opérandes : 2,4,16 et 256 et pour opérateur : *

```
>>> 2* 4 * 16 * 256
32768
```

>>> Exercice 10

Evaluez les expressions suivantes

```
>>> 1 * 1
>>> 8 * 7 *6
>>> 10 * 9 * 8 * 7
```

>>> Exercice 11

Evaluez les expressions suivantes :

```
>>> 4 * 3
>>> 7 * 89 * 750
>>> 1 * 14 * 157 * 7456
```

Corrigés

>>> Exercice 10

```
>>> 1 * 1
1
```

```
>>> 8 * 7 * 6

336

>>> 10 * 9 * 8 * 7

5040
```

>>> Exercice 11

```
>>> 4 * 3

12

>>> 7 * 89 * 750

467250

>>> 1 * 14 * 157 * 7456

16388288
```

```
Python 3.7.3 Shell                                    —    □    ×

File  Edit  Shell  Debug  Options  Window  Help
Python 3.7.3 (v3.7.3:ef4ec6ed12, Mar 25 2019, 21:26:53) [MSC v.1916 32 bit (Inte
l)] on win32
Type "help", "copyright", "credits" or "license()" for more information.
>>> 4*3
12
>>> 7*89*750
467250
>>> 1*14*157*7456
163882
>>>
```

>>> 4.
L'OPÉRATEUR DE DIVISION / ET LES NOMBRES FLOTTANTS

« Divisons pour mieux régner » Anonyme

>>> Exercice 12

Evaluez les expressions suivantes

```
>>> 4 / 2

>>> 10 / 2

>>> 1 / 3
```

L'expression est : 4 / 2 avec comme valeurs les entiers 4 et 2 et pour opérateur la division : /.

La valeur évaluée sera 2.0 qui est de type flottant (float)

```
>>> 4 / 2
```

```
2.0
```

L'expression est 10 / 2 avec pour valeurs les entiers (integer) 10 et 2, l'opérateur est la division : /

```
>>> 10 / 2
5.0
```

L'expression est 1 / 3 avec pour valeurs les entiers 1 et 3 (integer) et l'opérateur est la division : /

```
>>> 1 / 3
0.3333333333333333333333333333333333
```

A retenir

- Les nombres entiers $\mathbb{N}$ sont de type int (0,1,2,3,...) et les nombres réels $\mathbb{R}$ (1.0, 0.5, ...) sont de type float

- L'opérateur de division / donne toujours comme valeur un float.

>>> Exercice 13

Evaluez les expressions suivantes

```
>>> 2 / 3
>>> 4 / 5
>>> 6 / 8
```

>>> Exercice 14

25

Evaluez les expressions suivantes

```
>>> 57 / 49

>>> 126 / 789

>>> 1 / 10000
```

Corrigés

Exercice 11

```
>>> 2 / 3

0.66666666666666666

>>> 4 / 5

0.8

>>> 6 / 8

0.75
```

Exercice 12

```
>>> 57 / 49

1.163265306122449

>>> 126 / 789

0.1596958174904943

>>> 1 / 10000

0.0001
```

>>> 4.1. Retour sur la

notion d'expression

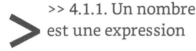 >> 4.1.1. Un nombre
est une expression

Exercice 13

Que fait le code suivant

```
>>> 1
>>> 2.5
>>> 0.0
```

Corrigé

1 est une expression (un nombre est une expression) son évaluation donne la valeur 1

```
>>> 1
1
```

De même, le flottant 2.5 est une expression et son évaluation donne la valeur 2.5

```
>>> 2.5
2.5
```

Même remarque

```
>>> 0.0
```

```
0.0
```

A retenir

```
>>> Expression
Valeur
```

 >> 4.1.2. Une expression est une combinaison d'opérandes et d'opérateurs

>>> Exercice 14

Que fait le code suivant

```
>>> 1 + 2 + 3
>>> 1 – 3 +2
>> 4 / 2
>>> 5 /
```

Corrigé

L'expression est composée d'opérandes (1, 2 et 3) et deux opérateurs (+ et +)

```
>>> 1 + 2 + 3
6
```

L'expression est composée d'opérandes (1, 2 et

3) et deux opérateurs (- et +)

```
>>> 1 – 3 +2
0
```

L'expression est composée d'opérandes (4 et 2) et d'un opérateur (/)

```
>> 4 / 2
2.0
```

On a une expression invalide qui va provoquer une erreur de syntaxe.

```
>>> 5 /
SyntaxError : invalid syntax
```

A retenir :

Une expression valide d'opérandes et d'opérateurs

```
>>> Expression
Valeur
```

Mais une expression invalide provoque une erreur de syntaxe

```
>>> Expression_invalide
SyntaxError : invalid syntax
```

>>> **Exercice 15**

Que fait le code suivant

```
>>> 1 +

>>> 2 + 2 –

>>> 1 * 4 * 3
```

Corrigé exercice 15

On a

```
>>> 1 +

SyntaxError : invalid syntax

>>> 2 + 2 –

SyntaxError : invalid syntax

>>> 1 * 4 * 3

12
```

>>> 5. L'OPÉRATEUR MODULO %, DIVISION ENTIÈRE // ET PUISSANCE **

« Modulons les fréquences et augmentons la puissance » moi

>>> Exercice 16

1°a) Ecrire la division de 17 par 4

b) Quel est le reste et le quotient ?

c) Evaluer l'expression suivante

```
>>> 17 % 4
>>>17 // 4
```

2° Evaluez les expressions suivantes

```
>>> 2 * 2

>>> 2 ** 2

>>> 4 ** 3
```

Corrigé

1° a) La division euclidienne de $17 = 4 * 4 + 1$

b) Le reste est 1 et le quotient est 4

c) l'expression est 17 % 4 avec comme opérateur le modulo qui renvoie le reste de la division euclidienne

```
>>> 17 % 4
1
```

L'expression est 17 // 4 avec comme opérateur la division entière qui renvoie le quotient de la division euclidienne

```
>>> 17 // 4
4
```

2°

```
>>> 2 * 2
4
```

L'expression est : 2**2 soit avec l'opérateur d'exponentiation 2^2 (ou de puissance)

```
>>> 2 ** 2
```

```
4
```

L'expression est : 4**3 (soit 4^3) et l'opérateur celui de l'exponentiation

```
>>> 4 ** 3
64
```

A retenir :

On découvre deux opérateurs :

- L'opérateur modulo %
- L'opérateur d'exponentiation **
- La division entière //

>>> Exercice 17

Evaluez les expressions suivantes :

```
>>> 15 % 4
>>> 7 ** 3
>>> 15 // 4
```

>>> Exercice 18

1° Donner la division euclidienne de 78 par 33

2° Evaluer

```
>>> 78 % 33
```

3° Evaluer

```
>>> 78 // 33
```

Corrigés

>>> Exercice 17

```
>>> 15 % 4
3
>>> 7**3
343
>>> 15 // 4
3
```

>>> Exercice 18

1° La division euclidienne de 78 par 33 donne :

78 = 33*2 + 12 avec 0 < 12 < 33 le quotient vaut 2 et le reste vaut 12

2° On demande le reste

```
>>> 78 % 33
12
```

3°

```
>>> 78 // 33
2
```

>>> 5.1. Focus sur l'opérateur modulo %

>>> Exercice 19

1° a) Donnez la division euclidienne de 8 par 2

b) Evaluez

```
>>> 8 % 2
```

2° a) Donnez la division euclidienne de 9065 par 1332 ?

b) 1332 divise-t-il 9065 ?

Corrigé exercice 19

1°a) On a 8 = 4 x 2 + 0 avec 0 ≤ 0 < 2 le reste est 0.

b) On a

```
>>> 8 % 2
0
```

On note que 2 divise 8

2° a)

```
>>> 9065 // 1332
6
>>> 9065 % 1332
1073
```

On a $9065 = 1332 * 6 + 1073$

b) Le reste de la division euclidienne de 9065 par 1332 est 1073 qui est non donc 1332 ne divise pas 9065

A retenir

L'opérateur modulo % est bien utile en Python. Si

assad patel

```
>>> a % b
0
```

alors b divise a.

Si l'on a également

```
>>> a % 2
0
```

alors *a est un entier pair*

>>> Exercice 20

1° 100 divise-t-il 77 ?

2° 2 divise-t-il 4 ?

3° 47 divise-t-il 34 ?

Corrigé exercice 20

1°

```
>>> 77 % 100
77
```

Le reste est différent de 0, 100 ne divise pas 77

2°

```
>>> 4 % 2
0
```

Le reste est nul, 2 divise 4.

3°

```
>>> 34 % 47

34
```

47 ne divise pas 34.

>>> 6.
PRIORITÉ DES OPÉRATEURS ET PARENTHÈSES

« des opérateurs sont prioritaires mais les parenthèses changent tout » anonymes

>>> Exercice 21

Evaluez les expressions suivantes

```
>>> 4 + 3 * 12

>>> 4 - 3 / 12

>>> 2 ** 3 * 3

>>> 1 + 3 – 4 + 5
```

Corrigé exercice 21

L'expression est 4 + 3 * 12 avec deux opérateurs étant l'addition et la multiplication. La multiplication ayant priorité sur l'addition c'est la sous-expression 3 * 12 qui est évalué en premier soit 36, enfin on évalue 4 + 36 qui donne 40

```
>>> 4 + 3 * 12
# 4 + 36
40
```

L'expression est 4 - 3 / 12 avec deux opérateurs étant la soustraction et la division.

La division ayant priorité sur celle-ci c'est la sous-expression 3/12 qui est évaluée en premier soit 0.25 enfin on évalue l'expression 3 – 0.25 soit 2.75

```
>>> 4 – 3 / 12
# 4 – 0.25
3.75
```

L'expression est 2 ** 3 * 3 avec deux opérateurs : l'exponentiation et la multiplication. L'exponentiation est prioritaire par rapport à la multiplication la sous-expression 2 ** 3 est évaluée en premier soit 8 enfin on évalue 8 * 3 soit 24

```
>>> 2 ** 3 * 3
# 8 * 3
24
```

L'expression est 1 + 3 – 4 +5 avec trois opérateurs. Comme les opérateurs d'addition et de soustraction ont la même priorité l'évaluation se fera de gauche à droite avec la première sous-expression 1 + 3 qui donne 4 puis on évalue la deuxième sous-expression 4 + 5 qui donne 9 enfin on évalue 4 – 9 ce qui donne – 5

```
>>> 1 + 3 – 4 + 5

# 4 – 4 + 5

# 4 – 9

- 5
```

A retenir

Les opérateurs par ordre de priorité

1. Exponentiation **

2. Négation -

3. Multiplication * Division / Modulo % et Division entière //

4. Addition + et Soustraction -

Si dans une expression les deux opérateurs ont la même priorité alors l'évaluation se fait de gauche à droite

```
>>> sous_expression1 sous_expression2

# valeur1 sous_expression2

# valeur1 valeur2

valeur
```

La notation # pour désigner les étapes intermédiaires

>>> Exercice 22

Evaluez les expressions suivantes en détaillant les sous-expressions

```
>>> 4 * 5 + 3 - 4

>>> 2 + 4 - 5 / 8

>>> 3 * 4 ** 3
```

>>> Exercice 23

Evaluez les expressions suivantes en détaillant les sous-expressions

```
>>> 4 + 5 + 1 - 9

>>> 2 * 3 + 9 / 5

>>> 5 // 4 + 5 % 4
```

Corrigés

Corrigé exercice 22

```
>>> 4 * 5 + 3 - 4
```

L'opérateur * est prioritaire sur les opérateur + et -

Sous-expression 1 : 4 * 5 et Sous-expression 2 : 3 – 4

```
>>> 4 * 5 + 3 - 4

# 4 * 5 + 3 - 5

# 20 + 3 - 5
```

```
# 20 – 1
19
```

On a

```
>>> 2 + 4 – 5 / 8
```

L'opérateur / est prioritaire sur les opérateurs + et –

Ensuite comme les opérateurs + et – ont la même priorité et seront évalués de gauche à droite.

```
>>> 2 + 4 – 5 / 8
# 2 + 4 – 5 / 8
# 2 + 4 – 0.625
# 6 – 0.625
5.375
```

On a

```
>>> 3 * 4 ** 3
```

L'opérateur ** est prioritaire

sous-expression 1 : 4 ** 3 soit 64

sous-expression 2 : 3 * 64

```
>>> 3 * 4 ** 3
# 3 * 4 ** 3
# 3 * 64
192
```

Corrigé exercice 23

```
>>> 4 + 5 + 1 – 9
```

Les opérateurs + et – ont la même priorité, on évalue donc de gauche à droite.

Sous expression 1 : 4 + 5 = 9

sous expression 2 : 9 + 1 = 10

sous expression 3 : 10 – 9 = 1

```
>>> 4 + 5 + 1 – 9
# 4 + 5 + 1 – 9
# 9 + 1 – 9
# 10 – 9
# 1
1
```

On a

```
>>> 2 * 3 + 9 / 5
```

Les opérateurs * et / ont la même priorité, l'évaluation se fera de gauche à droite.

Sous-expression 1: 2 * 3 = 6

sous-expression 2 : 9 / 5 = 1.8

sous-expression finale : 6 + 1.8 = 7.8

```
>>> 2 * 3 + 9 / 5
# 2 * 3 + 9 / 5
# 6 + 9 / 5
# 6 + 1.8
# 7.8
7.8
```

On a

```
>>> 5 // 4 + 5 % 4
```

Les opérateurs // et % ont la même priorité, l'évaluation se fait donc de gauche à droite.

Sous-expression 1 : 5 // 4 = 1

Sous-expression 2 : 5 % 4 = 1

sous-expression finale : 1 + 1 = 2

On a

```
>>> 5 // 4 + 5 % 4
# 5 // 4 + 5 % 4
# 1 + 5 % 4
# 1 + 1
2
```

>>> Exercice 24

Evaluez les expressions suivantes

```
>>> (4 + 3) * 12

>>> (4 - 3) / 12

>>> 2 ** (3 * 3)

>>> 1 + (3 – 4) + 5
```

Corrigé exercice 24

Ce sont les mêmes expressions que l'exercice précédent mais il y a un rajout de parenthèses ce qui modifie la priorité. Les expressions en parenthèses seront évaluées en premier.

```
>>> (4+3) * 12

# (4+3) * 12

# 7 * 12

84
```

On a

```
>>> (4-3) / 12

# (4-3) / 12

# 1 / 12

0.0833333333333
```

On a

```
>>> 2 ** (3*3)

# 2 ** (3*3)

# 2 ** 9
```

```
512
```

On a

```
>>> 1 + (3-4) + 5

# 1 + (3-4) + 5

# 1 - 1 + 5

# 0 + 5

5
```

>>> **Exercice 25**

Evaluez les expressions suivantes

```
>>> 4 * (5 + 3) - 4

>>> 2 + (4 - 5) / 8

>>> (3 * 4) ** 3
```

>>> **Exercice 26**

Evaluez les expressions suivantes

```
>>> 4 + 5 + (1 - 9)

>>> 2 * (3 + 9) / 5

>>> 5 // (4 + 5) % 4
```

Corrigé Exercice 25

```
>>> 4 * (5 + 3) - 4
```

Les parenthèses forcent le calcul de $(5+3) = 8$

il reste $4 * 8 - 4$ et l'opérateur $*$ est prioritaire

d'ou $32 - 4$

28

```
>>> 4 * (5 + 3) – 4
# 4 * (5 + 3) – 4
# 4 * 8 – 4
# 32 – 4
28
```

On a

```
>>> 2 + (4 – 5) / 8
```

Les parenthèses forcent le calcul de $(4-5) = -1$

on a ensuite $2 - 1 / 8$ avec l'opérateur $/$ qui est prioritaire on a donc la sous-expression : $1 / 8 = 0.125$ et enfin $2 - 0.125 = 1.875$

1.875

```
>>> 2 + (4 – 5) / 8
# 2 + (4 – 5) / 8
# 2 – 1 / 8
# 2 – 0.125
1.875
```

On a

```
>>> (3 * 4) ** 3
```

Les parenthèses forcent le calcul de (3*4) = 12 on a ensuite le calcul de 12**3 = 1728

1728

```
>>> (3 * 4) ** 3
# (3 * 4) ** 3
# 12 ** 3
1728
```

Corrigé Exercice 26

```
>>> 4 + 5 + (1 - 9)
```

Les parenthèses forcent le calcul de (1-9) = -8 il reste le calcul de 4 + 5 - 8 = 1

1

```
>>> 4 + 5 + (1 - 9)
# 4 + 5 + (1 - 9)
# 4 + 5 - 8
# 9 - 8
1
```

On a

```
>>> 2 * (3 + 9) / 5
```

Les parenthèses forcent le calcul de (3+9) = 12 il

reste

2 * 12 / 5 et les opérateurs sont * et / sont de prioritaires au même niveau, l'évaluation se fera de gauche à droite sous-expression 1 : 2 * 12 = 24 et enfin 24 / 5 = 4.8

4.8

```
>>> 2 * (3 + 9) / 5
# 2 * (3 + 9) / 5
# 2 * 12 / 5
# 24 / 5
4.8
```

```
>>> 5 // (4 + 5) % 4
```

Les parenthèses forcent le calcul de (4+5) = 9 il reste donc 5 // 9 % 4 or les opérateurs % et // ont la même priorité. L'évaluation se fait donc de gauche à droite soit sous-expression 1 : 5 // 9 = 0 et 0 % 4 = 0

0

```
>>> 5 // (4 + 5) % 4
# 5 // (4 + 5) % 4
# 5 // 9 % 4
# 0 % 4
```

assad patel

0

>>> 7.
AFFECTATION
DE VALEUR

>>> Exercice 27

Que font les lignes de codes suivantes

```
>>> nombre = 12.0

>>> nombre

>>> calcul = 20 * 4.0

>>> calcul
```

Corrigé exercice 27

Tout d'abord, Python évalue l'expression 12.0 qui est un float ensuite cette valeur est mise dans la variable nombre.

```
>>> nombre = 12.0

>>> nombre

12.0
```

De même, il y a l'évaluation de l'expression 20 * 4.0 qui donne la valeur 80.0, celle-ci est mise dans la variable calcul

```
>>> calcul = 20 * 4.0

# calcul = 20 * 40.0

# calcul = 80.0

>>> calcul

80.0
```

On peut donner une visualisation

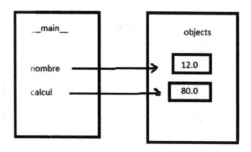

A retenir

Le signe = est utilisé pour *affecter* une *valeur* à une *variable*.

variable ← valeur (pseudo-code)

```
>>> variable = valeur
```

On peut affecter aussi une expression

```
>>> variable = expression
```

>>> 7.1. Afficher le contenu d'une variable avec l'interpréteur

>>> Exercice 28

Que fait le code suivant

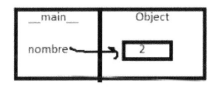

Corrigé exercice 28

On a

```
>>> nombre = 1 + 1

# nombre = 1 + 1

# nombre = 2

>>> nombre

2
```

```
  __main__          Object

  nombre ──────→  [  2  ]
```

```
 nombre

```

A retenir

Pour voir le contenu d'une variable (sa valeur) dans un interpréteur Python on tape le nom de la variable

```
>>> variable
Valeur
```

>>> Exercice 29

Que fait le code suivant

```
>>> va = 42
>>> vb = 12 / 5
>>> va
>>> vb
```

Corrigé exercice 29

On a

```
>>> va = 42
>>> vb = 12 / 5
# vb = 2.4
>>> va
42
>>> vb
```

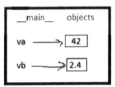

>>> 7.2. NameError : il manque des noms dans l'espace des noms

>>> Exercice 30

Que fait le code suivant

```
>>> va = 42
>>> vb
```

Corrigé exercice 30

On a

```
>>> va = 42
```

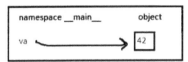

L'espace des noms ne contient qu'un seul nom : va.

On demande le contenu de la variable vb, or l'espace des noms ne contient aucune variable

s'appelant vb. On a notre première erreur sémantique.

```
>>> vb

NameError : name 'vb' is not defined
```

>>> 8.
AFFECTATION D'EXPRESSIONS

Que fait le code suivant

```
>>> a = 1 + 2 * 4
>>> b = 1 + 1
>>> c = a * b
>>> c
```

Corrigé exercice 31

On affecte l'expression 1 + 2 * 4 à la variable a, cette expression sera évaluée et donnera une valeur unique.

```
>>> a = 1 + 2 * 4
# a = 1 + 2 * 4
```

assad patel

```
# a = 1 + 8
# a = 9
```

De même pour b.

```
>>> b = 1 + 1
# b = 2
```

La variable c va être affectée de a * b qui est aussi une expression.

```
>>> c = a * b
# c = 9 * 2
# c = 18
>>> c
18
```

A retenir

Dans une expression les opérandes peuvent êtres des variables

>>> Exercice 32

Que fait le code suivant

```
>>> a = 2
>>> b = a * 2
>>> c = a + 1
```

```
>>> d = a + b + c + 1
```

Corrigé exercice 32

La variable a est affectée de la valeur 2

```
>>> a = 2
```

La variable b est affectée de l'expression a * 2

```
>>> b = a * 2
# b = 2 * 2
# b = 4
```

La variable c est affectée de l'expression a + 1 dont le premier opérande est une variable et l'autre une valeur

```
>>> c = a + 1
# c = 2 + 1
# c = 3
```

La variable d est affectée de l'expression a + b + c + 1 dont trois opérandes sont des variables et la dernière une valeur

```
>>> d = a + b + c + 1
# d = 2 + 4 + 3 + 1
# d = 10
```


>>> **Exercice 33 (documentation de Python)**

1° Un rectangle a pour longueur 4 unités et largeur 2 unités, quelle est l'air de ce rectangle ?

2° a) Affecter la valeur 4 à la variable longueur

b) affecter la valeur 2 à la variable largeur

3° Evaluez

```
>>> longueur * largeur

>>> aire = longueur * largeur

>>> aire
```

Corrigé exercice 33

1° On applique la formule Aire = longueur * largeur soit Aire = 4 * 2 = 8

2° a)

```
>>> longueur = 4
```

b)

```
>>> largeur = 2
```

3°

```
>>> longueur * largeur

# 2 * 4

# 8

8

>>> aire = longueur * largeur
```

```
# aire = 2 * 4

# aire = 8

>>> aire

8
```

>>> Exercice 34 Un calcul de TVA

Un grand classique est le calcul de la Taxe sur la valeur ajoutée

1° a) Soit un produit valant 100 € Hors Taxe donnez son prix Tous taxes comprises sachant que le taux de TVA est de 20 %.

b) Affectez la variable prixHT à 100

c) Affectez le taux de tva à 20 % dans la variable taux_tva (astuce : $\frac{20}{100}$)

2° Evaluez le code suivant

```
>>> tva = prixHT * taux_tva

>>> prixTTC = prixHT + tva

>>> prixTTC
```

Corrigé exercice 34

1° a) Le calcul de TVA se base sur la formule suivante : TVA = BaseHT * Taux d'où 100 * 20 % = 20 d'où le prixTTC = 100 + 20 = 120

b)

```
>>> prixHT = 100
```

c)

```
>>> taux_tva = 20 / 100
```

2 °

```
>>> tva = prixHT * taux_tva

# tva = 100 * 0.2

# tva = 20.0
```

Puis

```
>>> prixTTC = prixHT + tva

# prixTTC = 100 + 20.0

# prixTTC = 120.0
```

>>> 8.1. Réaffectations de variables

>>> Exercice 35

Que fait le code suivant

```
>>> a = 1

>>> a = 2

>>> a
```

Corrigé exercice 35

On affecte la valeur 1 à la variable a

```
>>> a = 1
```

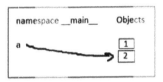

```
>>> a = 2
```

La variable a est réaffectée à la valeur 2 (ou a réfère l'objet 2)

>>> Exercice 36

Que fait le code suivant

```
>>> a = 2
>>> b = 1 / 5
>>> a = a + b
```

Corrigé exercice 36

On a

```
>>> a = 2
>>> b = 1 / 5
# b = 0.2
>>> a = a + b
```

assad patel

```
# a= 2 + 0.2

# a = 2.2
```

 >> 8.1.1. Echanger deux
valeurs de variables

>>> Exercice 37

1° Que fait le code suivant

```
>>> a = 1

>>> b = 2

>>> a = b

>>> b = a

>>> a

>>> b
```

2° que fait le code suivant

```
>>> a = 1

>>> b = 2

>>> c = a

>>> a = b

>>> b = c
```

Corrigé exercice 37

1° On a

```
>>> a = 1
>>> b = 2
```

```
>>> a = b
# a = 2
>>> b = a
# b = 2
>>> a
2
>>> b
2
```

2°

```
>>> a = 1

>>> b = 2

>>> c = a

# c = 1
```

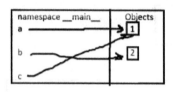

```
>>> a = b

# a = 2

>>> b = c

# b = 1
```

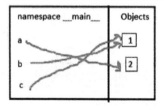

>>> Exercice 38

Que fait le code suivant

```
>>> a = 1
```

```
>>> b = 2
>>> a, b = b, a
>>> a
>>> b
```

Corrigé exercice 38

On a

```
>>> a = 1
>>> b = 2
>>> a, b = b, a
# a = b
# a = 2
# b = a
# b = 1
>>> a
2
>>> b
1
```

>>> 9.
L'OPÉRATEUR BOOLÉEN NOT

In memory of *Georges Boole* (1815-1864)

En Python il existe un type booléen qui contient deux valeurs {True, False}

>>> Exercice 39

1° a) affectez la variable booleen1 à la valeur False

b) affectez la variable booleen2 à la valeur True

2° a) Evaluez

```
>>> not booleen1
```

b) Evaluez

```
>>> not booleen2
```

Corrigé exercice 39

1° a) On a

```
>>> booleen1 = False
```

```
>>> booleen1
False
```

b) On a

```
>>> booleen2 = True
>>> booleen2
True
```

2° a)

```
>>> not booleen1
# not False
# True
True
```

b) On a

```
>>> not booleen2
# not True
# False
False
```

A retenir

L'opérateur booléen not agit comme la négation classique.

```
>>> not True
False
```

```
>>> not False

True
```

>>> Exercice 40

Que fait le code suivant

```
>>> booleen1 = True

>>> not True

>>> not False

>>> not booleen1
```

Corrigé exercice 40

```
>>> booleen1 = True

>>> not True

False

>>> not False

True

>>> not booleen1

# not True

# False

False
```

>>> 10.
L'OPÉRATEUR BOOLÉEN AND

>>> Exercice 41

1° a) affectez la variable booleen1 à la valeur False

b) affectez la variable booleen2 à la valeur True

2° Evaluez

```
>>> booleen1 and booleen2
```

Corrigé exercice 41

1° a)

```
>>> booleen1 = False
>>> booleen1
False
```

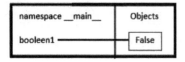

b) On a

```
>>> booleen2 = True
>>> booleen2
True
```

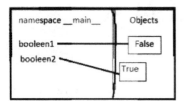

2° On a

```
>>> booleen1 and booleen1
# False and True
# False
False
```

A retenir

L'opérateur booléen and a la même table de vérité suivante

and	True	False
True	True	False
False	False	False

>>> Exercice 42

Que fait le code suivant

```
>>> True and True
>>> False and True
>>> booleen1 = True
>>> booleen2 = False
>>> booleen1 and booleen2
```

Corrigé exercice 42

```
>>> True and True
True
>>> False and True
False
>>> booleen1 = True
>>> booleen2 = False
# booleen1 = True
# booleen2 = False
>>> booleen1 and booleen2
# True and False
# False
False
```

>>> 10.1.not and and

>>> Exercice 43

Que fait le code suivant

```
>>> not True and False

>>> True and not False

>>> not True and not False
```

Corrigé exercice 43

On a deux opérateurs booléens not et and et deux opérandes que sont True et False. L'opérateur not est prioritaire sur and, il sera donc évalué en premier

```
>>> not True and False

# not True and False

# False and False

# False

False
```

De même l'opérateur not prime sur l'opérateur and

```
>>> True and not False

# True and not False

# True and True

#True
```

```
True
```

Ici on a deux opérateurs not, l'évaluation se fera donc de gauche à droite

```
>>> not True and not False

# not True and not False

# False and not False

# False and True

#False

False
```

A retenir :

Pour les booléens on a les opérateurs :

1. not
2. and

L'opérateur not est *prioritaire* sur and

>>> Exercice 44

Que fait le code suivant

```
>>> booleen1 = True

>>> booleen2 = False

>>> not booleen1 and booleen2

>>> not not True

>>> booleen1 and not booleen2
```

Corrigé exercice 44

```
>>> booleen1 = True

>>> booleen2 = False

# booleen1 = True

# booleen2 = False

>>> not booleen1 and booleen2

# not booleen1 and booleen2

# not True and booleen2

# False and booleen2

# False and False

# False

False

>>> not not True

# not not True

# not False

# True

True

>>> booleen1 and not booleen2

# booleen1 and not booleen2

# booleen1 and not False

# booleen1 and True
```

```
# True and True

# True

True
```

>>> 11. L'OPÉRATEUR BOOLÉEN OR

>>> Exercice 45

Que fait le code suivant

```
>>> True or False
>>> False or False
```

Corrigé exercice 45

Ici on a l'opérateur booléen or avec les deux opérandes que sont True et False. Il agit comme son équivalent mathématique || et l'évaluation donnera True

```
>>> True or False
True
```

De même on a l'opérateur booléen or avec les deux opérandes que sont False et False. L'évaluation donnera donc False

```
>>> False or False
```

```
False
```

A retenir :

L'opérateur booléen or possède la table de vérité suivante :

Or	True	False
True	True	True
False	True	False

>>> **Exercice 46**

1° a) Affectez la valeur booléenne True à la variable booleen1

b) Affectez la valeur booléenne False à la variable booleen2

2° Evaluez

```
>>> booleen1 or booleen2
```

3° Si

```
>>> val1 or val2
False
```

Quels sont les valeurs de val1 et val2 ?

Corrigé exercice 46

1° a)

```
>>> booleen1 = True
```

b)

```
>>> booleen2 = False
```

2°

```
>>> booleen1 or booleen2
# booleen1 or booleen2
# True or booleen2
# True or False
# True
True
```

3° on a

```
>>> val1 or val2
False
```

Si l'on se réfère au à la table de vérité de or :

Or	True	False
True	True	True
False	True	False

La seule possibilité est

```
>>> val1 = False
>>> val2 = False
>>> val2 or val2
False
```

>>> 11.1.not, and et or

>>> Exercice 47

Evaluez le code suivant

> >>> not True or not False
>
> >>> not (True and False) or (not True and False)

Corrigé exercice 47

Rappelons que l'opérateur not est prioritaire sur l'opérateur and

> >>> not True or not False
>
> # not True or not False
>
> # False or not False
>
> # False or True
>
> # True
>
> True

Les parenthèses vont forcer le sens des évaluations

> >>> not (True and False) or (not True and False)
>
> # not (True and False) or (not True and False)
>
> # not False or (False and False)
>
> # True or False
>
> # True

```
True
```

>>> **Exercice 48**

Evaluez le code suivant

```
>>> not True and (not False or True)

>>> not (False or True) and (True and not False)
```

Corrigé exercice 48

Ici la parenthèse force la priorité et l'opérateur not est prioritaire sur and

```
>>> not True and (not False or True)

# not True and (not False or True)

not True and (not False or True)

# not True and (True or True)

# not True and True

# False and True

# False

False
```

On a

```
>>> not (False or True) and (True and not False)

# not (False or True) and (True and not False)

# not (True) and (True and not False)
```

```
# not True and (True and not False)

# not True and (True and True)

# not True and True

# False and True

# False

False
```

>>> 12. LES OPÉRATEURS D'ÉGALITÉ == ET !=

« Egaux dans l'adversité et différents dans la joie » anon234

>>> Exercice 49

Evaluez le code suivant

```
>>> 0 = 1
>>> 0 == 1
>>> 0 == 0
>>> 0 != 1
```

Corrigé exercice 49

On a

```
>>> 0 = 1
SyntaxError : can't assign to literal
```

Ici on a un message d'erreur, en effet on a tenté d'assigner la valeur 1 à la valeur 0 (0 ← 1) ce qui n'est pas possible. En effet, = sert pour l'affect-ation.

L'opérateur == est l'opérateur de comparaison en python, il a pour opérandes 0 et 1. Comme 0 est différent de 1 il va renvoyer False

```
>>> 0 == 1
False
```

De même, comme 0 est bien égal à lui-même selon le principe d'identité on aura donc True en évaluation.

```
>>> 0 == 0
True
```

Ici l'opérateur teste si 0 est différent de 1 ce qui est le cas, d'où évaluation à True

```
>>> 0 != 1
True
```

A retenir

- == teste l'égalité
- != teste la différence

>>> Exercice 50

Evaluez le code suivant

```
>>> 1 == 1
>>> 0 != 4
>>> True == False
>>> True ==  True
```

Corrigé exercice 50

On a

```
>>> 1 == 1
True
>>> 0 != 4
True
>>> True == False
False
>>> True == True
True
```

>>> 13. LES OPÉRATEURS DE COMPARAISON > ET <

« la borne inférieure est le plus grand des minorants » Analyse 101

>>> **Exercice 51**

Evaluez le code suivant

```
>>> 0 > 1
>>> 0 < 1
>>> 45 + 3 > 45 − 3
```

Corrigé exercice 51

Ici on a l'opérateur de comparaison > et il se comporte comme son homonyme mathématiques représentant la relation d'ordre strict et donc évaluée à False.

On note que l'expression est correcte.

```
>>> 0 > 1
False
```

De même on a l'opérateur de comparaison < avec les deux opérandes 0 et 1

```
>>> 0 < 1
True
```

Ici on a l'opérateur de comparaison avec les opérandes l'expression 45+3 et 45-3

```
>>> 45 + 3 > 45 – 3
# 45 + 3 > 45 – 3
# 48 > 45 – 3
# 48 > 42
# True
True
```

>>> Exercice 52

Evaluez le code suivant

```
>>> 1 > 2
>>> 2 > 3 + 2
>>> 10 + 2 > 17 – 1
```

Corrigé exercice 52

On a

```
>>> 1 > 2
False
>>> 2 > 3 + 2
# 2 > 3 + 2
# 2 > 5
# False
False
>>> 10 + 2 > 17 − 1
# 10 + 2 > 17 − 1
# 12 > 17 − 1
# 12 > 16
# False
False
```

>>> 13.1. Les lois de Morgan

>>> Exercice 53

1° a) Soient A et B deux ensembles, que vaut $\overline{A \cup B}$ selon la loi de Morgan ?

b) De même que vaut $\overline{A \cap B}$

2° a) Evaluez

```
>>> A = True
>>> B = False
```

b) Evaluez

```
>>> not (A or B)

>>> not A and not B

>>> not (A or B) == not A and not B
```

3° Evaluez

```
>>> not (A and B)

>>> not A or not B

>>> not (A and B) == not A or not B
```

Corrigé exercice 53

1° a) On a $\overline{A \cup B} = \overline{A} \cap \overline{B}$

b) On a $\overline{A \cap B} = \overline{A} \cup \overline{B}$

2°a)

```
>>> A
True
>>> B
False
```

b) On a

```
>>> not (A or B)

# not (True or False)

# not (True)

# False
```

```
False

>>> not A and not B

# not True and not False

# False and not False

# False and True

# False

False

>>> not (A or B) == not A and not B

# False == False

# True

True
```

3° On a

```
>>> not (A and B)

# not (True and False)

# not (False)

# True

True

>>> not A or not B

# not True or not False

# False or not False
```

```
# False or True

# True

True

>>> not (A and B) == not A or not B

# True == True

# True

True
```

>>> 14. LA CHAÎNE DE CARACTÈRES EN PYTHON

« brisons les chaînes » Dans l'Antiquité

>>> 14.1. Expressions de type String

>>> Exercice 54

Que fait le code suivant

```
>>> 'a'
>>> 'spam'
>>> 'egg'
>>> Python
```

Corrigé exercice 54

Après les expressions de type numérique et

booléens, nous découvrons les expressions de type string (ou chaînes de caractères). Ils sont identifiables avec les guillemets simples ''

Leur évaluation dans un interpréteur Python renvoie la même chaîne.

```
>>> 'a'
'a'
>>> 'spam'
'spam'
>>> 'egg'
'egg'
```

Le fait de ne pas mettre de guillemets simples dans l'interpréteur indique que c'est le nom d'une variable. Or le nom python n'est pas définie on va avoir un NameError.

```
>>> Python
NameError: name 'Python' is not defined
```

A retenir

- pour écrire des expressions de type string (en abrégé *str*) on utilise des guillemets ''

On a

```
>>> 'expression_string'
'expression_string'
```

>>> **Exercice 55**

Soit le code suivant

```
>>> 1 * 2
>>> True and False
>>> 'hello'
```

1° Quels sont les expressions

2° Que va donner les évaluations de ces expressions ?

Corrigé exercice 55

1° On a trois expressions. La première est arithmétique (1 * 2), la deuxième est booléenne (True and False) et la troisième est du type chaîne de caractère ('hello')

2° On a

```
>>> 1 * 2
# 1 * 2
# 1
2
>>> True and False
# False
```

```
False
>>> 'hello'
'hello'
```

>>> 14.2. La notation
" " (double quote)

>>> Exercice 56

Evaluer le code suivant

```
>>> Python
>>> 'Python'
>>> 'L'apostrophe'
>>> "L'apostrophe"
```

Corrigé exercice 56

Ici on tape la chaîne de caractère dans l'interpréteur Python et il nous renvoie un message d'erreur

```
>>> Python
Traceback (most recent call last):
  File "<pyshell#13>", line 1, in <module>
```

```
Python
NameError: name 'Python' is not defined
```

La dernière ligne d'erreur est la plus intéressante : NameError.

Le nom Python n'est pas défini.

```
>>> 'Python'
'Python'
```

La chaîne de caractère est affichée normalement grâce à l'utilisation de guillemets simples ' '

On note que 'Python' est une expression et son évaluation donne la valeur 'Python'

```
>>> 'L'apostrophe'
# 'L'apostrophe'
SyntaxError : invalid syntax
```

On a une erreur de syntaxe.

```
>>> "L'apostrophe"
"L'apostrophe"
```

Pour contourner le problème on utilise le double quote " "

A retenir

• Pour afficher une chaîne de caractère en utilise le guillemet simple : ' '

97

· S'il y déjà un guillemet simple on utilise le guillemet double : " "

1° Affichez dans l'interpréteur le texte suivant :

```
'Mathématiques'
```

2° Affichez dans l'interpréteur le texte suivant :

```
"L'argent"
```

Corrigé Exercice 57

1°

```
>>> 'Mathématiques'
'Mathématiques'
```

2°

```
>>> "L'argent"
"L'argent"
```

>>> *14.3. L'opérateur*
+ : la concaténation

>>> **Exercice 58**

Soit le code suivant

```
>>> 'a' + 'b'
>>> "a" + "b"
```

```
>>> 'a' + 'b' + '1'
```

1° Quels sont les expressions ?

2° Que va donner l'évaluation de ce code ?

Corrigé exercice 58

1° On a la première expression 'a' + 'b'

Les opérandes sont 'a' et 'b' qui sont de type string et l'opérateur + de concaténation.

Pour la deuxième expression "a" + "b"

C'est la même expression que la précédente mais on utilise le double quote " "

La troisième expression 'a' + 'b' + '1'

Il y a trois opérandes qui sont tous de type string et deux opérateurs + de concaténation.

2° Chaque expression va donner une valeur unique qui sera de type string.

```
>>> 'a' + 'b'
'ab'
>>> "a" + "b"
'ab'
>>> 'a' + 'b' + '1'
'ab1'
```

A retenir

L'opérateur + de concaténation permet de concaténer deux strings

>>> **Exercice 59**

Que fait le code suivant

```
>>> '1' + '2'

>>> 1 + 2

>>> 'py' + 'thon'
```

Corrigé exercice 59

L'expression est : '1' + '2' avec deux opérandes de type string et l'opérateur de concaténation

```
>>> '1' + '2'
'12'
```

L'expression : 1 + 2 avec deux opérandes de type entiers (int) et l'opérateur d'addition

```
>>> 1 + 2
3
```

L'expression : 'py' + 'thon' avec deux opérandes de type string (str) et l'opérateur de concaténation

```
>>> 'py' + 'thon'
'python'
```

>>> 14.3.1 TypeError : les types ne matchent pas

>>> Exercice 60

Que fait le code suivant

```
>>> 1 + 1
>>> '1' + 1
```

Corrigé exercice 60

On a une expression. Les deux opérandes sont de même type (ce sont des nombres) et l'opérateur d'addition + est compatible.

```
>>> 1 + 1
2
```

On a une expression. Il y a deux opérandes, l'une est du type string et l'autre du type entier.

```
>>> '1' + 1
TypeError: can only concatenate str (not "int")
to str
```

L'expression n'est pas valide. L'erreur s'appelle TypeError. L'opérateur de concaténation ne peut concaténer que des opérandes de type string (str).

A retenir :

Dans le type string, l'opérateur de concaténation + n'accepte que des opérandes de type string.

>>> Exercice 61

Que fait le code suivant

```
>>> 'hello' + 'world'

>>> 'hello ' + 'world'

>>> 'hello' + 1
```

Corrigé exercice 61

On a deux expressions valides

```
>>> 'hello' + 'world'

'helloworld'

>>> 'hello ' + 'world'

'hello world'
```

On a

```
>>> 'hello' + 1

TypeError : can only concatenate str (not int)
to str
```

>>> Exercice 62

Que fait le code suivant

```
>>> 1 + 1

>>> 1 + '1'
```

Corrigé exercice 62

L'expression est 1 + 1. Le premier opérande est de type int et le deuxième également. L'opérateur + est donc l'opérateur arithmétique de l'addition.

```
>>> 1 + 1
2
```

L'expression est 1 + '1'. Le premier opérande est de type int 1 puis vient l'opérateur + qui doit être forcément arithmétique. En regardant le second opérande qui est de type str '1', l'interpréteur se rend compte de son erreur.

```
>>> 1 + '1'
# 1 + '1'
# 1 + '1'

TypeError: unsupported operand type(s) for +:
'int' and 'str'
```

L'opérateur arithmétique + ne supporte que des opérandes de type int.

>>> 14.4. L'opérateur *

>>> Exercice 63

Que fait le code suivant

```
>>> 2 * 2
>>> '2' + 2
>>> '2' * 2
```

Corrigé exercice 63

L'expression est : 2 * 2. Les opérandes sont de types int et l'opérateur de multiplication *

```
>>> 2 * 2
4
```

L'expression est '2' + 2. Le premier opérande est de type string (str) et le deuxième de type int. L'opérateur est celui de la concaténation.

```
>>> '2' + 2
TypeError: can only concatenate str (not "int") to str
```

L'expression est '2' * 2. Le premier opérande est de type string (str) et le deuxième opérande est de type int. L'opérateur * attend comme premier opérande un type str et comme deuxième opérande un type int.

```
>>> '2' * 2
'22'
```

A retenir :

L'opérateur * a pour opérande un string et un int.

>>> Exercice 64

Que fait le code suivant

```
>>> 'a' * 10
>>> '1122'* 3
```

Corrigé exercice 64

On a

```
>>> 'a' * 10
'aaaaaaaaaa'
>>> '01'* 4
'01010101'
```

>>> Exercice 65

Que fait le code suivant

```
>>> 'a' * 10.0
>>> 'a'*'b'
```

Corrigé exercice 65

On a deux opérandes : 'a' de type string et 10.0 de type float

```
>>> 'a' * 10.0
TypeError: can't multiply sequence by non-int
of type 'float'
```

On a un TypeError qui dit qu'on ne peut pas multiplier une séquence (notre type string) par un non-entier de type float.

On a deux opérandes 'a' et 'b' de type string et on tente de les multiplier avec l'opérateur *

```
>>> 'a'*'b'
TypeError: can't multiply sequence by non-int
```

```
oftype 'str'
```

Même message d'erreur mais cette fois-ci il précise qu'on ne peut pas multiplier un string par un autre string.

>>> 14.5. Expressions
avec + et *

>>> Exercice 66

Que fait le code suivant

```
>>> 'a' + 'b' * 2

>>> 2 * 'a' + 'b'

>>> 2*('a' + 'b')
```

Corrigé exercice 66

On a une expression avec trois opérandes et deux opérateurs. Comme son équivalent arithmétique l'opérateur * est prioritaire sur l'opérateur de concaténation +. On a

```
>>> 'a' + 'b' * 2

# 'a' + 'b' * 2

# 'a' + 'bb'

# 'abb'

'abb'
```

De même dans la deuxième expression on évalue d'abord la sous-expression avec l'opérateur*

```
>>> 2 * 'a' + 'b'

# 2 * 'a' + 'b'

# 'aa' + 'b'

# 'aab'

'aab'
```

Dans la troisième expression la parenthèse force la priorité

```
>>> 2*('a' + 'b')

# 2 * ('a' + 'b')

# 2 * 'ab'

# 'abab'

'abab'
```

A retenir :

- L'opérateur * est prioritaire sur l'opérateur +
- Les parenthèses forcent la priorité
- En cas d'égalité de priorité l'évaluation se fait de gauche à droite

>>> Exercice 67

Que fait le code suivant

```
>>> 2*3*'a'

>>> 'a'+'b'*2+4*'a'
```

Corrigé exercice 67

On a

```
>>> 2*3*'a'
# 2*3*'a'
# 6*'a'
# 'aaaaaa'
'aaaaaa'
>>> 'a'+'b'*2+4*'a'
# 'a'+'b'*2+4*'a'
# 'a'+'bb'+4*'a'
# 'a'+'bb'+'aaaa'
# 'abbaaaa'
'abbaaaa'
```

>>> 15. LES FONCTIONS EN PYTHON

>>> 15.1. Exemples de fonctions natives (ou built-in)

>>> 15.1.1. La fonction print( ) et les expressions simples

>>> **Exercice 68**

Que fait le code suivant

```
>>> 1
>>> "a"
>>> print(1)
>>> print("a")
```

Corrigé exercice 68

L'expression est 1 et son évaluation donnera la

valeur 1.

```
>>> 1
1
```

L'expression est "a" et son évaluation donnera la valeur 'a'

```
>>> "a"
'a'
```

On a un *appel de fonction*. La fonction a un nom : print et elle prend un argument : l'expression 1 et elle renvoie la valeur 1.

```
>>> print(1)
1
```

On a encore un appel de fonction. Elle prend comme argument : l'expression "a" (de type string) et elle renvoie la valeur 'a' (remarquez que la valeur ne contient plus de guillemets)

```
>>> print("a")
a
```

A retenir :

- La fonction *built-in* (ou native) print() se trouve déjà présente dans l'interpréteur de Python.
- Elle permet l'affichage des *arguments* qu'on lui passe (l'argument passé est une expression)

Elle a la structure suivante (pour l'instant)

```
>>> print(expression)
valeur
```

Où l'argument est une expression de type *int*, float, *boolean* et *String*.

>>> Exercice 69

Soit le code suivant

```
>>> print(4)
>>> print("c")
```

1° a) Comment appelle-t-on ces deux lignes de code ?

b) Quels sont les arguments ?

2° Que fait le code ?

Corrigé exercice 69

1° a) Ce sont deux appels de la fonction print()

b) Les arguments sont les expressions : 4 et "c"

2° On a

```
>>> print(4)
4
>>> print("c")
c
```

>>> 15.1.2. La fonction print() et les expressions complexes

>>> **Exercice 70**

Soit le code suivant

```
>>> print(1 + 1)
>>> print("a"+"b")
>>> print(True and False)
```

1° a) Comment appelle-t-on les trois instructions ?

b) Quels sont les arguments de la fonction print() ?

2° Que va afficher chaque ligne de ce code ?

Corrigé exercice 70

1° a) Ce sont trois appels de la fonction print( )

b) les arguments sont les expressions 1 + 1, "a"+"b" et True and False

2° Dans l'ordre il y aura évaluation de chaque expression ce qui donne une valeur puis affichage de celle-ci.

```
>>> print(1 + 1)
# print (1+1)
# print (2)
2
>>> print("a"+"b")
```

```
# print("a"+"b")

# print("ab")

ab

>>> print(True and False)

# print(True and False)

# print(False)

False
```

A retenir :

La fonction print( ) peut prendre comme argument une expression quelconque (valide).

```
>>> print(expression)

# print(valeur)

Valeur
```

>>> **Exercice 71**

Que fait le code suivant

```
>>> print(1+1+1)

>>> print("hello"+"world")
```

Corrigé exercice 71

On a

```
>>> print(1+1+1)

# print(1+1+1)
```

```
# print(3)

3

>>> print("hello"+"world")

#print("hello"+"world")

# print("hellorworld")

helloworld
```

>>> 15.1.3. Variables et fonction print( ) : une variable comme argument

>>> Exercice 72

Que fait le code suivant

```
>>> a = 42

>>> a

>>> b = 1 + 1

>>> b

>>> print(a)

>>> print(b)
```

Corrigé exercice 72

On déclare la variable a et on l'affecte de la valeur 42. On demande l'affichage de la variable a via l'interpréteur

```
>>> a = 42
```

```
>>> a
42
```

On déclare la variable b et on l'affecte de l'expression 1 + 1, cette expression sera évaluée à la valeur 2

```
>>> b = 1 + 1
# b = 1 + 1
# b = 2
2
```

On a un appel de la fonction print( ) avec un argument. Cet argument est une variable : a. Cette variable référence la valeur 42.

```
>>> print(a)
# print(a)
# print(42)
42
```

On a un deuxième appel de la fonction print( ) avec toujours une variable comme argument.

```
>>> print(b)
# print(b)
# print(2)
2
```

A retenir :

La fonction print() peut prendre comme argument une variable, il affichera la valeur de cette variable.

La valeur de la variable peut être du type int, float, boolean ou String

>>> Exercice 73

Que fait le code suivant

```
>>> a = True and False
>>> b = "hello world"
>>> print(a)
>>> print(b)
```

Corrigé exercice 73

On a

```
>>> a = True and False
# a = True and False
# a = False
>>> b = "hello world"
>>> print(a)
# print(a)
# print(False)
False
```

```
>>> print(b)

# print("hello world")

# hello world

Hello world
```

>>> 15.1.3.1. *NameError* : la variable n'existe pas

>>> Exercice 74

Que fait le code suivant

```
>>> a = 42.0

>>> print(a)

>>> print(b)

>>> b
```

Corrigé exercice 74

On a

```
>>> a = 42.0

>>> print(a)

# print(42.0)

# 42.0

42.0

>>> print(b)

# print(b)
```

```
# NameError : name 'b' is not defined

NameError : name 'b' is not defined

>>> b

NameError : name 'b' is not defined
```

>>> 15.1.4. La fonction native len()

>>> **Exercice 75**

Que fait le code suivant

```
>>> chaine = "hello world"

>>> len("hello")

>>> len(1)

>>> len('1')
```

Corrigé exercice 75

La variable ayant pour nom chaine référence le string "hello world"

Ici on a un appel de fonction.

Le nom de la fonction : len

L'argument est la chaîne de caractère "hello"

On a

```
>>> len("hello")
5
```

La fonction retourne une valeur entière qui est le nombre de caractères de "hello"

Note : len est le diminutif length

On a un nouvel appel de la fonction len() avec un entier comme argument.

```
>>> len(1)
TypeError: object of type 'int' has no len()
```

On a une TypeError, la fonction len() ne prend uniquement que des chaînes de caractères comme argument.

```
>>> len('1')
1
```

En effet il y a un seul caractère dans '1'

A retenir :

La fonction len () prend un argument de type str (ou chaînes de carctères)

>>> Exercice 76

Que fait le code suivant

```
>>> len("")
>>> "" * 2
>>> len("spam")
>>>len("egg")
```

Corrigé exercice 76

On a

```
>>> len("")
```

```
0
```

' ' s'appelle la chaîne vide, par définition il contient 0 lettres ou caractère.

On a une expression ' ' * 2 avec comme opérandes la chaîne vide et le nombre 2. La chaîne vide agit comme le 0 avec la multiplication.

```
>>> " * 2
"
```

On a

```
>>> len("spam")
4
```

On a

```
>>>len("egg")
3
```

>>> 15.1.5. Expressions avec appels de fonctions

>>> **Exercice 77**

Soit le code suivant

```
>>> 1 + print(1)
>>> 1 +len('1')
```

Corrigé exercice 77

L'expression est 1 + print(1). Les opérandes sont : 1 et print(1). 1 est du type int et print(1) est un appel de fonction. Mais nous ne savons pas quel est le type de print(1). Du coup peut-on additionner le type int() avec un type inconnu ? On a

```
>>> 1 + print(1)

TypeError: unsupported operand type(s) for +:
'int' and 'NoneType'
```

L'expression est invalide (il ne produit pas de valeur). Il y a une erreur de type (TypeError) : on ne peut additionner un type int (en l'espèce 1) avec un type appelé NoneType (on reviendra plus tard dessus).

On a l'expression est 1 + len('1'). Les opérandes sont 1 de type int et len('1') dont on ne connaît pas le type.

```
>>> 1 +len('1')

# 1 + len('1')

# 1 + 1

# 2

2
```

L'expression est valide. A priori le type de len('1') est int.

>>> Exercice 78

Que fait le code suivant

```
>>> print("hello") + 2
```

```
>>> 1 + len('11') + 3
```

Corrigé exercice 78

On a

```
>>> print("hello") + 2

TypeError: unsupported operand type(s) for +:
'NoneType' and 'int'

>>> 1 + len('11') + 3

# 1 + len('11') + 3

# 1 + 2 + 3

# 6

6
```

>>> 15.1.6.La fonction native type( )

« Rencontre du troisième type » Un film Python

>>> **Exercice 79**

Que fait le code suivant ?

```
>>> type(15)

>>> type(10.2)

>>> type(True)

>>> type("true")
```

Corrigé exercice 79

On a un appel de fonction, l'argument est l'entier 15 (de type int)

```
>>> type(15)
# type(15)
<class 'int'>
```

La fonction renvoie <class 'int'> qui indique que 15 est bien du type int.

```
>>> type(10.2)
# type(10.2)
<class 'float'>
```

Ici la fonction type nous renseigne que la valeur 10.2 est du type float.

```
>>> type(True)
# type(True)
<class 'bool'>
```

La valeur True est du type bool (pour booléen).

```
>>> type("true")
# type("true")
<class 'str'>
```

La valeur "true" est du type str.

A retenir

- La fonction type( ) renseigne le type de de

l'argument

• Les trois types que l'on a vu sont int, float, bool et str

On a

```
>>> type(argument)

<class type_argument>
```

>>> Exercice 80

1° Evaluez le code

```
>>> type(4)

>>> type(3.14)

>>> type('python')
```

2° Evaluez le code

```
>>> var = 45

>>> type (var)
```

Corrigé exercice 80

1° On a

```
>>> type(4)

<class 'int'>

>>> type (3.14)

<class 'float'>

>>> type ('python')
```

```
<class 'str'>
```

2° La fonction type( ) prend en argument une variable. Lors de l'appel de type( ) c'est la valeur de la variable qui sera passé comme argument dans la fonction.

```
>>> var = 45
>>> type (var)
# type(45)
# <class 'int'>
<class 'int'>
```

>>> 15.2. Définir ses propres fonctions

>>> 15.2.1.Le mot clé def et l'indentation
>>> Exercice 81

Soit le code suivant :

```
>>> def f(x) :
  return x + 1
```

1° Quel est le nom de la fonction ?

2° Que fait le code suivant

```
>>> def
```

3° Que fait le code suivant

```
>>> def f(x) :
```

```
return x
```

Corrigé exercice 81

1° Le nom de la fonction est f.

2° On a

```
>>> def
SyntaxError : invalid syntax
```

En effet, def est ce qu'on appelle un mot clé. Son utilisation est réservée.

3° On a

```
>>> def f(x):
return x
SyntaxError: expected an indented block
```

Une notion fondamentale en Python : l'indentation. Elle est obligatoire en Python. La recommandation est de laisser 4 espaces.

A retenir :

```
>>> def nom_fonction():
  block
```

- La fonction peut n'avoir aucun argument.
- L'indentation est obligatoire.
- Le block contient les instructions à l'intérieur de la fonction.
  ◦ L'instruction minimale est pass

- En général on fait un return (voir plus bas)

>>> **Exercice 82**

Que fait le code suivant

Soit le code suivant :

```
>>> def vide():
    pass
```

1° Quelle est le nom de cette fonction ?

2° Quels sont ses arguments ?

3° Y a-t-il bien une indentation ?

4° Que contient le block de cette fonction ?

Corrigé exercice 82

1° Le nom de la fonction est vide

2° Elle ne prend aucun argument

3° Il y a bien une indentation (de 4 espaces)

4° Le block de la fonction contient une seule in-struction : pass

>>> 15.2.2.Définir des fonctions à un argument

>>> *15.2.2.1.Appels de fonctions*

>>> **Exercice 83**

Que fait le code suivant

```
>>> def f(x) :
    return x + 1
```

1° Quel est le nom de la fonction ?

2° Que contient le block de la fonction ?

3° Que fait le code suivant

```
>>> return
```

4° Que fait le code suivant

```
>>> f(1)
```

Corrigé exercice 83

1° Le nom de la fonction est f

2° Le block de la fonction contient une seule instruction return x + 1

3° On a une erreur de syntaxe

```
>>> return
SyntaxError: 'return' outside function
```

return est un mot-clé de Python (au même titre que def)

4° On a ce qu'on appelle un appel de fonction, si on n'avait pas défini la fonction on aurait eu

```
>>> f(1)
NameError: name 'f' is not defined
```

Le nom f n'aurait pas été défini.

Mais comme on a bien défini avec **def**, un nom, un argument, une indentation et un block on a :

```
>>> f(1)
2
```

f(1) est un appel de fonction et aussi une expression qui produit ici une valeur. Nous reviendrons plus tard que la façon dont le code à l'intérieur de la fonction sera exécuté.

A retenir :

```
>>> nom_fonction(argument)
```

est un appel de fonction.

>>> Exercice 84

Soit le code suivant

```
>>> print(42)
>>> def f(x) :
  return x
>>> f(1)
```

1° Donnez les noms des deux fonctions en présence ?

2° Quels sont les deux appels de fonctions ?

3° Que va afficher ce code ?

Corrigé exercice 84

1° Les deux fonctions en présence ont pour nom f et print. On notera que la fonction f() est définit tandis que la fonction print() est présent nativement dans l'interpréteur Python.

2° Les deux appels de fonctions sont print(42) et f(1)

3° On a

```
>>> print(42)
42
>>> def f(x):
  return x
>>> f(1)
1
```

>>> *15.2.2.2. Définir une fonction avec un argument et un return*

>>> **Exercice 85**

1° Que fait le code suivant

```
>>> 0 + 1
>>> -1 + 1
```

2° Que fait le code suivant

```
>>> def fonction(x):
  return x+1
>>> fonction(0)
```

```
>>> fonction(-1)
```

Corrigé exercice 85

1°

```
>>> 0 + 1
1
>>> -1 + 1
0
```

2° On a ici notre première fonction

```
>>> def fonction(x):
    return x + 1
```

On a les mots-clés def et return. Le nom de la fonction est fonction et elle prend un argument qui s'appelle x.

Le return est suivie de l'expression x + 1

Note pour plus tard : à ce moment le code du block de la fonction n'est pas évalué (il n'est évalué que lors d'un appel de la fonction). On insère le nom fonction dans l'espace des variables du __main__ (espace de nommage)

Le nom fonction référence un objet fonction (type function) dans la mémoire

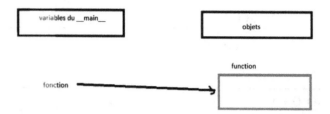

On fait un premier appel de la fonction avec l'argument 0, le code du block sera évalué.

```
>>> fonction(0)
# fonction(0) :
# return 0 + 1
# return 1
1
>>> fonction(-1)
# fonction(-1) :
# return -1 + 1
# return 0
0
```

A retenir :

Une fonction avec un argument et un return a la forme générique suivante : (*block* désigne du code)

```
>> def nom_fonction (argument) :
```

```
    block

    return expression
```

>>> Exercice 86 (la fonction carré)

Que fait le code suivant

```
>>> def carre(x) :

    return x*x

>>> carre(0)

>>> carre(-3)
```

corrigé exercice 86

On a

```
>>> carre(0)

# carre(0)

# return 0*0

# return 0

0

>>> carre(-3)

# carre(-3)

# return -3 * -3

# return 9

9
```

>>> Exercice 87 TypeError

Que fait le code suivant

```
>>> def f(x) :

    return x + 1

>> f()
```

Corrigé exercice 87

On définit une fonction.

On fait un appel de fonction mais sans passer aucun argument, que se passe-t-il ?

```
>>> f()

TypeError: f() missing 1 required positional argument: 'x'
```

Il y a une erreur sémantique qui s'appelle TypeError.

Le message indique que si l'on a définit une fonction avec un argument, lors de l'appel de celle-ci il est obligatoire de passer (ou de donner) un argument (ici *positional argument*).

>>> 16. LA STRUCTURE CONDITIONN-ELLE IF

« Fais ton choix » Morpheus

>>> Exercice 88

1° Evaluez le code suivant

```
>>> if 4 > 0 :
            print('positif')
>>> if 4 < 0 :
            print('positif')
```

2° Que fait le code suivant

```
>>> if
```

Corrigé exercice 88

On a affaire ici à une structure conditionnelle. La condition ici est 4 > 0 qui est évalué à True, on exécute le code en dessous et on affiche la chaîne de caractère positif

```
>>> if 4 > 0 :
    print('positif')
```

Notons que l'indentation est obligatoire.

Le même code sans indentation

```
>>> if 4 > 0 :
print('positif')
SyntaxError : expected and indented block
```

Soit une erreur de syntaxe, Python s'attendait à une indentation.

Dans la suite la condition est 4 < 0 qui est évaluée à False : le if ne sera pas exécuté

```
>>> if 4 < 0 :
    print('positif')

>>>
```

2° on a

```
>>> if
SyntaxError : invalide syntax
```

if est un mot-clé de Python.

A retenir :

```
>>> if condition :
```

Block

Si la condition est vrai le block de code indenté sera exécuté.

>>> **Exercice 89**

1° a) Soit

```
>>> if(1 > 0):
    print(1+1)
```

Que contient le block et quelle est la condition ?

b) Que va faire ce code ?

2° Soit

```
>>> if(0 == 1):
    print(0)
```

a) Quel sera l'évaluation de la condition 0 == 1 ?

b) le block contenant l'instruction print(0) sera-t-il exécuté ?

Corrigé exercice 89

1° a) Le block (ou bloc) du if contient une seule instruction : print (1 + 1) et la condition est 1 > 0

```
>>> if(1 > 0):
    print(1+1)
```

b) On va évaluer la condition : 1 > 0 qui va retourner le booléen True

puis on entre dans le bloc du if qui contient

l'instruction : `print(1+1)` qui sera elle-même évaluée

```
>>> if(1 > 0):
# if True:
# print(1+1)
# print(2)
# 2
2
```

2° a) On a

```
>>> 0 == 1
False
```

b) La condition est fausse, le block (contentant une seule instruction) ne sera pas exécuté.

>>> Exercice 90

Que fait le code suivant

```
>>> a = True
>>> b = False
>>> if(a and b):
                print('Hello')
>>> if(a or b):
                print('world')
```

```
>>> if(not a):

                print('python')
>>> if(0):

                print('0')
>>> if(1):

                print('le nombre 1')
>>> if(43046721):

                print('6561')
>>> print(a and not b)

                print("c'est vrai")
```

Corrigé exercice 90

On a

```
>>> if(a and b):
# if(True and False):
# if False
>>> if(a or b):
# if(True or False):
# if True:
# print('world')
world
```

```
>>> if(not a):
# if(not True):
# if False:

>>> if(0):
# if False:

>>> if(1):
# if True:
# print('le nombre 1')
le nombre 1
>>> if(43046721):
# if True
# print('6561')
6561
>>> print(a and not b)
                print("c'est vrai")
```

Note :

Si le nombre 0 est seule dans une condition celle-ci aura pour valeur False. Tout autre nombre autre que 0 aura pour valeur True.

>>> 16.1. La structure conditionnelle else

« il faut avoir le choix » Anons

>>> Exercice 91

Soit le code suivant

```
>>> pilule_bleu = False
>>> if pilule_bleu :
  print('Réalité')
else :
  print ('illusion')
```

Que fait ce code ?

Corrigé exercice 91

On a une affectation, la variable pilule_bleu prend la valeur booléenne False et devient une variable booléenne.

Ensuite, on a une structure conditionnelle

```
>>> if pilule_bleu :
# if False
```

la condition est fausse, le block en dessous du if n'est pas exécuté mais on passe désormais au else qui contient lui aussi son block (ici une seule ligne d'instruction) ici pas de condition à vérifier on passe directement dans son block

```
else :
  print ('illusion')
illusion
```

A retenir :

La condition peut être

• une expression avec des opérateurs de comparaison qui renverra un True ou False

• Une variable booléenne

Si la condition du if est fausse c'est le block du else qui sera évalué

>>> Exercice 92

1° Soit le code suivant

```
>>> if 4 > 0 :
  print('4 est un nombre positif')
else :
  print ('ERROR 401')
```

a) Quelle est la condition du if et son résultat ?

b) Que va afficher l'interpréteur ?

2°

```
>>> variable 1 = False
>>> if variable_1 :
  print('0 existe')
```

```
else :

  print ('Minkowski')
```

Que va afficher l'interpréteur ?

Corrigé exercice 92

1° a)La condition 4 > 0 renvoie le booléen True. On entre dans le bloc du if qui contient une instruction print('4 est un nombre positif')

b) On a

```
>>> if 4 > 0 :

# if True :

# print('4 est un nombre positif')

# 4 est un nombre positif

4 est un nombre positif
```

2° On a

```
>>> variable1 = False

>>> if variable_1 :

# if False :

# else :

# print ('Minkowski')

# Minkowski

Minkowski
```

>>> Exercice 93 (un grand classique : l'entier pair ou impair)

1° a) Que fait le code suivant ?

```
>>> a = 4
>>> a % 2
```

b) si l'on a une variable qui contient une valeur numérique entière

```
>>> variable % 2
0
```

Que peut-on dire la parité de la valeur de la variable ?

c) Comment peut-on écrire une condition testant la parité d'une valeur avec l'opérateur == ?

2° Soit le code suivant

```
>>> variable_p = 57
>>> if(variable_p % 2 == 0):
    print('pair')
else :
    print('impair')
```

a) Que vaut la condition (variable_p % 2 == 0) ?

b) Poser la division euclidienne de 57 par 2, quel est son reste ?

c) Que va afficher l'interpréteur ?

Corrigé exercice 93

1° a) La valeur 4 (ou l'objet 4) est référencée par la variable a

On calcule le modulo (reste de la division euclidienne) :

```
>>> a = 4
>>> a % 2
# 4 % 2
# 0
0
```

4 est divisible par 2, donc 4 est pair.

b) Si la variable contient une valeur numérique et que le modulo 2 vaut 0 on peut dire que la valeur est paire.

Exemple : la valeur est 4 et on a

```
>>> 4 % 2
0
```

D'où la valeur 4 est paire.

c) On écrit simplement

```
>>> valeur % 2 == 0
```

Si l'on a True alors valeur est paire si l'on a False alors valeur est impair.

Exemple

```
>>> 4 % 2 == 0
True
>>> 5 % 2 == 0
False
```

2°

a) On a

```
>>> variable_p % 2 == 0
# 57 % 2 == 0
# False
False
```

b) On pose la division euclidienne : $57 = 2 * 28 + 1$

le reste de la division euclidienne est 1 et son quotient est 28.

c)

```
>>> variable_p = 57
>>> if(variable_p % 2 == 0):
# if(variable_p % 2 == 0):
# if(57 % 2 == 0):
# if(False):
# else :
# print('impair')
```

impair

>>> Exercice 94

1°Qu'affiche le code suivant ?

```
>>> variable1 = 42
>>> if variable1 > 0 :
    print('positif')
else :
    print('négatif')
```

2° Qu'affiche le code suivant ?

```
>>> variable1 = -42
>>> if variable1 > 0 :
    print('positif')
else :
    print('négatif')
```

Corrigé exercice 94

1°

```
>>> variable1 = 42
>>> if variable1 > 0 :
# if variable1 > 0 :
# if 42 > 0 :
# if True :
```

```
# print('positif')
positif
```

2°

```
>>> variable1 = -42
>>> if variable1 > 0 :
# if -42 > 0 :
# if False :
# else :
# print('négatif')
négatif
```

>>> **Exercice 95 (signe du produit)**

1° que fait le code suivant :

```
>>> variable1 = 10
>>> variable2 = -10
```

2° Soit la condition

```
>>> (variable1 > 0 and variable2 > 10) or (variable1 < 0 and variable2 < 0)
```

Quel sera son évaluation ?

3° Que fait le code suivant

```
>>> variable1 = 10
>>> variable2 = 20
```

```
>>> if(variable1 > 0 and variable2 > 0) or (vari-
able1 <0 and variable2 <0):

    print('le produit des deux nombres est posi-
tif')

else:

    print('le produit des deux nombres est né-
gatif')
```

Correction exercice 95

1° On déclare deux variables de noms variable1 et variable2 ayant pour valeurs 10 et -10

2° Son évaluation se fait de la façon suivante

```
>>>(variable1 > 0 and variable2 > 0) or (vari-
able1 <0 and variable2 <0)

#(10 > 0 and 20 > 0) or (variable1 <0 and vari-
able2 <0)

#(True and True)or (variable1 <0 and variable2
<0)

#(True) or (variable1 <0 and variable2 <0)

#(True)or (10 < 0 and 10 <0)

# (True) or (False and False)

# True or False

# True

True
```

2° On a

```
>>> if(variable1 > 0 and variable2 > 0) or (vari-
able1 < 0 and variable2 < 0):

# if True :

    print('le produit des deux nombres est posi-
tif')

le produit des deux nombres est positif
```

>>> 16.2. Condition et intervalle

« le ballon dans l'intervalle » Un commentateur de football

>>> Exercice 96 (Intervalle)

1° a) Comment définit-on qu'un élément x appartienne à l'intervalle [a ;b]?

b) Ecrire la condition d'appartenance à un intervalle ?

2° a) Que fait ce code

```
>>> var = 4

>>> (0 <= var and var <= 10)
```

b) Que fait le code suivant

```
>>> var = 4

>>> if(0 <= var and var <= 10) :

                print(" 4 appartient à l'inter-
```

```
valle [0;10] ")
else :
                print(" 4 n'appartient pas à
cet intervalle")
```

Corrigé exercice 96

1° a) Un réel x appartient à l'intervalle où a et b sont des nombres réels si et seulement si

a < = x < = b

b) On doit avoir

   1. $a \leq x$

   2. $x \leq b$

d'où avec les mots-clés de Python (a < = x) and (x < = b)

2° a)

```
>>> var = 4
>>> (0 <= var and var <= 10)
# (0 <= var and var <= 10)
# (0 <= 4 and  var <= 10)
# (True and var <= 10)
# (True and 4 <= 10)
# (Truc and True)
# True
```

```
True
```

b) On a

```
>>> if(0 <= var and var <= 10):
# if(0 <= var and var <= 10):
# if True:
# print(" 4 appartient à l'intervalle [0;10]")
4 appartient à l'intervalle [0;10]
```

La condition du if étant vraie son block est donc exécuté.

>>> Exercice 97

1° Affectez la valeur 15 à la variable de nom var

2° Que fait le code suivant

```
>>> if(20 <= var and var <= 30):
    print(" 15 appartient à l'intervalle [20;30]")
else:
    print(" 15 n'appartient pas à l'intervalle [20;30]")
```

Corrigé exercice 97

1°

```
>>> var = 15
```

2°

```
>>> if(20 <= var and var <= 30):
```

```
# if (20 <= var and var <= 30):

# if (20 < = 15 and 15 < = 30):

# if (False and 15 < = 30):

# if (False):

# else:

# print(" 15 n'appartient pas à l'intervalle [20;30] ")
```

15 n'appartient pas à l'intervalle [20;30]

>>> Exercice 98 (tiré d'un examen d'université)

Donnez les valeurs de chaque variable à la fin de l'exécution du programme. Quel message s'affiche ?

```
>>> i = 65

>>> j = 6.5

>>> x 30

>>> k = i / j

>>> if (k * 3 and x % 3 == 0):

                print("Blue")

else:

                print("Red")
```

corrigé exercice 98

```
>>> i = 65
>>> j = 6.5
# i = 65
# j = 6.5
>>> x = 30
>>> k = i / j
# x = 30
# k = i / j
# k = 65 / 6.5
# k = 10.0
>>> if ( k * 3 and x % 3 == 0 ) :
# if ( k * 3 and x % 3 == 0 ) :
# if ( 10.0 * 3 and 30 % 3 == 0 ) :
# if ( 30.0 and True ) :
# if ( True and True ) :
# if ( True ) :
# print("Blue")
Blue
```

>>> **Exercice 99**

1° Que fait le code suivant

```
>>> if(0):

    print('ok')

else :

    print('0 est évalué comme un booléen valant
False')
```

2°

```
>>> if(-42):

    print('tout nombre autre que 0 est sera
évalué comme un booléen valant True')

else :

    print('0 est évalué comme un booléen valant
False')
```

Corrigé exercice 99

1°

```
>>> if(0):

# if(False):

# else :

# print('0 est évalué comme un booléen valant
False')

0 est évalué comme un booléen valant False
```

2°

```
>>> if(-42):
```

```
# if (True) :

# print('Tout nombre autre que 0 est évalué
comme un booléen valant True')

Tout nombre autre que 0 est évalué comme un
booléen valant True
```

>>> Exercice 100 (année bissextile)

1° a) Codez la première condition d'une année bissextile (insuffisante cependant)

Une année est bissextile si elle est divisible par 4 et non divisible par 100

b) On doit néanmoins vérifier que si la condition 1 est fausse on doit en outre vérifier qu'elle est divisible par 400

codez cette condition

2° Que fait le code suivant

```
>>> def annee_bi(n) :
  if (n%4 ==0 and (n % 100 )!=0) or (n%400 ==
0) :

    return ('annee bissextile')

  else :

    return ('sorry bro')
>>> annee_bi(1984)
>>> annee_bi(2000)
```

```
>>> annee_bi(1900)
```

Corrigé exercice 100

1° a)

```
>>> annee_bissextile = int(input())

>>> ((annee_bissextile % 4 )== 0) and ((annee_
bissextile % 100)!= 0)
```

b) on a

```
>>> annee_bissextile = int(input())

>>> ((annee_bissextile % 4 )== 0) and ((annee_
bissextile % 100) != 0) or (annee_bissextile %
400 ==0)
```

2° C'est une fonction qui prend un argument et teste si c'est une année bissextile

```
>>> annee_bi(1984)

# if (1984 % 4 == 0) and (1984 % 100!=0) or
(1984%400==0):

# if(True and True) or (1984%400 ==0)

# if True :

# return annee bissextile

annee bissextile

>>> annee_bi(2000)

# if (2000% 4 == 0) and (2000% 100!=0) or
(2000%400==0):
```

```
# if True and False or True

# if False or True

# if True

# return aneee bissextile

annee bissextile

>>> annee_bi(1900)

# if (1900% 4 == 0) and (1900% 100!=0) or
(1900%400==0):

# if True and False or False

# if False or False

# if False

# return 'sorry bro'

sorry bro
```

>>> 17. LIRE AVEC LE FONCTION INPUT( )

>>> *17.1. La fonction int( )*

« je transforme du texte en nombre » Anons

>>> Exercice 101

1° Que fait le code suivant

```
>>> int('42')
```

2° Quel est le type de la variable chaine ?

```
>>> chaine = '41'
>>> type(chaine)
```

3° Que fait le code suivant

```
>>> int(chaine)
```

4° Que dit la fonction help( ) sur la fonction int( )

```
>>>help(int)
```

Corrigé exercice 101

1° Ici nous avons une

    1. une fonction : la fonction int( )

    2. un argument : la chaîne de caractère '42'(et non un nombre)

```
>>> int('42')

# int('42')

42
```

La fonction évalue et sort un nombre de type int

2°

```
>>> chaine = '41'
```

C'est une affectation de variable avec la valeur une chaîne de caractères '41'

```
>>> type(chaine)

<class 'str'>
```

On a la confirmation que le type de la variable est du type string

3°

```
>>> int(chaine)

# int('41')

# 41
```

41

La fonction prend comme argument la variable chaine, puis cherche sa valeur qui est la chaîne de caractère '41' et la transforme en nombre 41 de type int

4°

```
>>>help(int)

Help on class int in module builtins:

class int(object)
| int([x]) -> integer

  Convert a number or string to an integer, or return 0 if no arguments

| are given. If x is a number, return x.__int__().
For floating point

| numbers, this truncates towards zero.
```

On voit que le résultat de la fonction est de type int (diminutif de integer = entier).

Ensuite c'est clairement expliqué que la fonction convertit un nombre ou une chaîne de caractères en un entier.

A retenir

• La fonction int ( ) peut convertir une chaîne de caractères en un entier

• Il transforme également un nombre à virgule

en nombre entier (troncature)

• Il y a une condition sur la chaîne de caractère elle doit être composée de caractères numériques

>>> Exercice 102

Evaluez le code suivant

```
>>> int('100')
>>> var = '9'
>>> int(var)
```

Corrigé exercice 102

```
>>> int('100')
100
>>> var = '9'
>>> int(var)
# int('9')
# 9
9
```

>>> Exercice 103 (Conversion des nombres de type float)

```
>>> int(100.0)
>>> var = 9.3
>>> int(var)
```

Corrigé exercice 103

```
>>> int(100.0)
100
>>> var = 9.3
>>> int(var)
# int(9.3)
# 9
9
```

>>> 17.2. Lire avec la fonction input ( )

« Lecture et écriture » Algorithmique

```
>>> help(input)
input(prompt=None, /)
   Read a string from standard input.
```

>>> Exercice 104

1° a) Que fait le code suivant

```
>>> print('hello')
```

b) que fait le code suivant

```
>>> input()
42
```

2° a) Que fait le code suivant ?

```
>>> input('que vaut 1 + 1 ?')
```

b) que fait le code suivant

```
>>> var = input ('que vaut 1 + 1 ?')
```

Corrigé exercice 104

1°a) La fonction print va afficher hello à l'écran, c'est ce qu'on appelle une écriture

```
>>> print('hello')
hello
```

b) La fonction input provoque un passage à la ligne et c'est l'utilisateur qui entre le texte au clavier ici on a entré 42

```
>>> input()
42
'42'
```

Il y a affichage de la chaîne de caractère '42'

On a fait une écriture.

2° a) La fonction input ( ) peut à l'instar de print ( ) afficher une chaîne de caractère ici la chaîne que vaut 1 + 1 ? et attend la réponse de l'utilisateur ici 2, qui sera transformée en chaîne de caractère.

```
>>> input('que vaut 1 + 1 ?')

que vaut 1 + 1 ?2
```

```
'2'
```

b) Cette fois

```
>>> var = input('que vaut 1+1 ?')

que vaut 1+1 ?2

>>> var

'2'
```

A retenir

Avec la fonction input( )

• Ce qu'on entre au clavier sera transformée en type string

• On peut optionnellement mettre un texte qui sera affiché sur la ligne suivante

>>> Exercice 105

Que fait le code suivant ?

```
>>> input ( )

windows

>>> var = input ('Que vaut la racine carrée de 16 ?')

Que vaut la racine carrée de 16 ?4

>>> var
```

Corrigé exercice 105

```
>>> input ()
windows
'windows'
>>> var = input ('Que vaut la racine carrée de
16 ?')
Que vaut la racine carrée de 16 ?4
>>> var
'4'
```

>>> 17.2.1. input ( ), int ( ) et if

>>> Exercice 106 (Composition de fonction)

Que fait le code suivant ?

1° Que fait le code suivant ?

```
>>> int(input ())

42
```

2°

```
>>> var = int(input())

27
>>> var
```

```
>>> type(var)
```

Corrigé exercice 106

1° On a affaire à une composition de fonction comme son équivalent mathématique ce sera la fonction input( ) qui sera appelée en premier et l'utilisateur entre son texte ici deux caractères alphanumériques et elle renvoie la chaîne de caractères '42'

```
>>> int(input ( ))
# input( )
42
#'42'
# int('42')
#42
42
```

La chaîne '42' passe en argument désormais dans la fonction int ( ) qui la transforme en entier.

2°

```
>>> var = int(input())

27
>>> var
```

On a une affectation la valeur de int(input()) sera mis dans la variable var.

assad patel

On a donc l'évaluation de int(input()) en premier

```
>>> var = int(input())
# var = int(input())
# 27
#'27'
#var = int('27')
# var = 27
>>> var
27
>>> type(var)
#type (27)
#<class 'int'>
<class 'int'>
```

C'est bien le type entier

A retenir

On peut avoir

```
>>> f( g( ))
```

Dans cette expression l'argument de la fonction f( ) est une fonction g( )

Lors de l'appel de la fonction f( ) ce sera l'appel de g( ) qui sera exécuté en premier.

>>> **Exercice 107**

Que fait le code suivant

1° (L'utilisateur bien informé de son arithmétique entrera 2)

```
>>> int(input('que vaut 1+1 ?'))
```

2° Que vaut var à la fin de ce code ?

```
>>> var = int(input())
34
>>> var = var + 42
>>> print(var)
```

Corrigé exercice 107

1°

```
>>> int(input('que vaut 1+1 ?'))
que vaut 1+1 ? 2
'2'
```

La fonction input( ) sera appelée en premier

```
>>> int(input('que vaut 1+1 ?'))
que vaut 1+1?2
# '2'
# int('2')
# 2
2
```

2°

```
>>> var = int(input())
# var = int(input())
# 34
# '34'
# var = int('34')
# var = 34
>>> var = var + 42
# var = var + 42
# var = 34 + 42
# var = 34 + 42
# var = 76
>>> print(var)
# print(76)
# 76
76
```

>>> Exercice 108

1° Quelle est la fonction qui permet de transformer une chaîne de caractère en nombre ?

2° Que fait le code suivant

```
>>> print('Quel âge avez vous ?')
```

```
>>> var = int(input( ))

34

>>> print('vous avez', var ,'ans')
```

Corrigé exercice 108

1° D'après le help( ) la fonction int ( ) prend en argument un objet et le transforme en type integer (entier)

```
int ([x]) → integer
```

Donc la fonction int() peut tansformer une chaîne de caractères en nombre.

2° On a

```
>>> print('Quel âge avez vous ?')

Quel âge avez-vous ?
```

On a int(input( ))

Appel de la fonction input( ), l'utilisateur entre la valeur 34 au clavier, on enregistre '34'

Appel de la fonction int('34') -> 34

D'où la variable var référence l'entier 34

On fait un appel de la fonction print( ) avec trois arguments, on a

```
>>> print('vous avez', var ,'ans')

# print('vous avez', 34, 'ans')

vous avez 34 ans
```

>>> **Exercice 109**

Le but de cet exercice est de demander un nombre puis de tester si celui-ci est positif ou négatif

1° a) Combiner la fonction input( ) et int ( ) avec un message 'entrez un nombre entier' et affectez cette entrée dans une variable nommée var

```
>>> var =
```

b) Que fait le code suivant ?

```
>>> if(var > 0):
              print('le nombre est positif')
```

c) Que fait le code suivant ?

```
>>> if(var < 0):
              print('le nombre est négatif')
```

d) Mettre le code complet avec un else

2° Que fait le code suivant

```
>>> var = -42
>>> if(var > 0):
   print('le nombre est positif')
else
   print('le nombre est négatif')
```

Corrigé exercice 109

1° a) On va entrer le nombre 42

```
>>> var = int(input('entrez un nombre entier'))
42
```

La variable var référence le nombre 42

b) On a

```
>>> if(var > 0):
# if(42 > 0):
# if True:
    print('le nombre est positif')
le nombre est positif
```

c)

```
>>> if(var < 0):
# if(42 < 0):
# if False:
>>>
```

La condition est fausse, le block contenant l'instruction ne sera pas exécuté.

d) On écrit

```
>>> var = int(input('entrez un nombre entier'))
>>> if(var > 0):
    print('le nombre est positif')
else:
```

```
print('le nombre est négatif')
```

2° On a

```
>>> var = -42
>>> if(var > 0):
# if(-42 > 0):
# if False:
else:
    print('le nombre est négatif')
le nombre est négatif
```

>>> 17.3. La structure conditionnelle elif

« une alternative c'est deux choix, une double alternative c'est donc quatre choix »

On a vu une chose intéressante dans l'exercice 109, un nombre est soit positif soit négatif, naïvement on doit utiliser deux conditions pour tester la positivité et la négativité. En effet on aurait pu coder de la façon suivante :

```
>>> if(var > 0):
    print('le nombre est positif')
>>> if(var < 0):
```

```
print('le nombre est négatif')
```

Mais comme on sait que le nombre est soit positif soit négatif, une seule condition suffit pour le test (var > 0) ou (var < 0) dans ce cas on met le else.

```
>>> if(var > 0) :

  print('le nombre est positif')

else :

  print('le nombre est négatif')
```

Maintenant apparaît la troisième (ou plus) voie : elif

>>> Exercice 110

Que fait le code suivant

```
>>> var = int(input('Entrez un nombre entier '))

Entrez un nombre entier

0

>>> if(var >0) :

  print('le nombre est positif')

elif(var == 0) :

  print('le nombre est nul')

else :
```

```
print('le nombre est négatif')
```

Corrigé exercice 110

On a

```
>>> var = int(input('Entrez un nombre entier'))
Entrez un nombre entier 0

>>> if(var >0):
# if(0 > 0):
#if False :
# elif(var == 0 ):
# elif(0 == 0):
# elif True :
print('le nombre est nul')
le nombre est nul
```

A retenir :

- Pour le if on teste une condition

- Pour elif on teste également une condition

- Si les conditions du if et de elif sont fausses (False) on exécute le block du else

>>> **Exercice 111 (Majeur, mineur)**

1° Demander l'âge de la personne et affectez sa valeur dans la variable var

2° Faire une structure conditionnelle if else pour tester si la personne est majeur (majeur > 18 ans)

3° que fait le code suivant ?

```
>>> var = int(input('Quel âge avez vous ? '))
Quel âge avez vous ?-42
>>> if(var > 18) :
  print('majeur')
elif(var < 18) :
  print('mineur')
else :
  print('veuillez entrez un nombre positif')
```

corrigé

1° On a

```
>>> var = int (input('quel age avez-vous ?'))
```

2° On a

```
>>> if(var > 18) :
  print('majeur')
else :
  print('mineur')
```

3° On a

```
>>> var = int(input('Quel âge avez vous ?'))
Quel âge avez vous ?-42
# var = -42
>>> if(var > 18):
# if(-42 > 18):
# if False:
# elif(-42 < 18):
# elif(True)
# print('mineur')
mineur
```

>>> 17.3.1.Révisions sur if (expression):

>>> **Exercice 112**

Que fait le code suivant

```
>>> if(4-4):
  print('ok')
else:
  print('pas ok')
>>> if(15-19):
  print('ok')
else:
```

```
print('pas ok')
```

Corrigé exercice 112

L'expression est évaluée, elle vaut 0. La valeur 0 est interprétée comme un booléen valant False.

```
>>> if(4-4):
# if(4-4):
# if(0):
# if(False):
# else:
# print('pas ok')
pas ok
```

On a

```
>>> if(15-19):
# if(15-19):
# if(-4):
# if(True):
# print('ok')
ok
```

A retenir :

La structure conditionnelle peut contenir une expression qui sera évaluée

```
>>> if(expression):
    block
```

Si l'on passe la valeur 0 elle sera évaluée à False.

Tout autre nombre autre que 0 sera évalué à True.

>>> Exercice 113 QCM

1°)Le code suivant affichera

```
>>> if(0):
    print('rien')
else:
    print('0 est évalué à False')
```

i) rien   ii) 0 est évalué à False

2° Le code suivant affichera

```
>>> if(42):
    print('good number')
else:
    print('pas good number')
```

i) good number   ii) pas good number

Corrigé exercice 113

1° i) 0 est évalué à False lorsqu'il apparaît dans une condition

```
>>> if(0):
```

```
# if(False) :
#else :
# print('0 est évalué à False')
0 est évalué à False
```

2° ii) good number

```
>>> if(42) :
# if(True) :
                    print('good number')
good number
```

>>> Exercice 114 (à faire après avoir lu la partie sur les listes, ensemble et dictionnaires)

1° Que fait le code suivant

```
>>> if([]) :
  print('ok')
else :
  print('liste vide')
>>> if({}) :
  print('ok')
else :
  print('ensemble vide')
>>> if('') :
```

```
  print('ok')
else :
  print('chaîne vide')
```

2° Que fait le code suivant

```
>>> if(None) :
  print('ok')
else :
  print('None')
>>> if({'livre' : 42}) :
  print('ok')
else :
  print('pas ok')
```

Corrigé exercice 114

```
>>> if([]) :
# if(False) :
# else :
  print('liste vide')
liste vide
>>> if({}) :
# if(False)
```

```
#
else :
  print('ensemble vide')
ensemble vide
>>> if("") :
# if(False) :
else :
  print('chaîne vide')
chaîne vide
```

2° On a

```
>>> if(None) :
#if(False)
else :
  print('None')
None
>>> if({'livre' : 42})
# if(True) :
# print('ok')
ok
```

>>> 18. PREMIER MODULE : MATH

>>> 18.1. Importer le module avec import

>>> Exercice 115

L'idée est de calculer $\sqrt{2}$

La fonction pour la calculer n'est pas présente dans le programme principal

Que fait le code suivant

```
>>> import
>>> import math
>>> import module
```

Corrigé exercice 115

On a

```
>>> import
SyntaxError : invalid Syntax
```

Import est un mot-clé de Python.

On a

```
>>> import math
>>>
```

Il ne se passe rien à l'écran, mais on a importé un module. Son nom est math. Il contient des fonctions mathématiques standards et des constantes.

On a

```
>>> import module
ModuleNotFoundError: No module named
'module'
```

Il n'y a aucun module qui s'appelle module, c'est une erreur sémantique (quelque chose que Python ne sait pas faire).

>>> 18.2.A l'intérieur du module

>>> 18.2.1.La fonction dir( )

>>> Exercice 116

Que fait le code suivant

```
>>> import math
>>> dir(math)
```

Corrigé exercice 116

On importe le module math.

La fonction dir( ) permet de voir le contenu de ce module, elle prend en argument le module et renvoie dans tous ses éléments dans une liste.

```
>>> dir(math)
['__doc__', '__loader__', '__name__', '__pack-
age__', '__spec__', 'acos', 'acosh', 'asin', 'asinh',
'atan', 'atan2', 'atanh', 'ceil', 'copysign', 'cos',
'cosh', 'degrees', 'e', 'erf', 'erfc', 'exp', 'expm1',
'fabs', 'factorial', 'floor', 'fmod', 'frexp', 'fsum',
'gamma', 'gcd', 'hypot', 'inf', 'isclose', 'isfinite',
'isinf', 'isnan', 'ldexp', 'lgamma', 'log', 'log10',
'log1p', 'log2', 'modf', 'nan', 'pi', 'pow', 'radians',
'remainder', 'sin', 'sinh', 'sqrt', 'tan', 'tanh', 'tau',
'trunc']

>>>
```

Les éléments du module math ont été listés. On retrouve les fonctions usuelles classiques en mathématiques.

>>> Exercice 117 (module sys)

1° Importer le module sys

2° Afficher ses éléments avec la fonction dir( )

Corrigé exercice 117

1° On a

```
>>> import sys
```

2° On a

```
>>> dir(sys)

['__breakpointhook__',       '__displayhook__',
'__doc__', '__excepthook__', '__interactive-
hook__', '__loader__', '__name__', '__pack-
age__', '__spec__', '__stderr__', '__stdin__',
'__stdout__', '_clear_type_cache', '_current_
frames', '_debugmallocstats', '_enablelegacy-
windowsfsencoding', '_framework', '_get-
frame', '_git', '_home', '_xoptions', 'api_ver-
sion',     'argv',    'base_exec_prefix',    'base_
prefix', 'breakpointhook', 'builtin_module_
names', 'byteorder', 'call_tracing', 'call-
stats', 'copyright', 'displayhook', 'dllhan-
dle', 'dont_write_bytecode', 'exc_info', 'ex-
cepthook', 'exec_prefix', 'executable', 'exit',
'flags', 'float_info', 'float_repr_style', 'get_asyn-
cgen_hooks', 'get_coroutine_origin_tracking_
depth', 'get_coroutine_wrapper', 'getallocated-
blocks', 'getcheckinterval', 'getdefaultencod-
ing', 'getfilesystemencodeerrors', 'getfilesys-
temencoding', 'getprofile', 'getrecursionlimit',
'getrefcount', 'getsizeof', 'getswitchinterval',
'gettrace', 'getwindowsversion', 'hash_info',
'hexversion', 'implementation', 'int_info', 'in-
tern', 'is_finalizing', 'last_traceback', 'last_
type', 'last_value', 'maxsize', 'maxunicode',
'meta_path', 'modules', 'path', 'path_hooks',
'path_importer_cache', 'platform', 'prefix',
'set_asyncgen_hooks', 'set_coroutine_origin_
```

```
tracking_depth', 'set_coroutine_wrapper', 'set-
checkinterval', 'setprofile', 'setrecursionlimit',
'setswitchinterval', 'settrace', 'stderr', 'stdin',
'stdout', 'thread_info', 'version', 'version_info',
'warnoptions', 'winver']
```

>>>18.2.2. Accéder aux éléments d'un module avec l'opérateur . (dot)

« *Tout est mathématiques* » Un présocratique

>>> Exercice 118 (Fonction sqrt ( ))

Que fait le code suivant ?

```
>>> import math
>>> math.sqrt(7)
```

Corrigé exercice 118

```
>>> import math
```

On importe ici ce que l'on appelle un module. En l'espèce le module math qui contient des fonctions mathématiques dont la fonction sqrt ( ) (square root = racine carrée)

```
>>> math.sqrt(7)
2.6457513110645907
```

On reviendra plus tard sur la signification du point et de cette syntaxe, mais la fonction sqrt ( ) prend en argument la valeur 7 et évalue sa racine carrée et l'affiche en résultat de l'évaluation.

A retenir

Si l'on importe un module qui contient des fonctions, pour en appelle une la syntaxe est la suivante

```
>>> module.fonction()
```

Le module math contient une collection de fonction mathématiques. C'est un module *built-in* c'est-à-dire intégré directement dans Python.

```
>>> help(math)

Help on built-in module math:

NAME

  math

DESCRIPTION

  This module is always available.  It provides access to the

  mathematical functions defined by the C standard.

FUNCTIONS

[...]

cos(x, /)

    Return the cosine of x (measured in radians)

sqrt(x, /)
```

> | Return the square root of x.

>>> Exercice 119 (fonction cos ( ))

Que fait le code suivant ?

```
>>> cos (0)
>>> import math
>>> math.cos(0)
>>> math.cos(3.1415)
```

Corrigé

On a

```
>>> cos (0)
NameError : name 'cos' is not defined
```

Comme on n'a pas encore importé le module math, il n'existe aucune fonction nommée cos et on a donc une erreur sémantique.

```
>>> import math
>>> math.cos(0)
1.0
>>> math.cos(3.1415)
-0.9999999957076562
```

>>> 18.2.3.Résolution de l'équation du second degré à coefficients entiers
« toujours tout prendre au premier degré »

>>> Exercice 120

Partie 1

Soit l'équation du second degré suivante :
$-4x^2 - 16x + 84 = 0$

Que fait le code suivant

```
>>> import math
>>> a,b,c = -4,-16,84
>>> delta = b**2 - 4 * a * c
>>> delta > 0
>>> x1 = (-b + math.sqrt(delta)) / (2*a)
>>> x2 = (-b - math.sqrt(delta)) / (2*a)
>>> x1
>>> x2
```

Partie 2

Nous savons que la résolution de l'équation dépend du signe de delta. En effet il est soit positif (dans ce cas deux solutions) soit nulle (une solution double) soit négatif (et aucune solution réelle). Il est donc naturel de placer une structure conditionnelle if, elif et else.

Que fait le code suivant ?

```
>>> import math
>>> print("***Equation du second degre dans
```

assad patel

```
R***')
>>> print('ax**2 + b*x + c')
>>> a = int(input('entrez le coefficient a ?'))
>>> b = int(input('entrez le coefficient b ?'))
>>> c = int(input('entrez le coefficient c ?'))
>>> delta = b**2 - 4 * a * c
>>> if(delta > 0):
   print('Il y a deux solutions')
elif(delta == 0):
   print('il y a une seule solution')
else:
   print('pas de solution dans R')
>>> x1 = (-b + math.sqrt(delta)) / (2*a)
>>> x2 = (-b – math.sqrt(delta)) / (2*a)
>>> print('x1 vaut ', x1, ' et x2 vaut ', x2)
```

corrigé exercice 120

partie 1

```
>>> import math
>>> a,b,c= -4,-16,84
#a = -4
```

```
# b = -16
# c = 84
>>> delta = b**2 - 4 * a * c
# delta = (-16)** 2 – (4 *(-4 )*84)
# delta = 256 - (-1344)
# delta = 256 + 1344
# delta = 1600
>>> delta > 0
# 1600 > 0
# True
True
>>> x1 = (-b + math.sqrt(delta)) / (2*a)
# x1 = (-(-16)+ math.sqrt(1600)) / (2 * (-4))
# x1 = ( 16 + 40) / (-8)
# x1 = 56 / -8
# x1 = -7.0
>>> x2 = (-b – math.sqrt(delta)) / (2*a)
# x2 = (-(-16) – math.sqrt(delta))/ (2*(-4))
# x2 = (16 – 40 ) / -8
# x2 = -24 / -8
```

```
# x2 = 3.0
>>> x1
-7.0
>>> x2
3.0
```

Partie 2

```
>>> import math
>>> print('***Equation du second degre dans R***')
*** Equation du second degre dans R***
>>> print('ax**2 + b*x + c')
***ax**2 + b*x + c
>>> a = int(input('entrez le coefficient a ?'))
entrez le coefficient a ?-4
>>> b = int(input('entrez le coefficient b ?'))
entrez le coefficient b ?-16
>>> c = int(input('entrez le coefficient c ?'))
entrez le coefficient c ?84
>>> delta = b**2 - 4 * a * c
# detla = 1600
```

```
>>> if(delta > 0):

# if(1600 > 0):

# if(True):

# print('Il y a deux solutions')

Il y a deux solutions

>>> x1 = (-b + math.sqrt(delta)) / (2*a)


# x1 = -7.0


>>> x2 = (-b – math.sqrt(delta)) / (2*a)

# x2 = 3.0

>>> print('x1 vaut ', x1, 'et x2 vaut ', x2)

# print('x1 vaut ', -7.0, ' et x2 vaut', 3.0)

# x1 vaut -7.0 et x2 vaut 3.0

x1 vaut -7.0 et x2 vaut 3.0
```

>>> Exercice 121

Codez la résolution d'une équation du premier degré avec a,b des coefficients entiers

corrigé exercice 121

On a

```
>>> print('equation ax + b =0')

>>> a = int(input('entrez le coefficient a (non
```

assad patel

```
nul) ? '))

>>> b = int(input('entrez le coefficient b ?'))

>>> x = - b / a

>>> print('la solution est', x)
```

>>> **Exercice 122 (à faire après avoir lu le chapitre sur les fonctions)**

Soit le code suivant

1° a) Quel est le nom de la fonction ?

b) combien d'arguments prend-elle ?

c) Quelle est l'expression du return de else ?

```
>>> def equation2(a,b,c) :
  delta = b**2-4*a*c
    if(delta >0) :
      x = (-b -math.sqrt(delta)) /( 2*a)
      y = (-b+ math.sqrt(delta)) / (2*a)
      return print('les solutions sont', x , 'et', y)
    elif(delta ==0) :
      x = -b / (2*a)
      return print('une solution double', x )
    else :
      return 'pas de solution'
```

2° Que fait l'appel de fonction

```
>>> equation2(-4,-16,84)
```

Corrigé

1° a) La fonction a pour nom equation2

b) elle prend trois arguments

c) l'expression est 'pas de solution'

2° On a

```
>>> equation2(-4,-16,84)
# delta = (-4)**2-4*(-16)*(84)
# delta = 1600
# if(1600>0):
# if True :
# x = (-(-16)+ math.sqrt(1600))/(2*(-4))
# x = -7.0
# y = (-(-16) – math.sqrt(delta))/(2*(-4))
# y = 3
# return print('les solutions sont', x , 'et', y)
# return les solutions sont -7 et 3
les solutions sont – 7 et 3
```

>>> 19. FAIRE UNE BOUCLE AVEC WHILE

« La boucle est bouclée »

>>> **Exercice 123**

1° Soit le code suivant ?

```
>>> print('hello world', 'hello world', 'hello world')
```

a) combien d'arguments prend la fonction print ( ) ?

b) Quels sont les types de ces arguments ?

c) que donne l'évaluation de cette ligne de code ?

2° Soit le code suivant

```
>>> a= 0
>>> while (a < 3 ) :
    print('hello world')
    a = a + 1
```

a) Quels sont les valeurs de a qui font que la condition (a < 3) soient vraies et ceux pour lesquelles elles sont fausses.

Hint : résoudre l'inéquation a < 3

b) Que fait le code ?

Corrigé exercice 123

1° a) La fonction print ( ) prend trois arguments

b) 'hello world' est du type string

c) On a

```
>>> print('hello world', 'hello world', 'hello world')
hello world hello world hello world hello world
```

La chaîne de caractère est affichée à chaque fois sur la même ligne.

2° a) Si a est un entier naturel l'inéquation a < 3 a pour solutions {0,1,2}, on peut résumer tout ça

```
>>> a = 0
>>> a < 3
True
>>> a = 1
>>> a < 3
True
```

```
>>> a = 2
>>> a < 3
True
>>> a = 3
>>> a < 3
False
```

b) On a

```
>>> a = 0
>>> while (a < 3):
# while (0 < 3):
# while (True):
# première entrée dans la boucle
# print('hello world')
# hello world
#incrémentation de la variable a soit augmen-
tation d'une unité
# a = a + 1
# a = 0 + 1
# a = 1
# on revient au début de la boucle
```

```
# while (a < 3 ) :
# while (1 < 3) :
# while (True) :
# deuxième entrée dans la boucle
# print('hello world')
# hello world
# a = a + 1
# a = 1 + 1
# a = 2
# retour au début de la boucle
# while ( a < 3) :
# while (2 < 3) :
# while (True) :
# troisième entrée dans la boucle
# print('hello world')
# hello world
# a = a + 1
# a = 2 + 1
# a = 3
# retour au début de la boucle
```

```
# while (3 < 3) :

# while False :

# Fin de la boucle

hello world

hello world

hello world
```

la boucle while a permis d'afficher le message trois fois.

A retenir :

```
>>> variable = 0

>>> while (variable < n) :

    block

    variable = variable + 1
```

• La variable doit permettre de rendre la condition vraie

• Mais à un moment la variable doit permettre de rendre la condition fausse pour sortir de la boucle

• variable = variable + 1 s'appelle une **incrémentation** (il prend une unité à chaque tour de boucle

  • Comme pour for et else, l'indentation est obligatoire

>>> Exercice 124 (une boucle infinie)

Soit le code suivant

```
>>> var = 0
>>> while (var < 3) :
  print('infinity')
```

1° Quelle instruction est manquante dans le while ?

2° Que fait ce code ?

Corrigé exercice 124

1° Le block du while contient une instruction et il manque cependant la variable var qui permettrait de sortir

2° Ce code va se répéter indéfiniment.

```
>>> var = 0
>>> while (var < 3) :
# while (0 < 3) :
# while(True) :
# print('infinity')
infinity
# while (0< 3 ) :
# while (True) :
```

```
# print('infinity')
infinity
....
```

>>> Exercice 125

1° Que fait le code suivant ?

```
>>> var = 5
>>> while ( var > 0 ) :
print('Hello')
   var = var – 1
```

2° Soit le code suivant

```
>>> var = 5
>>> while (var > 0 ) :
   print('Hello')
   var = var – 1
```

Corrigé

1° On a oublié l'indentation du while() il y a une erreur

```
>>> var = 5
>>> while ( var > 0 ) :
print('Hello')
   var = var – 1
```

> SyntaxeError : expected an indentend block

2° On a le tableau qui nous informe qu'il y a eu 5 tours de boucles, qu'à la fin la variable var vaut

tour	var	var >0	affichage
1	5	True	Hello
2	4	True	Hello
3	3	True	Hello
4	2	True	Hello
5	1	True	Hello
	0	False	

0 et qu'il   y a eu 5 fois Hello affiché à l'écran

On a

```
>>> var = 5
>>> while (var > 0 ) :
  print('Hello')
  var = var – 1
hello
hello
hello
hello
hello
>>> var
0
```

>>> 19.1.Afficher des suites de nombres avec la boucle while

« tant qu'il y aura des pizzas »

>>> Exercice 126 (Afficher des chiffres de 0 à 5)

1° que fait le code suivant ?

```
>>> print(0)
>>> print(1)
>>> print(2)
>>> print(3)
>>> print(4)
>>> print(5)
```

2° Que fait le code suivant

```
>>> print(0,1,2,3,4,5)
```

3° Que fait le code suivant ?

```
>>> a = 0
>>> while (a < 6) :
  print(a)
  a = a + 1
```

Corrigé exercice 126

1° On a

```
>>> print(0)
0
>>> print(1)
1
>>> print(2)
2
>>> print(3)
3
>>> print(4)
4
>>> print(5)
5
```

La fonction print ( ) prend en argument une valeur et l'affiche directement. Pour afficher 6 chiffres on a utiliser 6 fois la fonction print ( ), le problème c'est que si l'on veut afficher les nombres de 0 à n, il y a donc n fois l'appel de la fonction print ( ).

2° Ici on a une utilisation puissante de la fonction print ( ), en effet

```
>>> print(0,1,2,3,4,5)
```

```
0 1 2 3 4 5
```

La fonction print ( ) prend 6 arguments qui sont 0,1,2,3,4 et 5. Il les affiche tous sur une ligne. Par rapport au code précédent, nous n'avons qu'un seul appel de print ( ) contre 6. Mais si l'on doit écrire les nombres de 0 à n on devrait rentrer n + 1 arguments (un peu fastidieux si n = 1 000 000 000 par exemple)

```
>>> print (0,1,2,3,4,[....],n-1,n)

1 2 3 4 [...] n-1 n
```

3° On a

```
>>> a = 0

>>> while ( a < 6 ) : # while se comporte comme if et elif il a une condition de départ

# while ( 0 < 6 ) :

# while True :

# première entrée dans la boucle, le block de while est constituée de deux instruction print(a) et a = a + 1

                    # print(a)

                    # print(0)

                    # 0

                    0
```

```
# a = a + 1

# a = 0 + 1

# a = 1
```

#la différence fondamentale avec une structure conditionnelle se trouve ici. On retourne au début de la boucle et on reteste la condition

while (1 < 6) :

while True :

deuxième entrée dans la boucle car la condition est toujours vraie on remarque que la variable a a pris une unité il a été incrémenté

```
# print(a)

# print(1)

# 1

1

# a = 1 + 1

# a = 1 + 1

# a = 2
```

on retourne au début de la boucle

while (2 < 6) :

while True :

assad patel

```
# troisième entrée dans la boucle
            # print(a)
            # print(2)
            # 2
            0
            # a = a + 1
            # a = 2 + 1
            # a = 3
# on revient au début de la boucle
# while ( 3 < 6 ) :
# while True :
# quatrième entrée dans la boucle
            # print(a)
            # print(3)
            # 3
            3
            # a = a + 1
            # a = 3 + 1
            # a = 4
# on revient au début de la boucle
```

while (0 < 6) :

while True :

cinquième entrée dans la boucle

        # print(a)

        # print(4)

        # 4

        4

        # a = a + 1

        # a = 4 + 1

        # a = 5

on revient au début de la boucle

while (5 < 6) :

while True :

cinquième entrée dans la boucle

        # print(a)

        # print(5)

        # 5

        5

        # a = a + 1

        # a = 5 + 1

```
                        # a = 6

# on revient au début de la boucle

# while ( 6 < 6 ):

# while False :

# La condition est fausse on sort de la boucle

0

1

2

3

4

5

>>>
```

A retenir

La puissance du while

```
>>> a = 0

>>> while ( a < n ):

  print(a)

  a = a + 1

0

1
```

```
2

3

4

[...]

n-2

n-1
```

>>> **Exercice 127**

Que fait le code suivant

```
>>> var = 4

>>> while (var < 10):

  print(var)

  var = var + 1

>>> var
```

Corrigé

On a

```
Python 3.7.3 Shell                                    —    □    ×
File  Edit  Shell  Debug  Options  Window  Help
Python 3.7.3 (v3.7.3:ef4ec6ed12, Mar 25 2019, 21:26:53) [MSC v.1916 32 bit (Inte
l)] on win32
Type "help", "copyright", "credits" or "license()" for more information.
>>> var = 4
>>> while(var < 10):
        print(var)
        var =var + 1


4
5
6
7

      var
10
```

Et en faisant un tableau récapitulatif

var	var < 10	tour
4	True	1
5	True	2
6	True	3
7	True	4
8	True	5
9	True	6
10	False	

>>> 19.2. Afficher les termes d'une suite avec while

Il existe une affinité certaine entre une suite numérique et les boucles

>>> Exercice 128

1° Soit la suite $u_n = n + 2$ ou n est un entier.

Que vaut u0

2° Le but est d'afficher les 10 premiers termes de la suite

a) calculer les 4 premiers termes de la suite

b.1) Quels sont les valeurs que peuvent prendre

la variable i ?

b.2.) La variable i s'incrémente-t-elle ?

c) Comment peut-on écrire $u_n = n + 2$ avec u_i représentant u_n et n représentant i

3° Soit le code suivant ?

```
>>> i = 0
>>> u_i = 0
>>> while (i < 10) :
  u_i = i + 2
  print(u_i)
  i = i+1
```

a) Quelle est la condition du while ?

b) Combien d'instructions comporte le block du while ?

c.1) Cette boucle est-elle finie ou infinie ?

c.2) Quelle est la variable qui va rendre fausse la condition du while ?

d) que va afficher ce code ?

Corrigé exercice 128

1° On a u_0 = 0 + 2 = 2

2° a) u1 = 1 + 2 = 3 u2 = 2+ 2 = 4 u_3 = 3 + 2 = 5

b.1) La variable i peut prendre les valeurs suivantes {0,1,2,3,4,5,6,7,8,9} soit les 10 premiers indices

b.2.) Il y a incrémentation de la variable i, sa valeur augmente de 1 à chaque fois

c) Le passage de la notation mathématiques à celle de la syntaxe de Python se fait naturellement, u_i = i + 2 soit une affectation avec l'expression le terme générique i + 2 dont l'évaluation sera affectée dans la variable u_i

3° La boucle while montre toute son utilité il aurait été fastidieux de calculer 10 fois

a) La condition du while est i < 10 avec i ayant pour valeur 0. On a donc deux chose

   1. La condition est vraie, on entrera dans la boucle

   2. Il y aura 0 < 10 soit 10 tours de boucles

b) le block du while comporte trois instructions

```
u_i = i + 2

print(u_i)

i = i + 1
```

c.1) Cette boucle est finie

c.2) La variable i avec son incrémentation i = i + 1 va rendre fausse la condition dès que i vaudra 10

d)

```
>>> i = 0

>>> u_i = 0
```

```
>>> while (i < 10) :
# while (0<10) :
# while True :
# condition vraie on entre dans la boucle
# u_i = i + 2
# u_i = 0 + 2
# u_i = 2
# print(u_i)
# print(2)
# 2
# i = i + 1
# i = 0 + 1
# i = 1
#[...] 10 tours de boucles supplémentaires
# while (10 < 10) :
# while False :
# Fin de la boucle
2
3
4
```

```
5

6

7

8

9

10

11
```

Tableau récapitulatif

tour	i	u_i	affichage	i < 10
1	0	2	2	True
2	1	3	3	True
3	2	4	4	True
4	3	5	5	True
5	4	6	6	True
6	5	7	7	True
7	6	8	8	True
8	7	9	9	True
9	8	10	10	True
10	9	11	11	True

>>> Exercice 129

1° Soit la suite $u_n = cos(n)$

A l'aide du code de l'exercice précédent calculez et affichez les 10 premiers termes de cette suite.

Hint : Utilisez le module math pour avoir la fonction cosinus

```
>>> import math
```

2° Que fait le code suivant

```
>>> i = 0

>>> u_i = 0
```

```
>>> u_i = i + 2
>>> while (i < 10) :
  print(u_i)
  i = i+1
```

Corrigé

1° On a

```
>>> import math
>>> i = 0
>>> while (i<10) :
  print(math.cos(i))
  i=i+1
1.0
0.5403023058681398
-0.4161468365471424
-0.9899924966004454
-0.6536436208636119
0.28366218546322625
0.960170286650366
0.7539022543433046
-0.14550003380861354
```

```
-0.9111302618846769
```

2° On a mis u_i en dehors du while sa valeur reste
donc inchangée.

```
>>> i = 0

>>> u_i = 0

>>> u_i = i + 2

# u_i = 0 + 2

# u_i = 2

>>> while (i < 10):

  print(u_i)

  i = i+1

2

2

2

2

2

2

2

2

2
```

2

A retenir :

Pour une suite u_n = expression on peut afficher ses premiers termes avec le code suivant

```
>>> i = 0
>>> while (i < n) :
   u_i = expression
   print(u_i)
   i = i + 1
```

>>> 19.2.1.Focus sur while et les suites

>>> Exercice 130

Soit la suite $u_n = exp(n)$

1° a) Affichez les 10 premiers termes de suite avec la boucle while

b) Résoudre $u_n < 1000$

2° Soit le code suivant

```
>>> import math
>>> i = 0
>>> u_i = math.exp(i)
>>> while (u_i < 1000) :
   i = i + 1
```

```
u_i = math.exp(i)
>>> i
```

2° a) Que vaut la variable u_i avant le while ?

b) Rentre-t-on dans le while ?

c) Quels sont les deux variables du block du while ?

3° Que valent les variable i et u_i ?

Corrigé exercice 130

1°

```
>>> import math #on importe le module math
pour la fonction exp
>>> i = 0
>>> while (i < 10):
  u_i = math.exp(i)
  print(u_i)
  i=i+1
1.0
2.718281828459045
7.38905609893065
20.085536923187668
54.598150033144236
```

```
148.4131591025766

403.4287934927351

1096.6331584284585

2980.9579870417283

8103.083927575384
```

b) On a

$u_n < 1000 \Leftrightarrow exp(n) < 1000 \Leftrightarrow n < ln(1000)$

soit n < 6.90 soit tant que n est inférieur à 7

On peut le vérifier

```
>>> import math

>>> i = 7

>>> u_i = math.exp(i)

>>> u_i

1096.6331584284585
```

2° a) On a

```
>>> u_i = math.exp(i)

# u_i = math.exp(0)

# u_i = 1
```

b) La condition du while est vraie

```
>>> while (u_i < 1000) :

# while (1 < 1000) :
```

```
# while True
```

c) Les deux variables du block du while sont i et u_i.

C'est la variable u_i qui permettra de sortir du while et conjointement avec l'incrémentation de la variable i

3°

tour	i	u_i
1	1	2.718281828459045
2	2	7.38905609893065
3	3	20.085536923187668
4	4	54.598150033144236
5	5	148.4131591025766
6	6	403.428793492751
7	7	1096.6331584284585

On a bien

```
>>> i
7
```

Donc, dès que i vaut 7 on a bien u_i < 1000

>>> **Exercice 131**

Soit la fonction définie sur l'ensemble des entiers strictement positifs $u_n = ln(n)$

1° Résoudre $u_n > 10$

2° a) Remplir le code à trous suivant pour afficher les 10 premiers termes de la suite

```
>>> import
>>> help (math)
```

```
#
log(...)
    log(x, [base=math.e])
    Return the logarithm of x to the given base.
    If the base not specified, returns the natural logarithm (base e) of x.
>>> i =
>>> u_i
>>> while (i <  ):
  u_i = math.log(i)
  print( )
  i =
```

b) Remplir le code à trous suivant pour trouver l'indice seuil qui permet de dépasser 10

```
>>> import
>>> i =
>>> u_i = math.log(i)
>>> while (u_i <   ):
  i = i + 1
  u_i =
>>> i
```

Corrigé exercice 131

1° On a
$$u_n > 10 \Leftrightarrow ln(n) > 10 \Leftrightarrow n > e^{10} \Leftrightarrow n > 22026.46$$

Dès que n est supérieur à 22027 on a ln(n) > 10

On peut le vérifier sous Python

```
>>> import math
>>> i = 22027
>>> u_i = math.log(i)
>>> u_i
10.000024252584158
```

2° a) On a

```
>>> import math
>>> help (math)
#
log(...)

    log(x, [base=math.e])

    Return the logarithm of x to the given base.

    If the base not specified, returns the nat-
ural logarithm (base e) of x.

>>> i = 1
>>> u_i = math.log(i)
```

```
>>> while ( i < 11 ) :
  u_i = math.log(i)
  print( u_i )
  i = i + 1
0.0
0.6931471805599453
1.0986122886681098
1.3862943611198906
1.6094379124341003
1.791759469228055
1.9459101490553132
2.0794415416798357
2.1972245773362196
2.302585092994046
```

b) On a

```
>>> import math
>>> i = 1
>>> u_i = math.log(i)
>>> while ( u_i < 10 ) :
  i = i + 1
```

```
  u_i = math.log(i)

>>> i
22027
```

>>> **Exercice 132**

Soit la suite définie pour tout n de N par 1° On a $u_n = \sqrt{(n+2)}$

Partie 1

1° Ecrire avec des quantificateurs $\lim u_n = +\infty$

2° Soit $n_0 \geq M^2 - 2$ où M est est un entier strictement positif, qu'a-t-on si $n \geq n_0$?

3° a) Calculer les 5 premiers termes de la suite avec la boucle while

b) Pour quelle valeur de n a-t-on $u_n \geq 100$

c) compléter le code suivant

```
>>> import
>>> i =
>>> u_i =
>>> while (u_i ):
  i =
  u_i =
  print(u_i)
```

```
>>> i
```

Corrigé exercice 132

1° On a $\forall M > 0 \ \exists \ n_0 \in \mathbb{N} \forall n \geq n_0 u_n \geq M$

2° Soit M > 0, on a $n \geq n_0 \geq M^2 - 2$ soit
$n \geq M^2 - 2 \Leftrightarrow n + 2 \geq M^2 \Leftrightarrow \sqrt{(n+2)} \geq M \Leftrightarrow u_n \geq M$

il existe bien rang n_0 à partir duquel $u_n \geq M$ d'où
$\lim u_n = +\infty$

3° a)

```
>>> import math

>>> i = 0

>>> while (i < 5):
    u_i = math.sqrt(i+2)
    i = i+1
1.4142135623730951
1.7320508075688772
2.0
2.23606797749979
2.449489742783178
```

b)   On   a
$u_n \geq 100 \Leftrightarrow \sqrt{(n+2)} \geq 100 \Leftrightarrow n + 2 \geq 100^2 \Leftrightarrow n + 2 \geq 10000 \Leftrightarrow n \geq 9998$

dès que n est supérieur à 9998 on a $u_n \geq 100$

On peut le vérifier avec Python

```
>>> import math
>>> i = 998
>>> u_i = math.sqrt(i+2)
>>> u_i
100.09995004993759
```

c)

```
>>> import math
>>> i = 0
>>> u_i = math.sqrt(i+2)
>>> while (u_i < 100):
  i = i+1
  u_i = math.sqrt(i+2)
>>> i
9998
```

>>> 19.2.2. Boucle while et affichage de tables

>>> **Exercice 133 (Table de 2)**

1° Que fait le code suivant ?

```
>>> print(' 2 fois 0 = ', 2*0)
```

```
>>> print ('2 fois 1 = ', 2*1)
>>> print ('2 fois 2 = ', 2*2)
```

2° a) Quelle est l'expression générique de cette table de 2 ?

b) Comment l'écrire en Python ?

3° Evaluer le code suivant ?

```
>>> i = 0
>>> while (i < 10):
    print('2 fois ', i, ' = ', 2*i)
    i = i+1
```

Corrigé exercice 133

1°

```
>>> print('2 fois 0 = ', 2*0)
```

La fonction print ( ) a ici deux arguments, une chaîne de caractères et l'autre une expression. Il affiche

```
>>> print('2 fois 0 = ', 2*0)
# print('2 fois 0 = ', 0)
2 fois 0 = 0
```

L'expression 2*0 est évaluée et print ( ) affiche sa valeur.

De même

```
>>> print ('2 fois 1 = ', 2*1)
```

```
2 fois 1 = 2

>>> print ('2 fois 2 = ', 2*2)

2 fois 2 = 4
```

2° a) L'expression générique est 2 fois i = 2*i. On doit distinguer deux choses

   • ce qui reste fixe soit la chaîne de caractère '2 fois' et ' = '

   • ce qui varie soit la variable i (qui va de 0 à n)

Si l'on prend le vert pour la chaîne de caractère et le jaune pour la variable on a

2 fois i = 2*i

b) On peut écrire avec la fonction print ( ) avec 4 arguments

premier : chaîne de caractère

deuxième : variable

troisième : chaîne de caractère

quatrième : expression

```
# print ('2 fois', i , '=', 2*i)
```

3°

```
>>> i = 0

>>> while (i < 10) :

  print('2 fois', i , ' = ', 2*i)

  i = i+1
```

```
2 fois 0 = 0

2 fois 1 = 2

2 fois 2 = 4

2 fois 3 = 6

2 fois 4 = 8

2 fois 5 = 10

2 fois 6 = 12

2 fois 7 = 14

2 fois 8 = 16

2 fois 9 = 18
```

La variable i allait de 0 à 9 (condition i < 10) on a donc 10 tours de boucles

>>> Exercice 134

Affichez la table d'addition de 2 jusqu'à 10

Corrigé exercice 134

```
>>> i = 0

>>> while (i < 11) :

  print(' 2 plus ', i , ' = ', 2+i)

  i=i+1

2 plus 0 - 2

2 plus 1 = 3
```

```
2 plus 2 = 4
2 plus 3 = 5
2 plus 4 = 6
2 plus 5 = 7
2 plus 6 = 8
2 plus 7 = 9
2 plus 8 = 10
2 plus 9 = 11
2 plus 10 = 12
```

>>> Exercice 135

Affichez la table de multiplication de 7 jusqu'à 10

Corrigé

```
>>> i = 0
>>> while(i<11):
  print(' 7 x ', i, ' = ', 7*i)
  i=i+1
7 x 0 = 0
7 x 1 = 7
7 x 2 = 14
```

```
7 x 3 = 21

7 x 4 = 28

7 x 5 = 35

7 x 6 = 42

7 x 7 = 49

7 x 8 = 56

7 x 9 = 63

7 x 10 = 70
```

>>> 19.2.3. Choix d'une table avec while

>>> Exercice 136 (choix d'une table)

Soit le code suivant

```
>>> var = 7

>>> i = 0

>>> while (i < 11) :

  print(var,'fois',i,'=',i*var)

  i = i + 1
```

1° Pourquoi a-t-on affectée la valeur 0 à la variable i ?

b) Que dit le tableau suivant sur le nombre de tours (note : la valeur de la variable i est celle en entrée dans la boucle)

tour	i	i < 11
1	0	True
2	1	True
3	2	True
4	3	True
5	4	True
6	5	True
7	6	True
8	7	True
9	8	True
10	9	True
11	10	True
12	11	False

c) La boucle while va-t-il s'arrêter ?

d) Combien d'arguments prend la fonction print ( ) ?

e) que va afficher ce code ?

2° Ecrire une ligne de code qui demande quel table l'utilisateur veut et l'affecte dans la variable var.

Corrigé exercice 136

1° a) Si la variable i n'est pas affectée on aurait eu le message d'erreur suivant

```
NameError : name 'i' is not defined
```

b) D'après le tableau il y aura 11 tours

c) La boucle s'arrête quand i vaut 11

d) La fonction print ( ) prend cinq arguments

```
print(var, 'fois', i, ' = ', i * var)
```

dont deux variables var et i, deux chaînes de caractère ' fois ' et ' = ' et une expression i * var

e) On a

7 fois 0 = 0
7 fois 1 = 7
7 fois 2 = 14
7 fois 3 = 21
7 fois 4 = 28
7 fois 5 = 35
7 fois 6 = 42
7 fois 7 = 49
7 fois 8 = 56
7 fois 9 = 63
7 fois 10 = 70

2° On a

```
>>> var = int(input('entrez une valeur pour la table '))
```

Le code complet donne

```
>>> var = int(input('entrez une valeur pour la table '))
>>> i = 0
>>> while (i < 11):
    print(var, 'fois', i, '=', i * var)
```

```
i = i + 1
```

>>> Exercice 137 (à faire après avoir lu le passage sur les fonctions)

Complétez le code suivant

```
>>> def table(nombre, longueur):
  i=0
  while(i< ):
    print( , 'fois', i, '=', i *  )
    i=
>>> table(4,5)
4 fois 0 = 0
4 fois 1 = 4
4 fois 2 = 8
4 fois 3 = 12
4 fois 4 = 16
4 fois 5 = 20
```

Corrigé exercice 137

```
>>> def table(nombre, longueur):
  i=0
  while(i< longueur):
    print(nombre, 'fois', i, '=', i * nombre)
```

```
    i= i+1
>>> table(4,5)
4 fois 0 = 0
4 fois 1 = 4
4 fois 2 = 8
4 fois 3 = 12
4 fois 4 = 16
4 fois 5 = 20
```

>>> 19.3. Suites récurrentes

>>> 19.3.1. Suites récurrentes de la forme $u_{n+1} = u_n$

>>> Exercice 138

Soit la suite suivante $u_{n+1} = 2u_n + 1$ et $u_0 = 4$

1° Que fait le code suivant

```
>>> u0 = 4
>>> u1 = 2*u0 + 1
>>> u2 = 2*u1 + 1
>>> u3 = 2*u2 + 1
```

2° a) Que fait le code suivant

```
>>> i = 0
```

assad patel

```
>>> a = 4
>>> while(i<10):
  s= 2*a + 1
  a = s
  i = i +1
  print(a, end ='')
```

b) Que représente la variable a ?

Corrigé exercice 138

1° On a

```
>>> u0 = 4
>>> u1 = 2*u0 + 1
# u1 = 2 * 4 + 1
# u1 = 9
>>> u2 = 2*u1 + 1
# u2 = 2 * 9 + 1
# u2 = 19
>>> u3 = 2*u2 + 1
# u3 = 2 * 19 + 1
# u3 = 39
```

2° On a

```
>>> i = 0
>>> a 4
>>> while(i<10):
  s= 2*a + 1
  a = s
  i = i +1
  print(a, end = ' ')
9 19 39 79 159 319 639 1279 2559 5119
```

b) La variable a donne la valeur de u_{10}

A retenir :

Pour calculer les termes d'une suite récurrente de la forme $u_{n+1} = expression$ (excepté le terme initial qui est donné)

On boucle

```
>>> terme_initial = valeur
>>> while (i < n ):
  s = expression
  a= s
  i = i+1
```

La valeur de a à la fin de la boucle est celle de u_n

>>> *19.3.1.1.Suite récurrente*

$linéaire$ $u_{n+2} = u_{n+1} + u_n$

>>> Exercice 139

La suite de Fibonacci :

$u_0 = 0, u_1 = 1, u_{n+2} = u_{n+1} + u_n$

1° Que fait le code suivant

```
>>> u0, u1 = 0, 1
>>> u2 = u1 + u0
>>> u3 = u2 + u1
>>> u4 = u3 + u2
>>> u5 = u4 + u3
>>> u6 = u5 + u4
```

2° a) Faire un tableau récapitulatif de la valeur des trois variables s,a et b après chaque tour de boucle

```
>>> a, b = 0, 1
>>> s, i = 0, 0
>>> while(i< 10):
  s = a + b
  a = b
  b = s
  i = i + 1
```

```
>>>
```

b) Montrez que a = b et b = a + b

c) Que fait le code suivant

```
>>> a, b = 0, 1

>>> s, i = 0, 0

>>> while(i< 10) :

  a, b = b, a+b

  i = i + 1
```

Corrigé exercice 139

1° On a

```
>>> u0, u1 = 0, 1

>>> u2 = u1 + u0

# u2 = 1 + 0

# u2 = 1

>>> u3 = u2 + u1

# u3 = 1 + 1

# u3 = 2

>>> u4 = u3 + u2

# u4 = 2 + 1

# u4 = 3
```

```
>>> u5 = u4 + u3

# u5 = 3 + 2

# u5 = 5

>>> u6 = u5 + u4

# u6 = 5 + 3

# u6 = 8
```

2° a) On a

tour	s	a	b
1	1	1	1
2	2	1	2
3	3	2	3
4	5	3	5
5	8	5	8
6	13	8	13
7	21	13	21
8	34	21	34
9	55	34	55
10	89	55	89

b) On remarque que pour chaque tour de boucle

$a = b$ et $b = s$ or $s = a + b$ d'où $b = a + b$

soit la variable a prend la valeur de la variable b

et la variable b prend la valeur de $s = a + b$

L'écriture

```
>>> s = a + b

>>> a = b

>>> b = a + b
```

est équivalente à

```
>>> a, b = b , a + b
```

c) On a

```
>>> a, b = 0, 1
>>> s, i = 0, 0
>>> while(i< 10):
    a, b = b, a+b
    i = i + 1
    print(a, b)
1 1
1 2
2 3
3 5
5 8
8 13
13 21
21 34
34 55
```

On remarque que la variable a prend les valeurs de u_1 à u_9

A retenir

Pour obtenir les valeurs d'une suite récurrente

linéaire de la forme $u_{n+2} = expression$ et avec deux termes initiaux (valeur1 et valeur2). On a

```
>>> a = valeur1
>>> b = valeur2
>>> while (i < n):
  s = expression
  a = b
  b = s
```

A la fin la variable a prendra la valeur de u_n

>>> 19.4. Imbrication de while et de if

>>> Exercice 140

Soit le code suivant ?

```
>>> bool1 = True
>>> while (bool1):
  print('ok')
  var = int(input())
  if var > 0:
    bool1 = False
  else
```

```
bool1 = True
```

1° a) Quel est le type de la variable bool1?

b) Pourquoi l'a-t-on affectée de la valeur True?

2° a) Quels instructions contient le block du while ?

b) Quel est l'intérêt du if?

3° a) Evaluez ce code si l'utilisateur entre -3 ?

b) si il entre 3 ?

Corrigé exercice 140

1° a) bool1 est une variable de type booléenne. On peut le vérifier

```
>>> type(bool)
<class 'bool'>
```

b) Pour être sur de rentrer au moins une fois dans la boucle while

2° a) On a

```
>>> while (bool1) :
  print('ok')
  var = int(input())
  if var > 0 :
    bool1 = False
  else
```

```
bool1 = True
```

Tout ce qui est souligné fait partie du block du while. On remarque qu'il contient un if qui possède lui même son propre block

b) la condition du while est une variable booléenne qui vaut True, la boucle ne s'arrêtera pas, le seul moyen est de se donner la possibilité de changer cette valeur en False si l'on désir sortir de la boucle.

3° a)

```
>>> bool1 = True
>>> while (bool1) :
# while (True)
    print('ok')
#ok
var = int(input())
-3
# var = - 3
if var > 0 :
#if -3 > 0 :
#if False
else :
```

```
bool1 = True

# while(True)on revient au début de la boucle

ok
```

b) Si il entre 3

```
var = int(input())

3

if var > 0 :

#if 3 > 0 :

#if True :

bool1 = False

else

bool1 = True

#while(False):on sort de la boucle
>>>
```

>>> **Exercice 141**

Partie 1 Rappel sur les booléens

Soit le code suivant

1° a) Ecrire l'intervalle [0 ;5] avec les opérateurs booléens

b) Que fait le code suivant ?

```
>>> var = 4
```

```
>>>(0 <= var) and (var <=5)

>>> var2 = 8

>>> var3 = -1

>>> (0 <= var2) and (var2 <=5)

>>> (0 <= var3) and (var3 <=5)
```

Partie 2

1° a) Que fait le code si l'on entre la valeur 42

b) Si l'on entre la valeur 4

```
>>> n = int(input('entrez un nombre entre 0 et 5'))

>>> if(0 <= n) and (n <= 5):

    print("ok le nombre est dans l'intervalle")

else:

    print("pas dans l'intervalle")
```

2° que fait le code suivant

```
>>> bool1 = True

>>> while bool1:

    var = int(input('entrez un nombre entre 0 et 5 pour sortir de la boucle'))

    if(0 <= var) and (var <= 5):

        print('ok')
```

```
bool1 = False
```

Corrigé exercice 141

Partie 1

1° On a soit

```
0 < = x and x < = 5
```

b)

```
>>> var = 4
>>>(0 <= var) and (var <=5)
# (0 < = 4 ) and (4 < =5)
# True and True
# True
>>> var2 = 8
>>> var3 = -1
>>> (0 <= var2) and (var2 <=5)
# (0 < = 8) and (8 < =5)
# True and False
# False
>>> (0 <= var3) and (var3 <=5)
# (0 < = -1 ) and (-1 < = 5)
# False and True
```

```
# False
```

Partie 2

1° a)

```
>>> n = int(input('entrez un nombre entre 0 et
5'))

entrez un nombre entre 0 et 5 42

>>> if (0 < = n) and (n < = 5) :

# if ( 0 < = 42 ) and (n < = 5) :

# if True and (42 < = 5) :

# if True and False :

# if False :

else :

#print("pas dans l'intervalle")

pas dans l'intervalle
```

b) On a

```
>>> n = int(input('entrez un nombre entre 0 et
5'))

entrez un nombre entre 0 et 5 4

>>> if (0 < = n) and (n < = 5) :

# if (0 < = 4) and (n < = 5) :

# if True and (4 < = 5) :
```

```
# if True and True :
# if True :
# print("ok le nombre est dans l'intervalle")
ok le nombre est dans l'intervalle
```

2° On entre 42 puis 4

code

```
>>> bool1 = True
>>> while bool1 :
# while True :
    var = int(input('entrez un nombre entre 0 et 5
pour sortir de la boucle '))
# 42
# if (0 < = var) and (var < = 5) :
# if (0 < = 42) and (var < = 5) :
# if True and 42 < = 5 :
# if True and False :
# if False :
# retour au début de la boucle
# while (bool1) :
# while (True) :
```

```
Python 3.7.3 (v3.7.3:ef4ec6ed12, Mar 25 2019, 21:26:53) [MSC v.1916 32 bit (Inte
l)] on win32
Type "help", "copyright", "credits" or "license()" for more information.
    bool1=True
    > bool1:
        var=int(input('entrez un nombre entre 0 et 5 pour sortir de la boucle'))
        () <= var) and (var <=5):
            bool1 = False
        :
            bool1=False

entrez un nombre entre 0 et 5 pour sortir de la boucle42
```

```
# while True :

                var  =  int(input('entrez  un
nombre entre 0 et 5 pour sortir de la boucle '))

# 4

                # if(0 < = var) and (var < = 5) :

                # if(0 < = 4) and (var < = 5) :

                # if True and 4 < = 5 :

                # if True and True:

                # if True :

                #  print('ok')

                #  bool1 = False

# while (bool1) :

# while (False) :

# on sort de la boucle
```

A retenir

Ici pour sortir de la boucle on a la structure suivante

```
bool1 = True

while (True) :

  Instructions

  if( ) :

    bool1 = False
```

Pour sortir de la boucle on a imbriqué dans le block du while un if qui affectait à False la variable bool1

>>> Exercice 142

Ecrire un code qui demande à l'utilisateur d'entre un nombre entre 0 et 1 (inclus) et faire une boucle de sorte qu'elle se répète tant qu'il ne donne pas le bon nombre.

Corrigé

```
>>> bool = True

>>> while(bool) :
```

```
   n = int(input('entrez un nombre entre 0 et 1
'))

  if (0 < = n) and (n < = 1) :

     print("ok le nombre est dans l'intervalle")

     bool = False
```
entrez un nombre entre 0 et 1 ?15

entrez un nombre entre 0 et 1 ?-15

entrez un nombre entre 0 et 1 ?1

ok

>>> 19.4.1.Le jeu du plus ou moins
« c'est ça ... plus ou moins »

>>> Exercice 143

Partie 1 : Nombre aléatoire et module random

Soit le code suivant

```
>>> import random

>>> help(random)

Help on module random: [...]

NAME random - Random variable generators.

randint(self, a, b)

Return random integer in range [a, b], including
both end points.
```

1°) a) Comment appelle-t-on random ?

b) comment appelle-t-on randint ( ) ?

2° Que fait le code suivant ?

```
>>> random.randint(0,10)

>>> random.randint(0,100)

>>> random.randint(0,1000)
```

Partie 2 Plus ou moins

1° a) importez le module random et affectez une valeur aléatoire entre 0 et 10 dans la variable nommée nombre_recherche

b) Demander à entrez un nombre entre 0 et 10 et affectez le dans une variable nommée nombre_entre

2° Comparez les deux nombres à travers la structure conditionnelle if, elif et else (il y a donc trois cas possibles)

3° Faire une boucle while dont le block contiendra la structure conditionnelle et dont la variable booléenne de sortie sera bool1

4° Au cas où voici le code à remplir

```
>>> import

>>> nombre_mystere =

>>> bool1 =

>>> print('*** Nombre mystere entre 0 ct 10***')

>>> while (bool1) :
```

```
= int(input('quel est le nombre ?'))
if   :
    print('trop grand')
elif   :
    print('trop petit')
else :
    print('Bravo')
    bool1 =
```

corrigé exercice 143

1° a) random est un module c'est-à-dire un fichier contenant des fonctions et des constantes.

b) randint(a,b) est une fonction du module, on peut y accéder via la notation

random.randint(a,b). Son mode d'emploi explique qu'elle renvoie un entier aléatoirement comprit entre a et b (ceux-ci compris).

2° Résultats que j'ai obtenus

```
>>> random.randint(0,10)
6
>>> random.randint(0,100)
87
>>> random.randint(0,1000)
```

457

Partie 2 Plus ou moins

1°a) On a

```
>>> import random
>>> nombre_recherche = random.ran-
dint(0,10)
```

b) On a

```
>>> nombre_entre = int(input('entrez un nom-
bre entier entre 0 et 10 ? '))
```

2° On a

```
>>> if(nombre_recherche > nombre_entre) :
  print('trop petit')
elif(nombre_recherche < nombre_entre) :
  print('trop grand')
else :
  print('bravoooo')
```

3° On a

```
>>> bool = True
>>> nombre_recherche = random.ran-
dint(0,10)
>>> while(bool) :
  nombre_entre = int(input('le nombre est
```

```
entre 0 et 10 ?'))
  if(nombre_entre > nombre_recherche) :
    print('trop grand')
  elif(nombre_entre < nombre_recherche) :
    print('trop petit')
  else :
    print('bravo')
    bool = False
```

4° On a

```
>>> import random
>>> nombre_mystere = random.randint(0,10)
>>> bool1 = True
>>> print('*** Nombre mystere entre 0 et 10***')
>>> while (bool1) :
  nombre_entre= int(input('quel est le nom-
bre ?'))
  if(nombre_entre > nombre_mystere):
    print('trop grand')
  elif(nombre_entre < nombre_mystere) :
    print('trop petit')
```

```
    else :

        print('Bravo')

        bool1 = False
```

>>> **Exercice 144**

1° Que fait le code suivant ?

```
>>> print('****')

>>> print('****')

>>> print('****')

>>> print('****')
```

2° a) Combien de lignes d'étoiles a-t-on dans le code précédent ?

b) Comment affichez ces lignes avec un while ? (avec une variable i)

3° a) Demandez à l'utilisateur d'entrer le nombres de lignes à afficher dans une variable nommée nombre_ligne

b) Au cas où complétez le code suivant

```
>>>        =   (input('combien de lignes voulez vous ?'))

>>> i = 0

>>> while  < nombre_ligne :

  print('****')

  i =
```

Corrigé exercice 144

1° On a

```
>>> print('****')
****
>>> print('****')
****
>>> print('****')
****
>>> print('****')
****
```

2° a) On a 4 lignes d'étoiles

b) On a

```
>>> i = 0
>>> while (i < 4) :
    print('****')
    i = i+1
****
****
****
****
```

3° a)

```
>>> nombre_ligne = int(input('combien de
lignes ?'))
```

b)

```
>>> nombre_ligne = int(input('combien de
lignes voulez vous ?'))

>>> while i < nombre_ligne :

  print('****')

  i=i+1
```

>>> Exercice 145 (à faire après avoir lu le cours sur les fonctions)

Compléter le code suivant

```
>>> def plusMoins( ):

  nombre_mystere =

  ne = int(input('entrez un nombre entre 0 et
100'))

  bool =

  while (bool):

    if( ):

      print('trop grand')

    elif( ):

      print('trop petit')

    else :
```

```
    print('good, le nombre mystere etait
bien', nombre_mystere)

    bool=

>>> plusMoins( )
```

Corrigé

```
>>> def plusMoins( ) :

 nombre_mystere = random.randint(0,100)

 ne = int(input(' entrez un nombre entre 0 et
100 '))

 bool = True

 while (bool) :

  if(ne > nombre_mystere) :

    print(' trop grand ')

  elif(ne < nombre_mystere) :

    print(' trop petit ')

  else :

    print(' good, le nombre mystere etait bien
', nombre_mystere)

    bool= False
```

>>> 19.5. Inception : Boucle while imbriquée dans une boucle while

>>> 19.5.1.Les variables i et j sont indépendantes

>>> Exercice 146

1° Soit le code suivant

```
>>> i = 0
>>> while (i < 5) :
  j=0
  while (j < 6) :
    print("*", end = ")
    j=j+1
  print()
  i= i+1
```

a) Quelle est la variable de la boucle principale ?

b) Quelle est la variable de la boucle imbriquée ?

2° Combien de fois la boucle imbriquée se lancera ?

3° Que fait le code suivant ?

Corrigé exercice 146

1° a) La variable de la boucle principale est la variable i. Elle est initialisée à 0 et sera incrémentée jusqu'à la valeur 5.

b) La variable de la boucle imbriquée est la variable j. Elle est initialisée à 0 et sera incrémentée jusqu'à la valeur 6.

2° La boucle imbriquée se lancera 5 fois

3° On a

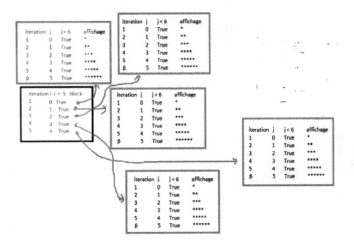

Soit

```
>>> i=0
>>> while(i<5):
        j=0
        while(j<6):
                print('*',end= '')
                j=j+1
        print()
        i=i+1

******
******
******
******
******
```

A retenir

La structure

```
>>> i = 0

>>> while (i < nombre de répétitions):

    j=0

    while (j < nombre de répétitions):

        block

        j=j+1

    i=i+1
```

• les variables i et j sont indépendantes

• le block du while imbriquée (en vert) sera exécutée i*j fois

>>> **Exercice 147**

Soit le code suivant

```
>>> i = 0
```

assad patel

```
>>> while (i < 3):
  j=0
  while (j < 6):
    print('a', end = '')
    j=j+1
  print()
  i=i+1
```

1° L'instruction print('a', end = '') sera exécutée

a) 18 fois   b) 19 fois

2° L'affichage de ce code sera

```
aaaaaa
aaaaaa
```

a) vrai   b) faux

Corrigé

1° Les variables i et j sont indépendantes, l'instruction sera exécutée 3 * 6 = 18 fois

réponse a)

2° C'est faux il y a 3 lignes d'affichage réponse b.

Le bon affichage est

```
aaaaaa
aaaaaa
aaaaaa
```

>>> 19.5.2.Les variables i et j sont dépendantes

>>> Exercice 148

Soit le code suivant

```
>>> i =0
>>> while (i < 5) :
  j=0
  while (j < i) :
    print('*', end = '')
    j=j+1
  print()
  i= i+1
```

1° a) Quel est la variable de la boucle while ?

b) Quel est la variable de la boucle while imbriquée ?

c) Que lien entre ces deux variables ?

2° Qu'affiche ce code

Corrigé

1° a) La variable est i

b) la variable est j

c) La condition j < i permet de dire que ces deux variables sont dépendantes

2°

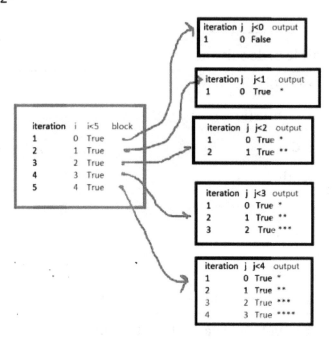

On a l'affichage suivant

A retenir

Dans une boucle imbriquée si la variable j se retrouve en relation avec la variable j alors les deux variables sont *dépendantes*.

Ici par exemple j < i.

>>> Exercice 149

Soit le code suivant

```
>>> i =0
>>> while (i < 10):
  j = 0
  while (j < i):
    print('a', end = '')
    j=j+1
  print()
  i=i+1
```

1° Les variables i et j sont dépendantes ? a) VRAI   b) FAUX

2° L'affichage sera

```
a
aa
aaa
aaaa
aaaaa
aaaaaa
aaaaaaa
```

```
aaaaaaaa

aaaaaaaaa
```

a) vrai   b) faux

Corrigé exercice 149

1° a) VRAI à cause de la condition j < i

2° a VRAI l'affichage est correct

>>> 19.5.3. Manipulations de while dans while

>>> **Exercice 150**

Le but est d'afficher ceci

```
aaaaab
```

1° a) combien de a avons nous et de b ?

b) comment afficher ceci avec une boucle while()

```
aaaaaaa
```

c) c1. complétez la structure suivante

```
variable de boucle i =

boucle i <

   afficher a sans passer à la ligne

   incrémentation de variable de boucle
```

c.2 Ecrire le code python correspondant

2°1. Affichage de b avec un if imbriquée

a) le début du code ressemble à ça et le but est

d'afficher b à la suite des 5 a

```
>>> i =0
>>> while (i <5) :
  print('a', end ='')
  i= i+1
```

a1.Que vaut la variable i avant de sortir de la boucle ?

a.2.Ecrire un if imbriquée qui affichera b quand i vaudra 5

b) Complétez le code suivant

```
>>> nombre_a = int(input(   ))
>>> i = 0
>>> while (i <   ):
  print('a',end='')
  if(i ==  ):
    print('b',end='')
  i=i+1
```

Corrigé exercice 150

1° a) Nous avons cinq a et un seul b

b)

```
>>> i =0
>>> while (i <7) :
```

```
print('a', end = '')
i=i+1
```
aaaaaaa

c) c1.

```
variable de boucle i = 0
boucle i < 7
    afficher a sans passer à la ligne
    incrémentation de variable de boucle
```

c2) On a

```
>>> i =0
>>> while (i < 7) :
  print('a', end='')
  i=i+1
```
aaaaaaa

2° 1)

a1)

La variable i vaudra 4

a2) On a

```
>>> i =0
>>> while (i < 5) :
  print('a', end ='')
```

```
if( i == 4) :

  print('b' , end= ' ')

i= i+1
```

b)

```
>>> nombre_a = int(input('entrez le nombre de
a '))

entrez le nombre de a7

>>> i = 0

>>> while ( i < nombre_a) :

  print('a',end='')

  if(i == nombre_a - 1) :

    print('b',end='')

  i=i+1

aaaaaaab
```

>>> 19.5.4.Une boucle while qui
contient deux boucles while

>>> **Exercice 151**

Que fait le code suivant

```
>>> i=0

>>> while (i< 5) :

  j=0
```

```
while (j< 4) :
    print('a', end = '')
    j=j+1
k=0
while (k < 3) :
    print('b', end ='')
    k=k+1
print()
i=i+1
```

1° a) combien de while contient le while principal ?

b) Quels sont les variables des boucles while imbriquées ?

c) Les variables i, j et k sont-elles indépendantes?

2° Qu'affiche le code ?

Corrigé exercice 151

1° a) On a deux boucles while imbriquées

b) Les variables sont j et k

c) Les trois variables sont indépendantes

2° On a

```
aaaabbb
aaaabbb
```

```
aaaabbb

aaaabbb

aaaabbb
```

> > > **Exercice 152**

Soit le code suivant

```
>>> i = 0

>>> while (i < 5) :

   j = 0

   while (j < 3) :

      print('*', end = '')

      j = j + 1

   while (k < 2) :

      print('x', end = '')

      k = k + 1

   print()

   i = i + 1
```

1° Ce code contient trois variables indépendantes ? a) VRAI   b) FAUX

2° Ce code affiche

```
xx***

xx***
```

```
xx***

xx***

xx***
```

a) VRAI   b) FAUX

Corrigé exercice 152

1° a) VRAI

2° b) FAUX

>>> *19.5.4.1. Mise à jour des conditions des boucles imbriquées*

>>> **Exercice 153**

Partie 1 Une condition est modifiée

Soit le code suivant

```
>>> i =0

>>> condition1 = 1

>>> while (i < 3) :

  j=0

  while (j < condition1) :

    print('*', end =")

    j=j+1

  k=0

  while (k < 4)

    print('x', end =")
```

```
    k=k+1
print()
condition1 = condition1 + 1
i=i+1
```

1° a) Remplir le tableau suivant

b) Qu'affichera la boucle while (j < condition 1) : ?

2° Que va afficher le code ?

Partie 2

Soit le code suivant

```
>>> i =0
>>> condition1 = 1
>>> condition2 = 5
>>> while (i < 3) :
  j=0
  while (j < condition1) :
    print('*', end =")
    j=j+1
  k=0
  while (k < condition2) :
```

```
    print('x', end ='')
    k = k + 1
print()
condition1 = condition1 + 1
condition2 = condition2 - 1
i = i + 1
```

1° Remplir le tableau suivant

iteration	condition1	condition2

2° Que va afficher le code ?

Corrigé exercice 154

1° a) On a

iteration	condition1	condition2
1	2	4
2	3	3
3	4	2
4		

b) On a

condition1	output while(j <condition1)
1	*
2	**
3	***

Partie 2

2° a)

iteration	condition1	condition2
1	2	4
2	3	3
3	4	2
4		

b) On a

>>> **Exercice 154**

Soit l'affichage suivant

```
aaaaab

aaaabb

aaabbb

aabbbb

abbbbb

bbbbbb
```

1° a) Remplir le tableau suivant

iteration	nombre_a	nombre_b
1		
2		
3		
4		
5		
6		

b) combien de while devons nous avoir pour afficher tout ceci ?

c) Ecrire la boucle while principale pour les 6 lignes ainsi que sa variable de sortie

d) Ecrire la boucle while d'affichage des a

e) Ecrire la boucle while d'affichage des b

2° Complétez le code suivant

```
>>> i=0
>>> nombre_a = 5
>>> nombre_b = 1
>>> while(i< ):
  j = 0
  while (j <    ):
    print(  , end ='')
    j=
  k=0
  while (k <   ):
    print(  , end='')
  k=
  print()
  nombre_a = nombre_a -1
  nombre_b =
  i=
```

corrigé

1° a) On a

iteration	nombre_a	nombre_b
1	5	1
2	4	2
3	3	3
4	2	4
5	1	5
6	0	6

On remarque la variable nombre_a s'incrémente à chaque tour et inversement pour la variable nombre_b

b) On a une boucle while pour les lignes, une autre pour l'affichage des a et enfin une autre pour l'affichage des b.

c) Pour afficher six lignes on doit avoir

```
>>> i =0
>>> while (i<6) :
    block du while
    i=i+1
```

d) On a pour l'affichage des a

```
>>> j=0
>>> while (j < nombre_a) :
    block
    j=j+1
```

e) On a pour l'affichage des b

```
>>> k =0
>>> while(k < nombre_b):
    block
    k=k+1
```

2° On a

```
>>> i=0
>>> nombre_a = 5
>>> nombre_b = 1
>>> while(i< 6 ):
    j = 0
    while (j < nombre_a):
      print('a' , end ='')
      j= j+1
    k=0
    while (k < nombre_b ):
      print('b' , end='')
      k= k + 1
    print()
    nombre_a = nombre_a -1
    nombre_b = nombre_b + 1
```

```
i= i + 1
```

>>> Exercice 155

Le but est d'afficher ceci

```
   *
***
*****
```

1° Quel variable pour le nombre de lignes ?

2° Quel variable pour l'affichage des étoiles ?

3° Quel variable pour l'espace ?

4° Combien de while imbriquées ?

5° Complétez le code suivant

```
>>> i = 0
>>> nbespaces =
>>> nbetoiles = 1
>>> while (i < 3) :
  j=0
  while (j <    ) :
     print(", end= ")
     j=
  k=0
```

```
while( k < nbetoiles):
    print(   , end=")
    k=k+1
print()
nbespaces =
nbetoiles = nbetoiles +2
i=
```

Corrigé exercice 155

1° On a 3 lignes on aurait quelque chose comme

```
>>> i =0
>>> while ( i < 3 ):
    block
    i=i+1
```

2° Le nombre d'étoiles augmente de +2 à chaque ligne

3° Le nombre d'espaces diminue de 1 à chaque ligne

4° On a deux boucles while imbriquées, une pour afficher l'espace vide et une pour les étoiles avec deux conditions.

5° On a

```
>>> i = 0
```

```
>>> nbespaces = 3
>>> nbetoiles = 1
>>> while (i < 3) :
  j=0
  while (j < nbespaces) :
    print(", end= ")
    j=j+1
  k=0
  while( k < nbetoiles) :
    print('*', end=")
    k=k+1
  print()
  nbespaces = nbespaces -1
  nbetoiles = nbetoiles +2
  i=i+1
```

>>>> Exercice 156

Le but est d'afficher ceci (avec deux espaces de décalage)

```
***

***
```

assad patel

Corrigé

```
>>> i =0
>>> while (i< 4):
  j=0
  while(j<2):
    print('', end = '')
    j=j+1
  k=0
  while(k<3):
    print('*', end = '')
    k=k+1
  print()
  i=i+1
```

>>>*19.6. Calculer des sommes et des multiplications avec while*

>>> Exercice 157

1° Calculer 1 +2 +3 +4 + 5+ 6 + 7 + 8 +9

2° a) Evaluez le code suivant

```
>>> 1+2+3+4+5+6+7+8+9
```

b) Complétez la notation sigma Σ^i pour notre somme précédente

c) que fait le code suivant

```
>>> sum = 1
>>> sum = sum + 2
>>> sum = sum + 3
>>> sum = sum + 4
>>> sum = sum + 5
>>> sum
```

3° Boucle

Complétez le code suivant

```
>>> i = 0
>>> sum = 0
>>> while (i < ):
    sum = sum +
    i =
>>> print('1+2+3+4+5+6+7+8+9 = ', )
```

Corrigé exercice 157

On a

1° La somme vaut 45

assad patel

2° a)

```
>>> 1 + 2 + 3 + 4 + 5 + 6 + 7 + 8 + 9
45
```

b) On écrit $\sum_{i=1}^{i=9} i = 45$

c) On a

```
>>> sum = 1
>>> sum = sum +2
# sum = 1 + 2
# sum = 3
>>> sum = sum + 3
# sum = 3 + 3
# sum = 6
>>> sum = sum + 4
# sum = 6 + 4
# sum = 10
>>> sum = sum +5
# sum = 10 + 5
# sum 15
>>> sum
15
```

3°

```
>>> i = 0
>>> sum = 0
>>> while (i < 10) :
    sum = sum + i
    i = i + 1
>>> print('1+2+3+4+5+6+7+8+9 = ', sum )
1 + 2 + 3 + 4 + 5 + 6 + 7 + 8 + 9 = 45
```

A retenir

L'idée de calculer une somme est celle de la structure générique suivante

$$somme = (somme\ i-1) + i$$

qui vient de la notation sigma elle-même

```
>>> i = 0
>>> s = 0
>>> while (i<n) :
    s = s + i
    i = i+1
```

permet de calculer de l'indice 0 à l'indice n-1

>>> **Exercice 158**

1° Calculer $\sum_{i=0}^{i=100} i$ avec la formule de la suite arithmétique $\sum_{i=0}^{i=n} u_i = (n+1) * \frac{u_0 + u_n}{2}$

2° a) Evaluer

```
>>> (101)*((0+100)/2)
```

b) faire une boucle pour calculer à l'aide de la formule générique sum = sum + i

Corrigé exercice 158

1° On a (100+1)*(0+100)/2 = 101 * 50 = 5050

2° a)

```
>>> (101)*((0+100)/2)
5050.0
```

b) On a

```
>>> i = 0
>>> sum = 0
>>> while( i < 101):
    sum = sum + i
    i = i+ 1
>>> print(sum)
# print(5050)
5050
```

>>> Exercice 159

1° Que vaut 1 * 2 * 3 * 4 * 5 * 6 * 7 * 8 * 9 comment note-t-on encore cette multiplication ?

2° Complétez la notation $\prod i$

3° Donnez la boucle permettant de faire son calcul en s'inspirant de celle de l'addition

Corrigé exercice 159

1° On a

```
>>> 1*2*3*4*5*6*7*8*9
362880
```

On la note 9 !

2° On a $\prod_{i=1}^{i=9} i$

3° On a

```
>>> i = 1
>>> prod = 1
>>> while (i<10):
    prod = prod*i
    i = i+1
>>> prod
362880
```

>>> Exercice 160

Calculer 20 ! en faisant une boucle

Corrigé

On a

```
>>> i = 1
>>> p = 1
>>> while (i<21):
    p = p*i
    i = i + 1
>>> print(p, 'vaut 20!')
# print(2432902008176640000, 'vaut 20!')
2432902008176640000 vaut 20!
```

>>> 19.7. Break et continue

>>> 19.7.1. Le mot clé break pour sortir

>>> exercice 161

Que fait le code suivant

```
>>> i=0
>>> while(i<10):
    i=i+1
```

```
if i==5:

    break

print(i)
```

Corrigé

iteration	i	i<10	output	i==5
1	1	True	1	False
2	2	True	2	False
3	3	True	3	False
4	4	True	4	False
5	5	True	5	True

On entre dans le boucle elle s'exécute.

Quand i prend la valeur 5, on entre dans le if et le break s'éxcute.

On sort de la boucle

A retenir :

Le mot-clé break permet de sortir d'une boucle

>>> **Exercice 162**

Soit le code suivant

```
>>> i = 0

>>> while(i<3) :

  if i== 1 :

    break

  print(i)

  i=i+1
```

Ce code va afficher

```
0
```

Vrai ou faux ?

Correction exercice 162

C'est vrai

On itère une fois (i vaut 0 puis est incrémenté à 1).

A la deuxième itération i == 1 est vraie et on exécute le break.

>>> 19.7.3. Le mot clé continue
pour sauter une étape

>>> Exercice 163

Que fait le code suivant

```
>>> i=0
>>> while(i<10):
  i=i+1
  if i==5:
    continue
  print(i)
```

Corrigé exercice 163

Le code s'exécute normalement jusqu'à l'itération 5. On a

```
# i = 4 +1
```

```
# if 5 == 5 :
    continue
# while(5 < 10) :
```

On a sauté l'itération 5. On aura l'affichage suivant.

Toutes les instructions après le continue ont été ignorées

```
>>> i=0
>>> while(i<10):
    i=i+1
    if i==5:
        continue
    print(i)
1
2
3
4
6
7
8
9
```

| 10 |

Remarque : le code suivant se plante

```
>>> i=0
>>> while(i<10):
    if i==5:
        continue
    i=i+1
    print(i)
```

car quand i vaudra 5 on passe à continue qui répètera indéfinie ce bout de code

```
>>> while(5<10):
    if 5 == 5 :
        continue
```

>>> Exercice 164

Que fait le code suivant

```
>>> i = 0
>>> while(i<3):
    i = i + 1
    if i== 1 :
        continue
```

```
print(i)
```

corrigé exercice 164

On a le tableau suivant

```
iteration i  i < 3   i == 1  output
1          0  True   True
2          1  True   False   2
3          2  True   False   3
4          3  False
```

Soit

```
>>> i = 0
>>> while(i<3):
    i = i + 1
    if i == 1:
        continue
    print(i)
2
3
```

>>> 20. LES LISTES

« La liste des courses »

>>> Exercice 165

Que fait le code suivant

```
>>> [0,1,2,3,4]

>>> liste1=[1,3,5,7]

>>> liste1
```

Corrigé exercice 165

On a

```
>>> [0,1,2,3,4]

[0,1,2,3,4]
```

[0,1,2,3,4] est une liste. Elle a 5 éléments qui sont les valeurs 0,1,2,3 et 4

On a une affectation, la liste [1,3,5,7] est affectée dans la variable de nom liste1

```
>>> liste1

[1, 3, 5, 7]
```

Ici on affiche le contenu de la variable liste1 qui contient la liste [1,3,5,7]

>>> Exercice 166

Que fait le code suivant ?

```
>>> []
>>> liste1 =[]
>>> liste2 = [2.0,3,0.3]
>>> type(liste2)
```

Corrigé

```
>>> [ ]
[ ]
```

La liste [ ] ne contient aucune élément. On l'appelle la liste vide.

```
>>> liste1 = [ ]
```

La variable liste1 contiendra la liste vide

```
>>> liste1
[]
```

On a

```
>>> liste2 = [2.0,3,3.0]
```

la liste [2.0,3,3.0] contient trois éléments. Cette liste est affectée dans la variable liste2

On a

```
>>> liste2
[2.0, 3, 3.0]
>>> type(liste2)
<type 'list'>
```

>>> Exercice 167

Que fait le code suivant

```
>>> []
>>> liste1 = [5,4.0,3]
>>> liste1
>>> type(liste1)
```

Corrigé

```
>>> []
[]
>>> liste1 = [5, 4.0, 3]
>>> type(liste1)
<class 'list'>
```

>>> 20.1.Numérotation des éléments d'une liste

« numérotons … »

>>> Exercice 168

Que fait le code suivant

```
>>> liste1 = [1,2,3]

>>> liste1[0]

>>> liste1[1]

>>> liste1[2]

>>> liste1[3]

>>> liste1[4]
```

corrigé exercice 168

On affecte la liste [1,2,3] dans la variable liste1.

On note que cette liste a trois éléments. Elle peut se représenter de la façon suivante

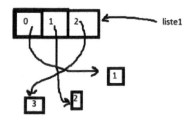

```
>>> liste1[0]
1
```

Ici on demande à accéder au premier élément de la liste (qui est le numéro zéro)

```
>>> liste1[1]
2
```

On accède au deuxième élément de la liste (qui

est le numéro un)

```
>>> liste1[2]

3
```

On accède au troisième élément de la liste

La liste a trois éléments et on essaie d'accéder à un quatrième élément imaginaire

```
>>> liste1[4]

IndexError : list index out of range
```

Si l'on traduit on a une erreur d'indexage. Le quatrième élément n'existe pas.

>>> Exercice 169

Soit le code suivant

```
>>> liste = [1,3,5,7]
```

1°a) combien d'éléments contient cette liste ?

b) compléter le schéma suivant

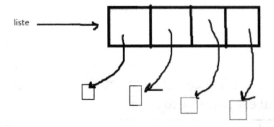

2° Que fait le code suivant

```
>>> liste[9]
```

3° Que fait le code suivant

```
>>> a = liste[0]
>>> a
```

corrigé exercice 169

1° a) La liste contient 4 éléments

b) On a

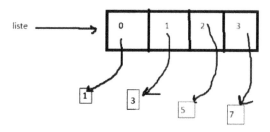

2° On a une erreur sémantique

```
>>> liste[9]
IndexError : index out of range
```

3°

```
>>> a = liste[0]
# a = 1
>>> a
1
```

>>> 20.2. Manipulation

des éléments d'une liste

>>> **Exercice 170**

Que fait le code suivant

```
>>> liste = [1, 2.0 ,3]
>>> liste[0]
>>> print(liste[0], liste[1], liste[2])
>>> liste[0] = 4
>>> liste
```

Corrigé

```
>>> liste=[1,2.0,3]
```

On affecte une liste de 3 éléments dans une variable de nom liste

```
>>> liste[0]
1
```

Ici demande d'afficher le premier élément de la liste d'index 0.

La fonction print ( ) prend trois arguments

```
>>> print(liste[0], liste[1], liste[2])
1 2.0 3
```

Elle affiche les éléments de la liste

```
>>> liste[0] = 4
>>> liste[0]
```

```
4
```

L'élément liste[0] a été modifié.

On affiche la liste

```
>>> liste
[4, 2.0, 3]
```

A retenir

Les éléments individuels d'une liste sont modifiables.

L'objet list est mutable.

>>> Exercice 171

Que fait le code suivant

```
>>> var = [4,2,4,5]
>>> var[2]
>>> print(var)
>>> var[0] = 4
>>> var[1]=4
>>> var
```

corrigé exercice 171

```
>>> var = [4, 2, 4, 5]
>>> var[2]
4
```

```
>>> print(var)
[4, 2, 4, 5]
>>> var[0]= 4
# [0, 2, 4, 5]
>>> var[1] = 4
# [0,1,4,5]
>>> var
[0, 1, 4, 5]
```

>>> **Exercice 172 (incrémentation de chaque élément d'une liste)**

Que fait le code suivant

```
>>> liste = [0,1,2,3,4,5]
>>> i = 0
>>> while(i<6):
   liste[i]= liste[i]+1
   i = i+1
>>> liste
```

corrigé

```
iteration  liste[i] = liste[i] + 1
1          liste[0] = liste[0] + 1 = 0 + 1 =1
2          liste[1] = liste[1] + 1 = 1 + 1 =2
3          liste[2] = liste[2] + 1 = 2 + 1 =3
4          liste[3] = liste[3] + 1 = 3 + 1 = 4
5          liste[4] = liste[4] + 1 = 4 + 1 =5
6          liste[5] = liste[5] + 1 = 5 + 1 = 6
```

On a

```
>>> liste
[1, 2, 3, 4, 5, 6]
```

>>> 20.3. Boucle while et liste

>>> Exercice 173

Partie 1 : La fonction len ( )

1° Soit le code suivant

```
>>> help(len)
len (obj, /)
   Return the number of items in a container
```

Que fait la fonction len1( ) ?

2° Que fait le code suivant

```
>>> liste = [0,1,2,3,4,5]
>>> len(liste)
```

Partie 2

Que fait le code suivant

```
>>> liste = [0,1,2,3,4,5,6,7,8,9,10]
>>> len(liste)
>>> i = 0
>>> while (i<len(liste)) :
    print(liste[i], end = '')
    i=i+1
```

Corrigé

1° La fonction len ( ) va renvoyer le nombre d'éléments d'une liste passée en argument (une liste est un container)

2°

```
>>> liste = [0,1,2,3,4,5]
```

Affectation d'une liste de 11 éléments dans la variable liste

```
>>> len(liste)
6
```

La fonction liste prend en argument la liste et renvoie le nombre de ses éléments

Partie 2

```
>>> liste = [0,1,2,3,4,5,6,7,8,9,10]
```

La liste de 11 éléments est affectée dans la variable liste

```
>>> len (liste)
```

11

la fonction len( ) prend en argument la liste et renvoie le nombre de ses éléments

```
>>> i =0
>>> while (i < len(liste)) :
  print(liste[i])
  i= i+1
```

On a

iteration	i < len(liste) = 11	output
1	True	0
2	True	1
3	True	2
4	True	3
5	True	4
6	True	5
7	True	6
8	True	7
9	True	8
10	True	9
11	True	10

>>> **Exercice 173**

Afficher à l'aide d'une boucle la liste [5,3,2,4,2,3]

corrigé exercice 173

```
>>> l = [5,3,2,4,2,3]
>>> i =0
>>> while (i < len(l)) :
  print(l[i], end = ' ')
```

```
i=i+1
```
5 3 2 4 2 3

>>> **Exercice 174**

1° Déclarez une liste de nom ls ayant 4 éléments valant tous 0

2° A l'aide d'une boucle mettez tous les éléments de la liste égaux à 1

Corrigé

1°

```
>>> ls = [0,0,0,0]
```

2°

```
>>> i =0
>>> while (i < len(ls)) :
  ls[i]=1
  i=i+1
>>> ls
```
[1, 1, 1, 1]

A retenir :

Une liste a par définition la longueur le nombre len(liste)

Pour parcourir tous les éléments de la liste à l'aide d'une variable i on a la structure suivante

```
>>> i =0
>>> while (i < len(liste) ) :
  block du while
```

>>> Exercice 175

1° Initialisez une liste ayant pour nom notes avec ses quatre éléments égaux à 0

2° a) Que fait le code suivant

```
>>> notes[0] = int(input())
12
>>> notes[0]
```

b) Faites une boucle demandant à l'utilisateur d'entrez quatre notes allant respectivement dans notes[i]

3° Que fait le code suivant

```
>>> i =0
>>> while (i < len(notes)) :
  print('note ', i+1, '=', notes[i])
  i=i+1
```

Corrigé

1°

```
>>> notes =[0,0,0,0]
```

2° a)

```
>>> notes[0] = int(input())
12
```

La variable notes[0] est affectée de la valeur 12

```
>>> notes[0]
12
>>> notes
[12, 0, 0, 0]
```

b)

```
>>> notes = [0,0,0,0]
>>> i = 0
>>> while (i < len(notes)) :
  notes[i] = int(input('entrez une note '))
  i = i+1
entrez une note 10
entrez une note 11
entrez une note 12
entrez une note 13
>>> notes
[10, 11, 12, 13]
```

3° La fonction print ( ) prend quatre arguments pour afficher une phrase

```
note 1 = 10

note 2 = 11

note 3 = 12

note 4 = 13
```

>>> Exercice 176

Ecrire une liste de 5 éléments puis demandez à l'utilisateur d'entrer 5 nombres pour remplacer les éléments initiaux et afficher les éléments de la liste.

Corrigé exercice 176

```
>>> l = [0,1,2,3,4]

>>> i=0

>>> while (i<len(l)):

   l[i] = int(input('entrez un nombre '))

   i=i+1

entrez un nombre 10

entrez un nombre 20

entrez un nombre 30

entrez un nombre 40

entrez un nombre 50

>>> l
```

```
[10, 20, 30, 40, 50]
```

>>> 20.3.1. Rechercher le maximum d'une liste

>>> Exercice 177

Soit le code suivant

```
>>> liste = [1,2,3]
```

Partie 1

1° Quel est le plus grand élément de cette liste ?

2° Que fait le code suivant

```
>>> if (liste[0] > liste[1] and liste[0] > liste[2]) :
    print(liste[0], 'est le plus grand élément')
elif (liste[1] > liste[0] and liste[1] > liste[2]) :
    print(liste[1], 'est le plus grand élément')
else :
    print(liste[2], 'est le plus grand élément')
```

3° a) Quelle propriété vérifie le plus grand élément d'une liste ?

b) Que fait le code suivant :

```
>>> max = liste[0]
>>> i = 0
>>> while (i < len(liste)) :
    if (liste[i] > max ) :
```

```
    max = liste[i]
  i=i+1
>>> print(max, ' est le plus grand élément de la
liste')
```

Corrigé exercice 177

1° La plus grand élément de la liste est 3

2° Ici on compare « à la main » tous les éléments de la liste ce qui peut se révéler fastidieux avec une liste plus longue

```
>>> if(liste[0] > liste[1] and liste[0] > liste[2]):
# if(1 > 2 and 1 > 3):
# if(False and False):
# if(False):
elif(liste[1] > liste[0] and liste[1] > liste[2]):
# elif(2 > 1 and 2 > 3):
# elif(True and False):
# elif(False):
else:
                print(liste[2], 'est le plus
grand élément')
3 est le plus grand élément
```

3° a) Si une liste a n éléments le plus grand élément de cette liste que l'on notera max

---

vérifie la propriété suivante

$$max >= liste[i] \text{ pour } i \text{ allant de}$$
0 à n

---

b)Pour tout i, l'idée est de fixer arbitrairement le maximum au premier élément de la liste et de le comparer avec chaque élément de la liste, dès qu'un élément de la liste est supérieur à max c'est lui qui devient le maximum

---

```
>>> max = liste[0]
# max = 1
>>> i=0
>>> while (i<len(liste)):
# while (i < 3):
# while (True):
            if(liste[i] > max):
#           if(liste[0] > max):
#           if(1 > 1):
#           if(False)
# i=0+1
#               i = 1
```

```
# while (1 < 3 ) :

# if (liste[1] > max) :

# if (2 > 1) :

# if True :

#                    max = liste[1]

#                    max = 2

# i=2

# while (2 <3) :

# if (liste[2] > max ) :

# if (3 > 2) :

# max = liste[2]

# max  = 3

# i = 3

# while (3 < 3) :

# Sortie de la boucle

>>> print(max, ' est le plus grand élément de la
liste')

3 est le plus grand élément de la liste
```

A retenir

Pour chercher le plus grand élément d'une liste

　• on fixe max = liste[0]

- on parcourt la liste

- on teste si liste [i] > max

- on met à jour en cas de test positif : max = liste[i]

>>> Exercice 178

1° Soit la liste

```
>>> a = [0,1,2,3,4,5,6,7,8,9]
```

Quel est le plus grand élément de cette liste ?

2° Faire une boucle pour trouver le plus grand élément de cette liste

Corrigé exercice 178

1° Le plus grand élément de la liste est 9

2° On a

```
>>> a = [0,1,2,3,4,5,6,7,8,9]

>>> max = a[0]

>>> i=0

>>> while (i < len(a)):

  if(a[i] > max):

    max = a[i]

  i=i+1

>>> max

10
```

>>> 20.3.2. Trouver le plus petit élément d'une liste

>>> Exercice 179

1° Soit la liste

```
>>> liste = [1,2,3]
```

Quel est son plus petit élément ?

2° Faire une boucle comme l'exercice précédent

Corrigé exercice 179

1° Le plus petit élément est 1

2° On fixe arbitrairement le plus petit élément comme étant liste[0]

```
>>> min =liste[0]

>>> i= 0

>>> while (i < len(liste)) :

  if(liste[i] < min ) :

    min = liste[i]

  i=i+1

>>> print(min, 'est le plus petit élément de la liste')
```

>>> Exercice 180

1° Soit la liste

```
>>> a = [7,3,3,3,4,1,6,7,8,9]
```

Quel est le plus petit élément de cette liste ?

2° Faire une boucle pour trouver le plus petit élément de cette liste

corrigé exercice 180

1° Le plus petit élément de la liste est 1

2°

```
>>> a = [7,3,3,3,4,1,6,7,8,9]

>>> min = a[0]

>>> i=0

>>> while(i< len(a)):

  if(a[i] < min):

    min = a[i]

  i=i+1

>>> min

1
```

>>> 20.3.3.Somme et moyenne d'une liste

>>> **Exercice 181 (Somme des éléments d'une liste)**

Soit la liste suivante

```
>>> liste = [0,1,2,3,4,5,6,7,8,9,10]
```

1° Calculer la somme 0+1+2+3+4+5+6+7+8+9+10 en utilisant une boucle (cf le chapitre précédent)

2° Faire une boucle similaire en utilisant liste[i]

Corrigé exercice 181

1° On a

```
>>> s = 0
>>> i = 0
>>> while (i < 11) :
  s=s+i
  i=i+1
>>> s
55
```

2° On reprend l'idée générale que la somme des éléments donne

liste[0] + liste[1] +liste[2] +... liste[i] + ... liste[10]

```
>>> s = 0
>>>i = 0
>>> while (i < len(liste)) :
                s= s+liste[i]
                i=i+1
>>> s
```

Analysons ce code

iteration	i < len(liste)	s = s + liste[i]
1	True	s = 0 + 0 = 0
2	True	s = 0 + 1 = 1
3	True	s = 1 + 2 = 3
4	True	s = 3 + 3 = 6
5	True	s = 6 + 4 = 10
6	True	s = 10 + 5 = 15
7	True	s = 15 + 6 = 21
8	True	s = 21 + 7 = 28
9	True	s = 28 + 8 = 36
10	True	s = 36 + 9 = 45
11	True	s = 45 + 10 = 55

Il a y a une différence fondamentale entre le calcul des nombres de 0 à 10 et le calcul des éléments d'une liste et elle se situe au niveau de la variable i .

En effet les nombres de 0 à 11 augmentaient de 1 à chaque fois on pouvait naturellement mettre i = i+1 dans la boucle.

De façon générale si il y a une progression arithmétique de k à chaque fois on pourra mettre dans la boucle i = i+ k.

En revanche si dans la suite de nombres il n'existe pas de lien évident entre eux il sera compliqué de faire une boucle de calcul

Exemple : 1 + 3 + 4 + 17 + 20

En revanche pour calculer la somme de l'exemple il suffit de mettre tous les éléments dans une liste et on boucle naturellement avec la variable i

```
>>> liste =[1,3,4,17,20]

>>> i=0
```

```
>>>s=0
>>> while (i < len(liste)) :
  s=s+ liste[i]
  i=i+1
>>> s
45
```

>>> **Exercice 182**

1° Calculer la somme des éléments de la liste

```
>>> liste1 =[73,27974,97979]
```

2° Calculer le produit des éléments de la liste

```
>>> liste2 = [470,8408,80808]
```

corrigé exercice 182

1° On a

```
>>> liste1 =[73,27974,97979]
>>> i= 0
>>>s =0
>>> while (i< len(liste1)) :
  s = s + liste1[i]
  i=i+1
>>> s
126026
```

2° On a

```
>>> liste2 = [470,8408,80808]
>>> i = 0
>>> p = 1
>>> while (i< len(liste2)):
  p = p * liste2[i]
  i=i+1
>>> p
319333822080
```

>>> Exercice 183 (moyenne)

1° Soit la liste

```
>>> liste = [0,1,2,3,4,5,6,7,8,9,10]
```

Calculer la somme des éléments de cette liste que l'on rangera dans la variable nommée somme

2° Que fait le code suivant ?

```
>>> moyenne = somme / (len(liste))
```

Corrigé exercice 183

1° On a

```
>>> somme,i=0,0
>>> while (i <(len(liste))):
```

```
   somme = somme + liste[i]
   i=i+1
>>> somme
55
```

2° Par définition la moyenne de vaut avec une pondération valant 1.

```
>>> moyenne = somme / (len(liste))
# moyenne = somme / (11)
# moyenne = 55 / 11
# moyenne = 5.0
5.0
```

>>> Exercice 184

Calculer la moyenne de la liste suivante

```
>>> liste = [26,4748,26537,198]
```

Corrigé exercice 184

On a

```
>>> liste = [26,4748,26537,198]
>>> i 0
>>> s = 0
>>> while(i<len(liste)):
  s= s +liste[i]
```

```
  i=i+1
>>> moyenne = s / (len(liste))
# moyenne = 31509 / 4
# moyenne = 7877.25
7877.25
```

>>> 20.3.4. Recherche d'un élément d'une liste

>>> **Exercice 185**

Partie 1

Soit la liste suivante

```
>>> liste = [0,1,2,3]
```

1° a) L'élément 3 appartient-il à cette liste ?

b) L'élément 10 ?

2° Que fait le code suivant

```
>>> if(liste[0] == 3):
  print("3 est dans la liste")
elif(liste[1]==3):
  print("3 est dans la liste")
elif(liste[2]==3):
  print("3 est dans la liste")
elif(liste[3] == 3):
```

```
  print("3 est dans la liste")
else :
  print("3 n'est pas dans la liste")
```

3° Pourquoi le code suivant est-il incorrect ?

```
>>> i = 0
>>> while (i < len(liste)) :
  if(liste[i]==3) :
    print("3 est dans la liste")
  i=i+1
else :
  print(" 3 n'est pas dans la liste" )
```

4° Que fait le code suivant

```
>>> i= 0
>>> b = False
>>> while (i< len(liste)) :
  if(liste[i] == 3) :
    b = True
  i=i+1
```

Partie 2

Que fait le code suivant

```
>>> liste = [0,1,2,3,4,5,6,7,8,9,10]
```

```
>>> i = 0
>>> while (i<len(liste)) :
    print(liste[i], end='')
    i=i+1
>>> nombre = int(input('entrez un nombre en-
tier'))
>>> i=0
>>> b = False
>>> while (i <len(liste)):
    if(liste[i] == nombre):
        b= True
    i=i+1
>>> if b :
    print(nombre, 'est dans la liste ')
else :
    print(nombre, " n'est pas dans la liste")
```

Corrigé exercice 185

Partie 1

1° a) 3 est un élément de la liste

b) 10 n'appartient pas à cette liste

2°

```
>>> liste = [0,1,2,3]
>>> if(liste[0] == 3):
# if(1 == 3):
# if(False):
# elif(liste[1]==3):
# elif(1 == 3):
# elif(False):
# elif(liste[2]==3):
# elif(2 == 3):
# elif(False):
# elif(liste[3] == 3):
# elif(3 == 3):
# elif(True):
# print("3 est dans la liste")
3 est dans la liste
```

3°

```
>>> i = 0
>>> while (i < len(liste)):
  if(liste[i]==3):
    print("3 est dans la liste")
```

```
   i=i+1
else :
   print(" 3 n'est pas dans la liste")
```

La variable i qui sert à sortir de la boucle ne sera jamais incrémentée.

En effet, on entre dans la boucle avec i = 0, on teste if (liste[0] == 3) : qui donne False on passe donc au else qui va afficher 3 n'est pas dans la liste et on revient au début de la boucle qui sa répéter une infinité de fois.

4° On a

```
>>> i = 0
>>> b = False
>>> while (i< len(liste)):
              if(liste[i] == 3):
                 b = True
              i=i+1
```

iteration	i < len(liste)	liste[i] == 3
1	True	False
2	True	False
3	True	False
4	True	True

Partie 2

```
>>> liste = [0,1,2,3,4,5,6,7,8,9,10]
>>> i = 0
```

```
>>> while (i<len(liste)):
    print(liste[i], end='')
    i=i+1
0 1 2 3 4 5 6 7 8 9 10
>>> nombre = int(input('entrez un nombre entier'))
5
>>> i=0
>>> b = False
>>> while (i <len(liste)):
                if(liste[i] == nombre):
# if(liste[5] == 5 ):
# if(True):
# b= True
                i= i +1
>>> if b :
# if True
# print(nombre, 'est dans la liste ')
5 est dans la liste
```

A retenir

Pour tester si un élément appartient à une liste il est judicieux de marquer l'appartenance (resp. la non appartenance) à l'aide d'un booléen.

Boucle sur toute une liste

      test élément qui appartient à la liste

      booléen à True si appartenance

>>> Exercice 186

Soit la liste suivante :

```
>>> liste = [-1,2,3,4]
```

1° Faire une boucle pour tester si -1 appartient à cette liste et afficher un message d'appartenance à la liste

2° Même question pour 10

corrigé

1°

```
>>> liste = [-1,2,3,4]
>>> i = 0
>>> test = False
>>> while (i < len(liste)) :
  if (liste[i] == -1) :
    test = True
  i = i + 1
>>> if (test) :
```

```
    print('-1 est dans la liste')
else :
    print('pas dans la liste')
-1 est dans la liste
```

2° On a

```
>>> liste = [-1,2,3,4]
>>> i = 0
>>> test = False
>>> while (i < len(liste)) :
    if (liste[i] == 10) :
        test = True
    i=i+1
>>> if (test) :
# if (False) :
else :
    print('pas dans la liste')
pas dans la liste
```

>>> 20.3.5. Recherche de l'indice d'un élément d'une liste

>>> **Exercice 185**

Soit la liste suivante

```
>>> liste = [8,3,5,2,9]
```

1° a) 5 appartient-il à cette liste ?

b) que vaut l'index de 5 ?

2° Que fait le code suivant

```
>>> i =0

>>> indice = -1

>>> while (i<len(liste)) :

   if(liste[i]==5) :

      indice = i

   i=i+1

>>> if(indice != -1)

   print("5 appartient à la liste en ",i," ième position")
```

3° Que donne le code suivant

```
>>> liste = [8,3,5,2,9]

>>> indice = - 1

>>> i = 0

>>> nombre_entre = int(input("Entrez un nombre entier"))

>>> while (i< len(liste)) :

   if(liste[i] == nombre_entre) :
```

```
    indice = i

  i=i+1

>>> if(indice!= -1):

    print(nombre_entre, "est dans la liste en", in-
dice, "ieme position)

else :

    print(nombre_entre, " n'est pas dans la liste")
```

Corrigé exercice 185

1° a) 5 appartient à la liste

b) l'index de l'élément 5 est 2

2°

```
>>> liste = [8,3,5,2,9]

>>> i =0

>>> indice = -1

>>> while (i<len(liste)):

  if(liste[i]==5):

    indice = i

  i=i+1

# if(liste[2] == 5 ):

# if(5 == 5):

# if(True):
```

```
# indice = 2

>>> if(indice != -1):

# if(2 != -1):

# if(True)

# print("5 appartient à la liste en ",i,"ième posi-
tion")
```
5 appartient à la liste en 2 ième position

3° On a

```
>>> liste = [8,3,5,2,9]

>>> indice = -1

>>> i = 0

>>> nombre_entre = int(input("Entrez un nom-
bre entier"))

Entrez un nombre entier 2

>>> while (i< len(liste)):

  if(liste[i] == nombre_entre):

    indice = i

  i=i+1

# if(liste[3] == nombre_entre):

# if(2 == 2):

# if(True):
```

```
# indice = 3

>>> if(indice != -1):

# if( 3 != -1):

# if(True):

# print(nombre_entre, "est dans la liste en", in-
dice, "ieme position)

2 est dans la liste en 3 ieme position
```

A retenir

L'indice que l'on initialise à une valeur négative car les indices d'une liste sont des nombres positifs

On boucle sur tous les éléments de la liste

　　test de l'appartenance de l'élément de la liste

　　récupération de l'indice si c'est vrai

>>> Exercice 186

Soit la liste suivante

```
>>> liste = [1,4,3,8,9]
```

1°Codez une boucle pour déterminer si 4 appartient à cette liste

2° Faites de même pour avoir l'indice de 4

Corrigé

1°

```
>>> liste = [1,4,3,8,9]
>>> Test = False
>>> i = 0
>>> while( i < len(liste)):
  if(liste[i] == 4):
    Test = True
  i=i+1
>>> if(Test):
  print('4 appartient à la liste')
else:
  print('non')
4 appartient à la liste
```

2°

```
>>> liste = [1,4,3,8,9]
>>> indice = -1
>>> i = 0
>>> while( i < len(liste)):
  if(liste[i] == 4):
    indice = i
  i=i+1
```

```
>>> print('4 est a la', indice, 'iere position')
4 est la 1 ieme position
```

>>> 21. RETOUR SUR LES CHAÎNES DE CARACTÈRES

« hello world ! » un codeur

>>> Exercice 187

Que fait le code suivant

```
>>> mot = 'lol'
>>> mot[0]
>>> mot[1]
>>> mot[2]
>>> mot[3]
>>> i = 0
>>> while (i<len(mot)) :
    print(mot[i])
```

```
i=i+1
```

Corrigé

Ici on a une affectation et si l'on teste le type de la variable

```
>>> type(mot)
<class 'str'>
```

la variable mot est du type String

```
>>> mot[0]
'l'
```

De même,

```
>>> mot[1]
'o'
```

et enfin

```
>>> mot[2]
'l'
```

Enfin on va essayer d'accéder à un indice situé en dehors du tableau

```
>>> mot[3]
IndexError : string index out of range
```

Ici on va boucler sur les indices

```
>>> while (i<len(mot)) :
  print(mot[i])
```

```
  i=i+1

l

o

l
```

iteration	i < len(mot)	print(mot[i])
1	True	l
2	True	o
3	True	l

>>> Exercice 188

Que fait le code suivant ?

```
>>> var = 'hello'

>>> var[0]

>>> var[1]

>>> i = 0

>>> while (i<len(var)) :

  print(var[i],end='')

  i=i+1
```

Corrigé exercice 188

```
>>> var[0]

h

>>> var[1]

e
```

```
>>> while (i<len(var)) :

  print(var[i],end='')

  i=i+1

hello
```

>>> 21.1. L'opérateur de concaténation +

>>> Exercice 189

Que fait le code suivant :

```
>>> chaine1 = 'Hello'

>>> chaine2 = 'world'

>>> chaine3 = chaine1 + chaine2
```

Corrigé exercice 189

Dans la première ligne on affecte la chaîne de caractère Hello dans la variable chaine1 , de même que la chaine de caractère world dans la variable chaine2.

```
>>> chaine3 = chaine1 + chaine2

# chaine3 = chaine1 + chaine2

# chaine3 = 'Hello' + chaine2

# chaine3 = 'Hello' + 'world'

# chaine3 = 'Hello world'
```

```
>>> chaine3
'Hello world'
```

A retenir

L'opérateur d'addition +

- additionne des nombres comme on l'a vu
- concatène des chaînes de caractères

>>> Exercice 190

Que fait le code suivant

```
>>> chaine1 = 'aaaaaa'
>>> chaine2 = 'bbbbb'
>>> chaine3 = chaine1 + chaine2
>>> 'aaaaa' + 'bbbbbb'
```

Corrigé exercice 190

```
>>> chaine3 = chaine1 + chaine2
# chaine3 = 'aaaaaa' + 'bbbbb'
# chaine3 = 'aaaaaabbbbb'
>>> 'aaaaa' + 'bbbbbb'
'aaaaa bbbbbb'
```

>>> 21.2. Boucle while et appartenance d'un caractère

>>> Exercice 191 (appartenance d'un caractère à

une chaîne)

Soit le code suivant

```
>>> chaine1 = 'aaabaaa'
```

1° Le caractère b appartient-il dans cette chaîne ?

2° Quel est la longueur de cette chaîne ?

3° a) que fait le code suivant ?

```
>>> chaine1[2] == 'b'

>>> chaine1[3] == 'b'

>>> chaine1[4] == 'b'
```

b) bouclez le test sur un if

Corrigé

1° De vu le caractère 'b' apparient bien à la chaine de caractère 'aaabaaa'

2°La fonction len( ) marche également sur les chaînes de caractères

```
>>> len(chaine1)
7
```

3° a)

```
>>> chaine1[2] == 'b'
# 'a' == 'b'
# False
```

```
>>> chaine1[3]== 'b'
# 'b' == 'b'
# True
>>> chaine1[4]== 'b'
# 'a' == 'b'
# False
```

b) On fait comme pour les listes, on parcourt la liste puis on teste (tout en mettant une variable booléenne en amont)

```
>>> appartient = False
>>> i = 0
>>> while (i< len(chaine1)) :
  if(chaine1[i]) == 'b' :
    appartient = True
  i=i+1
>>> if(appartient) :
  print('le caractère b appartient à la chaîne')
else :
  print("le caractère b n'appartient pas à la chaîne")
```

>>> Exercice 192

1° Soit le code suivant

```
>>> chaine1 = 'manga'
```

a) le caractère 'a' appartient-il à la chaîne de caractère ?

b) le caractère 'b' ?

2° a) Si l'on entre 'a' quel sera le type de la variable caractereR ?

```
>>> caractereR = input('entrez le caractère recherché ?')
```

b) Remplir ce code

```
>>> chaine1 = 'manga'

>>> caractereR = input('entrez le caractère recherché ?')

>>> appartient

>>> i =

>>> while (i <    ) :

  if (chaine[i] ==    ) :

    appartient =

  i = i + 1

>>> if (appartient) :

  print(caractereR, ' appartient a la chainc')

else :
```

```
   print(caractereR, " n'appartient pas à la
chaine ")
```

Corrigé exercice 192

1° a) le caractère 'a' appartient à la chaîne manga

b) le caractère 'b' n'appartient pas à la chaîne manga

2° a)

```
>>> caractereR = input('entrez le caractère re-
cherché ?')

entrez le caractère recherché ?a

>>> caractereR

'a'
```

b)

```
>>> chaine1 = 'manga'

>>> caractereR = input('entrez le caractère re-
cherché ?')

entrez le caractère recherché?a

>>> appartient = False

>>>i=0

>>> while (i< len(chaine1)):

  if(chaine[i] == caractereR):

    appartient = True
```

```
  i=i+1
>>> if(appartient):
   print(caractereR, 'appartient a la chaine')
else :
   print(caractereR, " n'appartient  pas  à  la
chaine ")
a appartient a la chaine
```

>>> Exercice 193 (nombre d'occurrences d'un caractère)

Soit la chaine suivante

```
>>> chaine1 = 'manga'
```

1° Combien de fois apparaît le caractere 'a' ?

2° Que fait le code suivant ?

```
>>> chaine1 = 'manga'
>>> compteur = 0
>>> i = 0
>>> while( i< len(chaine1)):
                if(chaine1[i] == 'a'):
                     compteur = compteur +1
                i=i+1
>>> print("'le caractere 'a' apparaît'", compteur,
```

```
' fois dans la chaine', chaine1)
```

Corrigé

1° De vu le caractère 'a' apparaît deux fois dans la chaîne

2° On a

iteration	i< len(chaine1)	chaine1[i] == 'a'	compteur
1	True	False	0
2	True	True	1
3	True	False	1
4	True	False	1
5	True	True	2

```
>>> print("'le caractere 'a' apparaît'", compteur,
' fois dans la chaine', chaine1)

# print("'le caractere 'a' apparaît'", compteur, '
fois dans la chaine', chaine1)

# print("'le caractere 'a' apparaît'", 2, 'fois dans la
chaîne', manga)

le caractere 'a' apparaît 2 fois dans la chaîne
manga
```

>>> Exercice 194

Soit la chaine suivante

```
>>> chaine1 = 'probabilites'
```

Faire une boucle permettant de compter le nombre de fois ou apparaît le caractère 'i', puis une autre pour le caractère 'b'

corrigé exercice 194

```
>>> chaine1 = 'probabilites'

>>> i=0

>>>compteur_i = 0

>>> while (i < len(chaine1)):

  if(chaine1[i] == 'i'):

    compteur_i = compteur_i + 1

  i = i +1

>>> compteur_i

2

>>> i = 0

>>> compteur_b = 0

>>> while (i < len(chaine1)):

  if(chaine1[i] == 'b'):

    compteur_b = compteur_b + 1

  i = i +1

>>> compteur_b

2
```

>>> Exercice 195

Complétez le code suivant

```
>>> chaine_entre = input('entrez une phrase ou
```

```
un mot ')

>>> caractere_recherche = input('quel carac-
tere recherchez vous ? ')

>>> compteur = 0

>>> i = 0

>>> while (i<len(chaine_entre)):

  if(chaine_entre[i] == caractere_recherche):

    compteur = compteur + 1

  i = i+1

>>> print('le caractere', caractere_recherche,
'apparaît ', compteur, 'fois')
```

Corrigé exercice 195

```
>>> chaine_entre = input('entrez une phrase ou
un mot ')

entrez une phrase ou un mot : maths et phys-
ique

>>> caractere_recherche = input('quel carac-
tere recherchez vous ? ')

quel caractere recherchez vous ? h

>>> compteur = 0

>>> i = 0

>>> while (i<len(chaine_entre)):
```

```
                    if (chaine_entre[i] == carac-
tere_recherche):
# if(chaine_entre[3] == 'h'):
# if('h'=='h'):
# if(True):
# compteur = 0 + 1
# compteur = 1
...
# if(chaine_entre[10]= 'h'):
# if('h' == 'h'):
# if(True):
# compteur = compteur + 1
# compteur = 1 + 1
# compteur = 2
                i = i+1
>>> print('le caractere', caractere_recherche,
'apparaît ', compteur, 'fois')
# print('le caractere', 'h', 'apparait', 2, 'fois')
le caractere h apparaît 2 fois
```

>>> **Exercice 196 (Des voyelles et des con-**

sonnes)

Que fait le code suivant

```
>>> chaine='anticonstitutionnellement'

>>> voyelle=0

>>> consonne=0

>>> i=0

>>> while(i< len(chaine)):

  if(chaine[i]== 'a' or chaine[i] == 'e' or chaine[i]
==='i' or chaine[i]='o'):

    voyelle = voyelle +1

 else :

    consonne = consonne +1

              i=i+1

>>> print(" il y'a ", voyelle, 'voyelles et ', con-
sonne, 'consonnes.')
```

corrigé

A	N	T	I	C	O	N	S	T	I	T	U	T	I	O	N	N	E	L	L	E	M	E	N	T
0	1	2	3	4	5	6	7	8	9	10	11	12	13	14	15	16	17	18	19	20	21	22	23	24

```
>>> voyelle

9

>>> consonne
```

```
16
>>> print(" il y'a ", voyelle, 'voyelles et ', con-
sonne, 'consonnes.')
il y'a 9 voyelles et 16 consonnes.
```

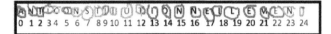

>>> 21.3. Copier une chaîne à l'aide de l'opérateur de concaténation

>>> Exercice 197

Partie 1

que fait le code suivant ?

```
>>> chaine = ''
>>> chaine1 = 'ab'
>>> chaine = chaine + 'a'
>>> chaine = chaine + 'b'
>>> chaine == chaine1
```

Partie 2

Que fait le code suivant

```
>>> chaine1 = 'anticonstitutionnellement'
>>> ch_copie = ''
```

```
>>> i =0
>>> while(i< len(chaine1)) :
  ch_copie = ch_copie + chaine1[i]
  i=i+1
>>> ch_copie
```

Corrigé exercice 197

La variable chaine contient la chaine vide

```
>>> chaine = ''
```

La variable chaine1 contient la chaine 'ab'

```
>>> chaine1 = 'ab'
```

On a

```
>>> chaine = chaine + 'a'
# chaine = '' + 'a'
# chaine = 'a'
```

la variable chaine contient le caractère a désormais

```
>>> chaine = chaine + 'b'
# chaine = 'a' + 'b'
# chaine = 'ab'
```

La variable chaine contient désormais la chaine de caractère 'ab'

```
>>> chaine == chaine1

# 'ab' = 'ab'

# True

True
```

On a bien égalité des chaînes et donc un True

Partie 2

On a

iteration	i < len(chaine1)	ch_copie = ch_copie + chaine1[i]
1	True	' ' + 'a'
2	True	'a' + 'n'
3	True	'an' + 't'
4	True	'ant' + 'i'
5	True	'anti' + 'c'
6	True	'antic' + 'o'
7	True	'antico' + 'n'
8	True	'anticon' + 's'
9	True	'antincons' + 't'
10	True	'anticonst' + 'i'
11	True	'anticonsti' + 't'
12	True	'anticonstit' + 'u'
13	True	'anticonstitu' + 't'
14	True	'anticonstitut' + 'i'
15	True	'anticonstituti' + 'o'
16	True	'anticonstitutio' + 'n'
17	True	'anticonstitution' + 'n'
18	True	'anticonstitutionn' + 'e'
19	True	'anticonstitutionne' + 'l'
20	True	'anticonstitutionnel' + 'l'
21	True	'anticonstitutionnell' + 'e'
22	True	'anticonstitutionnelle' + 'm'
23	True	'anticonstitutionnellem' + 'e'
24	True	'anticonstitutionnelleme' + 'n'
25	True	'anticonstitutionnellemen' + 't'
26	True	'anticonstitutionnellement'

A retenir

Pour copier une chaîne dans le bon sens

• on déclare une chaîne vide

```
chaine_copie = ''

while (i < len(chaine_initiale) :

    chaine_copie = chaine_copie + chaine_initi-
tale

    i = i+1
```

>>> **Exercice 198**

Que fait le code suivant

```
>>> ch = 'raikage'

>>> chc = ''

>>> while (i< len(ch)) :

  chc = ch[i] + chc

  i=i+1

>>> chc
```

2° Rectifiez le code précédent pour avoir

```
>>> chc == ch

True
```

Corrigé exercice 198

1°

iteration	i < len(ch)	chc = ch[i] + chc
1	True	'r' + ' '
2	True	'a' + 'r'
3	True	'i' + 'ar'
4	True	'k' + 'iar'
5	True	'a' + 'kiar'
6	True	'g' + 'akiar'
7	True	'e' + 'gakiar'

```
>>> chc
egakiar
```

2° On écrit

```
>>> ch = 'raikage'
>>> chc = ''
>>> while (i< len(ch)) :
  chc = chc + ch[i]
  i=i+1
>>> chc
raikage
```

>>> 22. LISTES ET CHAÎNES DE CARACTÈRES

>>> **Exercice 199**

1° Que fait le code suivant

```
>>> ch1 = 'hello'
>>> liste1 = ['h','e','l','l','o']
>>> len(ch1) == len(liste1)
>>> print(ch1)
>>> print(liste1)
>>> type(ch1)
>>> type(liste1)
```

2° Que fait le code suivant

```
>>> i = 0
>>> n = 0
>>> while(i < len(ch1)):
```

```
if(ch1[i] == liste1[i]) :

    n=n+1

i=i+1
```

Corrigé

1° ch1 est une variable contenant une chaîne de caractère

la variable liste1 contient une liste

```
>>> len(ch1) == len(liste1)

# 5 == 5

# True
True
```

la liste et la chaîne de caracère ont la même longueur

```
>>> print(ch1)

hello

>>> print(liste1)

['h', 'e', 'l', 'l', 'o']
```

On a ensuite

```
>>> type(ch1)

<class 'str'>

>>> type(liste1)
```

```
<class 'list'>
```

2°

iteration	i < len(ch1)	ch1[i] == liste1[i]	n = n +1
1	True	'h' == 'h'	1
2	True	'e' == 'e'	2
3	True	'l' == 'l'	3
4	True	'l' == 'l'	4
5	True	'o' == 'o'	5

Il est intéressant de voir que les éléments individuels de la liste et chaque caractère individuel de la chaîne sont égaux

>>>22.1. Copier des listes avec la méthode append ( )

>>> **Exercice 200**

Que fait le code suivant

```
>>> liste1 = ['a','b']

>>> liste = []

>>> liste1[0]

>>> liste[0] = 1

>>> liste.append(1)

>>> liste
```

Corrigé

La variable liste1 contient la liste de deux éléments

la variable liste contient la liste vide

On affiche liste1[0]

```
>>> liste1[0]
'a'
```

On essaie d'affecter la valeur 1 à l'indice 0 de la liste vide or celui-ci n'existe pas

```
>>> liste[0] = 1
IndexError : list assignment index out of range
```

On va utiliser la méthode append ( )

```
>>> liste.append(1)
# append(liste,1)
>>> liste
[1]
```

La liste n'est plus vide et contient l'élément 1

A retenir :

La forme générale de l'appel de la méthode append pour une liste est :

> liste.append(argument)

> liste = [argument]

L'argument peut être :

- un nombre, un booléen, une chaîne
- une variable
- une autre liste

A chaque appel de append( ) les éléments seront mis dans la liste les uns après les autres

liste = [appel1, appel2, appel3, ...]

>>> Exercice 201

Que fait le code suivant

```
>>> l = []
>>> l.append(12)
>>> l.append(True)
>>> l.append('hello')
>>> l.append([1,2])
>>> l.append(4<3)
>>> l
```

Corrigé

```
>>> l = [ ]
>>> l.append(12)
#l = [12]
>>> l.append(True)
#l = [12, True]
>>> l.append('hello')
#l = [12, True, 'hello']
>>>l.append([1,2])
```

```
# l = [12, True, 'hello', [1,2]]

>>> l.append(4<3)

# l.append (4 < 3)

# l.append (False)

# l = [12, True, 'hello', [1,2], False]

>>> l

[12, True, 'hello', [1,2], False]
```

>>> Exercice 202 (copier deux listes)

Que fait le code suivant

1°

```
>>> l1 = [1,'a']

>>> lv =[]

>>> lv.append(l1[0])

>>> lv
```

2° Que fait le code suivant

```
>>> liste = [1,'a',2,'b',3,'c',4,'d']

>>> listec = []

>>> i = 0

>>> while(i<len(liste)):

  listec.append(liste[i])
```

```
   i=i+1

>>>listec
```

Corrigé exercice 202

1°

l1 est une variable qui contient une liste de deux éléments

lv est une variable qui contient la liste vide

```
>>> lv.append(l1[0])

# lv.append(1)

>>> lv

[1]
```

2°

liste est une variable qui contient des éléments de type int et de type string

listec est une variable qui contient la liste vide

iteration	i < len(liste)	listec.append(liste[i])
1	True	[1]
2	True	[1,'a']
3	True	[1,'a',2]
4	True	[1,'a',2,'b']
5	True	[1,'a',2,'b',3]
6	True	[1,'a',2,'b',3,'c']
7	True	[1,'a',2,'b',3,'c',4]
8	True	[1,'a',2,'b',3,'c',4,'d']

A retenir :

   • Pour copier une liste on utilise une liste vide []

• ensuite on boucle sur la liste initiale avec l'utilisation de la méthode append (liste[i])

>>> Exercice 203

Soit le code suivant

```
>>> l1 = [0,1,2,3,4,'a','b','c','d']
>>> l2 = []
```

Copier la liste contenue dans la variable l1 dans la variable l2 contenant la liste vide.

Corrigé

```
>>> l1 = [0,1,2,3,4,'a','b','c','d']
>>> l2 = []
>>> i=0
>>> while(i<len(l1)) :
    l2.append(l1[i])
    i=i+1
>>>l2
[0,1,2,3,4,'a','b','c','d']
```

>>>22.2. Addition de listes avec la méthode append ( )

>>> Exercice 204

1° Que fait le code suivant ?

```
>>> l1 = [0,1,2]
>>> l2 = [1,1,1]
>>> l1 + l2
>>> l3 = l1 +l2
```

2°

Que fait le code suivant

```
>>> l1 = [0,1,2]
>>> l2 = [1,1,1]
>>> i=0
>>> l3 = []
>>> while(i<len(l1)):
  l3.append(l1[i]+l2[i])
  i=i+1
```

Corrigé

1° remarque

```
>>> [0,1,2] + [1,1,1]
[0, 1, 2, 1, 1, 1]
```

On a deux listes stockées dans deux variables nommées l1 et l2.

L'opérateur + s'appelle l'opérateur de concaténation de listes

```
>>> l1+l2
[0, 1, 2, 1, 1, 1]
```

et donc

```
>>> l3 = l1 + l2
# l3 = l1 + [1,1,1]
# l3 = [0,1,2] + [1,1,1]
# l3 = [0,1,2,1,1,1]
[0, 1, 2, 1, 1, 1]
```

L'opérateur + a donc *concaténé* les deux listes.

2°

L'opérateur + concatène les listes et l'on veut l'addition des éléments des deux listes on va donc utiliser naturellement une boucle while

```
>>> while (i< len(l1)):
# while (0 < 3):
                l3.append(l1[0]+l2[0])
                l3.append(0+1)
                l3.append(1)
# l3 = [1]
# i = 1
# while (True):
```

```
                    l3.append(l1[1]+l2[1])

                    l3.append(1+1)

                    l3.append(2)
#l3 = [1,2]
#i=2
# while(True):
#                   l3.append(l1[2]+l2[2])
                    l3.append(2+1)
                    l3.append(3)
#l3=[1,2,3]
#i = 3
# while (False)
>>> l3
[1,2,3]
```

A retenir

• L'opérateur + permet de concaténer deux listes

• Pour additionner deux listes de même taille on utilise la méthode append(liste1[i]+liste2[i])

>>> Exercice 205

Que fait le code suivant

```
>>> l1 = ['a', 'b', 'c', 'd']
>>> l2 = ['e', 'f', 'g', 'h']
>>> l3 = l1 + l2
>>> l3
```

Corrigé

```
>>> l1 = ['a', 'b', 'c', 'd']
>>> l2 = ['e', 'f', 'g', 'h']
>>> l3 = l1 + l2
# l3 = ['a', 'b', 'c', 'd'] + ['e', 'f', 'g', 'h']
# l3 = ['a', 'b', 'c', 'd', 'e', 'f', 'g', 'h']
>>> l3
['a', 'b', 'c', 'd', 'e', 'f', 'g', 'h']
```

>>> Exercice 206

Soient les listes l1 et l2 (abus de langage)

```
>>> l1 = [0,0,0,0,0,0,0]
>>> l2 = [1,1,1,1,1,1,1]
```

1° a) Quelle est la condition nécessaire pour que l'on puisse les additionner ?

b) que fait le code suivant

```
>>> len(l1) == len(l2)
```

2°

```
>>> l3 = [ ]
```

a) comment appelle-t-on la liste l3 ?

b) Faire une boucle while pour additionner les listes l1 et l2

corrigé

1° a) Il est nécessaire qu'ils aient le même nombre d'éléments.

b) On le vérifie

```
>>> len(l1) == len (l2)
True
```

2° a) on l'appelle la liste vide

b) On a

```
>>> l1 = [0,0,0,0,0,0,0]
>>> l2 = [1,1,1,1,1,1,1]
>>> l3 = []
>>> i=0
>>> while(i<len(l1)):
   l3.append(l1[i]+l2[i])
   i=i+1
>>> l3
[1,1,1,1,1,1,1]
```

>>>22.3. Manipulation de listes avec append ( )

>>> Exercice 207 (séparation des nombres positifs et négatifs)

Soit la liste suivante

```
>>> l1 = [-1,2,3,-6,8]
```

Le but est de faire une liste l2 avec les éléments positifs et une liste l3 avec les éléments négatifs

1° Déclarez deux variables l2 et l3 ayant pour valeur la liste vide

2° a) Ecrire le test pour savoir si l'élément d'indice 0 de la liste l1 est négatif ou positif et le mettre dans l2 si positif (l3 sinon)

b) Bouclez avec un while en rajoutant la méthode append ( ) pour alimenter la liste l2 et l3

Corrigé exercice 206

1° On a

```
>>> l2 = [ ]
>>> l3 = [ ]
```

2° On avait déjà vu

```
>>> if(l1[0]>0):
  l2.append(l1[0])
```

```
else :
    l3.append(l1[0])
```

Soit dans l'exécution

```
# if (-1 > 0) :
# if (False) :
# else :
# l3.append[-1]
# l3 = [-1]
>>> l3
[-1]
```

b) un grand classique

```
>>> i=0
>>> while (i < len(l1)) :
    if(l1[i]>0) :
        l2.append(l1[i])
    else :
        l3.append(l1[i])
    i=i+1
>>> l2
[2,3,8]
```

```
>>> l3
[-1,-6]
```

>>> Exercice 207

Soit la liste suivante

```
>>> l1 = [-7,3,-5,-7,8,9,-3]
```

Ecrire une boucle permettant de ranger les nombres positifs dans une liste l2 et les négatifs dans une liste l3

corrigé

```
>>> l1 = [-7,3,-5,-7,8,9,-3]
>>> i=0
>>> l2 =[]
>>> l3 =[]
>>> while(i<len(l1)):
  if(l1[i]> 0):
    l2.append(l1[i])
  else:
    l3.append(l1[i])
  i=i+1
```

>>> Exercice 208

Soit la liste suivante

```
>>> l1 = [0,1,2,3,4,5,6,7,8,9]
```

Copier dans une liste l2 les éléments supérieurs strictement à 5 et les éléments inférieurs ou égales à 5 dans une liste l3

Remplir donc le code suivant

```
>>>l1 = [0,1,2,3,4,5,6,7,8,9]
>>> l2,l3= ,[]
>>> i=0
>>> while (i<  ):
    if(  ):
      l2.append( )
    else:
        .append(l1[i])
    i=
```

Corrigé exercice 208

```
>>>l1 = [0,1,2,3,4,5,6,7,8,9]
>>> l2 = []
>>> l3= []
>>> i=0
>>> while (i< len(l1) ):
```

```
if( l1[i] > 5 ) :

    l2.append(l1[i])

else :

    l3.append(l1[i])

i= i + 1
```

>>> Exercice 209

Soit la liste suivante

```
>>>l1 = [1,4,6,8,-5,3,0,-16,17]
```

Bouclez sur la longueur de la liste de façon à obtenir une liste l2 des éléments supérieur à 1 (strictement) et une liste l3 contenant des éléments inférieurs à 1

corrigé

```
>>>l1 = [1,4,6,8,-5,3,0,-16,17]

>>> l2 = []

>>> l3 =[]

>>> i=0

>>> while (i<len(l1)) :

    if(l1[i]> 1) :

        l2.append(l1[i])

    else :
```

```
13.append(l1[i])
i=i+1
```

>>> **Exercice 210**

Commentez le code suivant

```
>>>l1 = [4,3,0,4,6,7,2,-6,-5]
>>> element = int(input("entrez l'élément à comparer"))
>>>l2 =[]
>>> l3 = []
>>>i = 0
>>> while (i< len(l1)) :
  if(l1[i] > element) :
    l2.append(l1[i])
  else :
    l3.append(l1[i])
  i=i+1
```

corrigé

La variable élément va contenir un nombre entré au clavier par l'utilisateur.

Dans la liste l2 se trouve les éléments supérieurs à ce nombre et et dans la liste l3 les éléments inférieurs à celui-ci.

>>> Exercice 211 (FAIRE LE POINT)

Soit la liste suivante représentant des notes

```
>>> notes = [0,4,7.8,10,10.3,11,12,16 ,17.8,20]
```

1° Codez pour obtenir le plus grand élément et le plus petit élément ?

2° Calculer la moyenne des notes

3° Combien de notes supérieurs à la moyenne ?

4° Y a t il la note 13 ?

Corrigé

1°

```
>>>i =0
>>> max = notes[0]
>>> while(i<len(notes)) :
  if(notes[i] > max) :
    max = notes[i]
  i=i+1
>>> print(" la note maximale est ", max)
>>> min = notes[0]
>>> i =0
>>> while (i<len(notes)) :
```

```
   if(notes[i] < min) :
      min = notes[i]
   i=i+1
>>> print("la note minimale est ", min)
```

2°

```
>>> i = 0
>>> somme =0
>>> while (i<len(notes)) :
   somme = somme + notes[i]
   i=+1
>>> moyenne = somme / len(notes)
>>> print("la moyenne est ",moyenne)
```

3°

```
>>> i = 0
>>> compteur=0
>>> while(i<notes) :
   if(notes[i]>=10) :
      compteur = compteur +1
   i=i+1
>>> print (" il y a ", compteur, " notes au-dessus
de 10 ")
```

4°

```
>>> booleen = False
>>>i=0
>>> while (i<len(notes)) :
  if( notes[i] == 13 ) :
    bool = True
  i=i+1
>>> if (booleen) :
  print("la note 13 y figure ")
else :
  print("personne n'a eu la note 13 ")
```

>>> *22.4. Divers*
méthodes de liste

« listons toutes les méthodes » me

>>> 22.4.1.La méthode list.clear( )

>>> **Exercice 212**

Que fait le code suivant

```
>>> l = [1,2,3,4]
>>> l.clear ( )
>>> l
```

Corrigé

La méthode clear() permet d'effacer tous les éléments de la liste

```
>>>help(list)

clear(self, /)

|    Remove all items from list.
```

On a

```
>>> l = [1,2,3,4]

>>> l.clear()

# clear(l)

# clear([1,2,3,4])

>>> l

[]
```

>>> exercice 213

que fait le code suivant

```
>>> l = [1,2,3,4]

>>> del l[:]

>>> l

>>> l1 =[1,2,3,4]

>>> l1.clear()
```

Corrigé exercice 213

```
>>> l = [1,2,3,4]

>>> del l[:]

# del l[:]

# del [1,2,3,4]

# l = []

>>> l

[]

>>> l.clear( )

# [1,2,3,4].clear()

# []

>>> ll

[]
```

>>> 22.4.2.La méthode copy( )

>>> Exercice 214

1°Que dit le message d'aide suivant

```
>>> help(list.copy)

Help on method descriptor.

copy(self, /)

        Return a shallow copy of the
```

```
list
```

2° Que fait le code suivant

```
>>> l = [1,2,3,4]
>>> l.copy( )
```

3° Que fait le code suivant

```
>>> a = l.copy()
>>> a
```

b) que peut-on dire de la variable a ?

corrigé exercice 214

1° on nous informe que la méthode copy( ) va retourner une copie de la liste. Une copie spéciale : une *shallow copy* (une copie partielle).

2° On déclare une liste de 4 éléments référencée par la variable l

La méthode copy ( ) va renvoyer une shallow copy de la liste l

```
>>> l = [1,2,3,4]
>>> l.copy( )
[1, 2, 3, 4]
```

3° On a

```
>>> a = l.copy()
# a = [1, 2, 3, 4].copy()
# a = [1, 2, 3, 4]
```

```
>>> a
[1, 2, 3, 4]
```

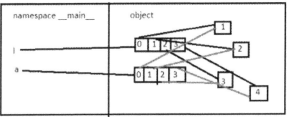

>>> 22.4.3. Exemples de méthodes en place

>>> Exercice 215

1° Que fait le code suivant

```
>>> help(list.sort)
>>> l = [3, 2, 1]
>>> l.sort()
```

Corrigé

On a

```
>>> help(list.sort)
Help on method_descriptor:
sort(self, /, *, key=None, reverse=False)
    Stable sort *IN PLACE*.
```

Il est bien souligné que la liste est modifiée en place (elle est modifiée pas copiée).

On a

```
>>> l = [3,2,1]
>>> l.sort()
# sort([3,2,1])
# [1,2,3]
>>> l
[1,2,3]
```

>>> Exercice 216

Triez dans l'ordre croissant les listes suivantes en utilisant la méthode sort()

```
>>> l1 = [8,0,1,3,5]
>>> l2 = [1,0,24,5]
```

Corrigé exercice 216

On a

```
>>> l1.sort()
# sort(l1)
>>> l1
[0, 1, 3, 5, 8]
>>> l2.sort()
# sort(l2)
l2 = [1,0,24,5]
```

>>> Exercice 217

Que fait le code suivant

```
>>> help(list.reverse)

Help on method_descriptor:

reverse(self, /)

   Reverse *IN PLACE*.

>>> l = [-8, 1, 2, 11, 13]

>>> l.reverse()

>>> l
```

Corrigé exercice 217

L'aide dit que l'on trie dans l'ordre décroissant la liste. Et comme sort on trie en place.

```
>>> l = [-8, 1, 2, 11, 13]

>>> l.reverse()

# [-8, 1, 2, 11, 13].reverse()

# [13, 11, 2, 1, -8]

>>> l

[13, 11, 2, 1, -8]
```

>>> **Exercice 218**

Que fait le code suivant

```
>>> help(list.pop)

Help on method_descriptor:
```

```
pop(self, index=-1, /)
```

Remove and return item at index (default last).

Raises IndexError if list is empty or index is out of range.

```
>>> l = [-8, 1, 2, 11, 13]
>>> l.pop()
>>> l.pop(1)
>>> a = []
>>> a.pop()
```

Corrigé exercice 218

La méthode pop() va enlever par défaut le dernier élément d'une liste et le renvoyer

```
>>> l.pop()
# pop([-8, 1, 2, 11, 13], index =-1)
# return 13
13
>>> l.pop(1)
# pop(l, index = 1)
# pop([-8, 1, 2, 11], index = 3)
# return 11
```

11

```
>>> a = []
>>> a.pop()
IndexError: pop from empty list
```

>>>23.ALGO-RITHME DE TRI DANS UNE LISTE

>>> 23.1. Echange d'éléments dans une liste

>>> Exercice 219

Soit la liste suivante

1° Que fait le code suivant

```
>>> a=2
>>> b=1
>>> a,b = b,a
>>> a
>>> b
```

2° Que fait le code suivant

```
>>> l1=[5,4,3,2,1]
```

```
>>> l1[0],l1[4]=l1[4],l1[0]
>>> l1[1],l1[3]=l1[3],l1[1]
>>> l1
```

Corrigé

1° On affecte les valeurs 2 et 1 dans les variables a et b. Pour échanger les valeurs de a et de b on aurait eu recours à une variable temp

```
>>> temp = a
>>> a = b
>>> b = temp
```

Mais en Python ces trois lignes peuvent se résumer en une seule ligne et économiser une variable, en effet

```
>>> a,b = b,a
>>> a
1
>>> b
2
```

a a pris la valeur de b et b celle de a

2° Ici la liste l1 est totalement décroissante et on veut la ranger de façon croissante

```
>>> l1=[5,4,3,2,1]
```

```
>>> l1[0],l1[4]=l1[4],l1[0]
# l1[0]= 1 et l1[4]=5
# l1 = [1,4,3,2,5]
>>> l1[1],l1[3]=l1[3],l1[1]
# l1[1] = 2 et l1[3] = 4
# l1 = [1,2,3,4,5]
>>> l1
[1,2,3,4,5]
```

Ici on a pu ranger une liste de 5 éléments totalement décroissante en faisant deux permutations

A retenir

La permutation d'éléments dans une liste permettra le tri croissant (ou décroissant) d'éléments à l'aide de deux boucles

>>> Exercice 220

Soit la liste suivante

```
>>> l1 = [5,2,9,1,10]
```

Rangez cette liste dans l'ordre croissant en écrivant les permutations nécessaires

```
>>> l1 = [1,2,3,4,5]
```

Rangez cette liste dans l'ordre décroissant en utilisant les permutations nécessaires

Corrigé exercice 220

```
>>> l1[0],l1[3] = l1[3],l1[1]

#l1 = [1,2,9,5,10]

>>> l1[3],l1[2] = l1[2],l1[3]

#l1 = [1,2,5,9, 10]

>>> l1

[1, 2, 5, 9, 10]
```

On a

```
>>> l1 = [1,2,3,4,5]

>>> l1[4],l1[0] = l1[0],l1[4]

#l1 = [5,2,3,4,1]

>>> l1[3],l1[1] = l1[1],l1[3]

#l1 = [5,4,3,2,1]

>>> l1

[5, 4, 3, 2, 1]
```

>>> 23.2. Tri de liste
dans l'ordre croissant

>>> Exercice 221

Soit la liste suivante le but est de ranger les éléments dans l'ordre croissant

```
>>> l = [4,3,2,1]
```

1° a) L'indice de l'élément minimum doit être 0

or ce n'est pas le cas, codez la recherche de l'indice minimum que l'on notera indiceminimum

b) Echangez l[indiceminimum] et l[0]

c) Vérifiez que la liste obtenue est

```
>>> l
[1, 3, 2, 4]
```

2° a) Cherchez l'indice plus petit élément à partir de l'indice 1 (qui devient l'indice minimum de la sous-liste restante qui est [3,2,4])

b) Echangez l[indiceminimum] et l[1]

c) Vérifiez que la liste obtenue est

```
>>> l
[1, 2, 3, 4]
```

3° a) Cherchez l'indice plus petit élément à partir de l'indice 2 (qui devient l'indice minimum de la sous-liste restante qui est [3,4]) que remarque-t-on ?

b) Que fait le code suivant

```
>>> i=0
>>> while (i < len(l)):
    indiceminimum = i
    j=i
    while (j < len(l)):
```

```
    if (l[j] <l[indiceminimum]) :

      indiceminimum = j

    j=j+1

    l[i],l[indiceminimum] = l[indiceminimum],l[i]

    i=i+1
```

Corrigé exercice 221

1° a) On utilise la même technique que la recherche du minimum d'une liste

```
>>> i = 0

>>> indiceminimum = 0

>>> while (i< len(l)) :

  if(l[i]< l[indiceminimum]) :

    indiceminimum = i

  i= +1

>>> indiceminimum

3
```

L'indice du plus petit élément est 3

b) On a

```
>>>    l[0],l[indiceminimum]    =    l[indiceminimum],l[0]

# 5,1 = 1,5
```

```
#l = [1,3,2,4]
```

Cette fois-ci on a bien concomitance du plus petit élément de et de l'indice 0

c)

```
>>> l
[1, 3, 2, 4]
```

2° a)

```
>>> i = 0
>>> indiceminimum = 1
>>> while (i< len(l)):
  if(l[i]< l[indiceminimum]):
    indiceminimum = i
  i=+1
>>> indiceminimum
2
```

b) On a

```
>>>l[1],l[indiceminimum]=l[indi-
ceminimum],l[1]
# 3,2 = 2,3
#l = [1,2,3,4]
```

c) On a bien

```
>>> l = [1,2,3,4]
```

3° a) On remarque que l'indice minimum qui est 2 contient bien le plus petit élément de la sous-liste [3,4]

b) il va trier dans l'ordre croissant la liste l

```
>>> i=0

>>> while (i < len(l)) :

  indiceminimum = i

  j=i

  while (j < len(l)) :

    if (l[j] < l[indiceminimum]) :

      indiceminimum = j

    j=j+1

  l[i],l[indiceminimum]=l[i],l[indiceminimum]

  i=i+1
```

A retenir

Le tri dans l'ordre croissant d'une liste de n fait intervenir deux boucles

```
while ( ) :

  indiceminimum

  while ( ) :
```

indiceminimum

l[],l[indiceminimum]=l[indiceminimum],l[]

>>> **Exercice 222**

Soit la liste suivante que l'on veut trier dans l'ordre croissant

>>> l = [11, 16, 2, 4, -1, 0]

1° Quelle est la longueur de cette liste ?

2° Complétez la boucle principale

```
>>> i = 0

>>> while (i <len(l)-1) :

  indiceminimum = i

  boucle secondaire

    instructions boucle secondaire

  l[i], l[indiceminimum] = l[

  i=i+1
```

3° Complétez la boucle secondaire

```
>>> j = i

>>> while (j< len(l) :

  if( < l[indiceminimum]) :

    indiceminimum=
```

400

```
j=j+1
```

4°) Complétez le code suivant

```
>>> i =0

>>> while ( ) :

  indiceminimum =

  j=i

  while(j <len(l)) :

    if(l[j] <   ) :

      indiceminimum = j

    j=

  l[i],l[   ]=l[indiceminimum],l[i]

  i=i+1

>>> l
```

Corrigé

1° On a

```
>>> l= [11, 16, 2, 4, -1, 0]

>>> len(l)

6
```

2° On a

```
>>> i = 0

>>> while (i <len(l)-1) :
```

```
indiceminimum = i

boucle secondaire

  instructions boucle secondaire

l[i], l[indiceminimum] = l[indiceminimum],
l[i]

i = i+1
```

3° On a

```
>>> j = i

>>> while (j< len(l) :

  if(l[j] < l[indiceminimum]) :

    indiceminimum= j

  j=j+1
```

4° On a

```
>>> i =0

>>> while ( i < len(l) -1 ) :

  indiceminimum = i

  j=i

  while(j <len(l)) :

    if(l[j] < l[indiceminimum]) :

      indiceminimum = j

    j= j +1
```

```
    l[i],l[indiceminimum]=l[indiceminimum],l[i]

    i=i+1

>>> l

[-1, 0, 2, 4, 11, 16]
```

>>>24.LES FONCTIONS EN PYTHON

>>> 24.1.Définir une fonction avec un return

>>> Exercice 223

1°a) Que fait le code suivant

```
>>> 0 +1
>>> -1 +1
```

b) que fait le code suivant

```
>>> def fonction (x):
   return x+1
>>> fonction(0)
>>> fonction(-1)
```

Corrigé exercice 223

1° a)

```
>>> 0+1
1
>>> -1+1
0
```

b) On a ici notre première fonction

```
>>> def fonction(x):
    return x +1
>>> fonction(0)
# fonction(0):
#               return 0 +1
#               return 1
1
>>> fonction(-1)
# fonction(-1):
#               return -1 + 1
#               return 0
0
```

Comme en mathématiques, notre fonction prend des arguments (ici 0 et -1), fait le calcul et retourne un résultat

A retenir :

Une fonction en Python a la forme

```
def nom_fonction (argument) :
    block
    return expression
```

>>> Exercice 224(la fonction carré)

Que fait le code suivant

1° Que fait le code suivant

```
>>> def carre(x) :
    return x*x
>>> carre(0)
>>> carre(-3)
```

corrigé

```
1° On a f(0) = 0 et f(-3)=(-3)² = 9

2° On a

>>> def carre(x) :

                    return x*x

>>> carre(0)

# carre(0)

# return 0*0

# return 0
```

406

```
0

>>> carre(-3)

# carre(-3)

# return -3 * -3

# return 9

9
```

>>> 24.1.1. Utiliser une fonction d'un module : module.fonction()

>>> **exercice 225**

1° Que fait le code suivant

```
>>> sqrt(4)

>>> import math

>>> math.sqrt(4)

>>> math.sqrt(5)
```

2° On veut définir la fonction définie pour tout réel supérieur ou égal à -1 par $f(x) = \sqrt{x+1}$

a) Compléter le code suivant

```
>>> def fonction(x) :

    return
```

b) que fait le code suivant

```
>>> fonction(4)

>>> fonction(5)
```

```
>>> fonction(-5)
```

Corrigé

1° La variable sqrt n'existe pas dans le programme principale (main)

```
>>> sqrt(4)
NameError: name 'sqrt' is not defined
```

On importe le module math qui contient un certain nombre de fonctions mathématiques qui sont accessibles via la notation

math.fonction

La fonction sqrt() est une des fonctions du module math

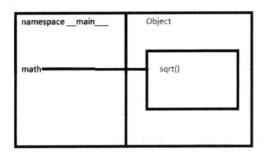

```
>>> help(math.sqrt)
Help on built-in function sqrt in module math :
sqrt(x, /)
    Return the square root of x.
>>> import math
```

```
>>> math.sqrt(4)
2.0
>>> math.sqrt(5)
2.23606797749979
```

2° On a

```
>>> def fonction(x):
    return math.sqrt(x+1)
```

math.sqrt(x+1) est bien une expression

b)

```
>>> fonction(4)
# fonction(4)
# return math.sqrt(4+1)
# return math.sqrt(5)
# 2.23606797749979
2.23606797749979
>>> fonction(5)
# fonction(5)
# return math.sqrt(5+1)
# return math.sqrt(6)
# 2.449489742783178
```

```
2.449489742783178

>>> fonction(-5)

# fonction(-5)

# return math.sqrt(-5+1)

# return math.sqrt(-4)

# ValueError : math domain error

ValueError : math domain error
```

On note que l'on a une erreur de type séman-tique : on a demandé à Python de faire quelque chose qui le dépasse (calculer la racine carrée d'un nombre négatif)

>>> 24.1.2. Une fonction avec plusieurs arguments

>>> **Exercice 226 (moyenne de quatre notes)**

1° Calculer la moyenne des notes suivantes : 8, 5, 12, 17

2° a) Si l'on veut définir une fonction calculant la moyenne de 4 notes, combien d'arguments pren-dra-t-elle ?

b) Complétez le code suivant

```
>>> def moyenne4(a,b,c,d) :

    return
```

c) Que fait le code suivant

```
>>> moyenne(10,11,14,0)
```

Corrigé exercice 226

1° On a

```
>>> (8+5+12+17)/4
10.5
```

2° a) Cette fonction devra prendre quatre arguments correspondant aux quatres notes

b) Cette fonction a pour nom : moyenne4

Elle comporte quatre arguments : a,b,c et d

Elle a un return dont l'expression est (a+b+c+d) / 4

```
>>> def moyenne4(a,b,c,d) :
                return (a+b+c+d) / 4
```

c)

```
>>> moyenne(10, 11, 14, 0)
# moyenne(10, 11, 14, 0)
# return (10+11+14+0)/4
# return 8.75
8.75
```

A retenir :

Une fonction peut prendre n arguments (n ≥ 2)

```
def nom_fonction(arg1, arg2, ..., argn) :
```

> block
>
> return expression

>>> Exercice 227 (une fonction avec trois paramètres)

Que fait le code suivant

```
>>> def affiche(a,b,c):

  return print(a,b,c)

>>> affiche(1,2,3)
```

Corrigé

La fonction a pour nom affiche et prend trois arguments qui sont a,b et c.

```
>>> affiche (1,2,3)

# affiche (1,2,3)

# return print(1,2,3)

1 2 3
```

>>> 24.1.2.Fonction sans argument

>>> Exercice 228

1° Que fait le code suivant

```
>>> def affiche():

  x = 1

  print(x)

  print('****')
```

```
>>> affiche()
```

2° a) Que fait le code suivant

```
>>> x
```

b) Comment appelle-t-on la variable x ?

Corrigé exercice 228

1° On définit une fonction de nom affiche sans aucun argument. Le block de la fonction contient trois instructions et pas de return.

L'instruction affiche( ) est un appel de fonction.

```
>>> affiche( )
# affiche( ) :
# x = 1
# print(x)
# print (1)
1
# print('****')
****
```

2° a) On a une erreur sémantique, on demande à Python quelque chose qu'il ne sait pas faire.

```
>>> x
NameError : name 'x' is not defined
```

b) La variable x est une variable locale, elle est définie uniquement dans l'espace des variables de la fonction affiche (voir chapitre plus loin)

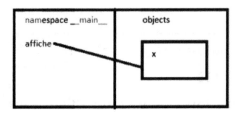

A retenir :

```
def fonction( ) :

        bloc instructions
```

permet de définir une fonction sans argument (ou procédure)

```
>>> fonction( )
```

est un appel de la fonction

>>> **Exercice 229**

1° Soit le code suivant

```
>>> def boucle1( ) :

  x = 0

  while (x < 10) :

    print(x, end = ")

  x = x + 1

>>> boucle1()
```

1° a)Comment appelle-t-on l'instruction

```
>>> boucle1()
```

b) La variable x est une variable locale à la fonction boucle1 ? VRAI   FAUX

2° Ce code va afficher

a) 0 1 2 3 4 5 6 7 8 9 10   b) 0 1 2 3 4 5 6 7 8 9

Corrigé exercice 229

1° a) Cette instruction est un appel de fonction

b) VRAI la variable x est une variable locale. Elle est inaccessible en dehors du block de la fonction boucle1

2° Il affichera b) 0 1 2 3 4 5 6 7 8 9

>>> 24.1.3. Fonctions avec du if / else

>>> Exercice 230(fonction de Syracuse)

1° a) Comment vérifier si un entier est pair avec l'opérateur modulo ?

b) Que fait le code suivant

```
>>> x = 2

>>> if(x % 2 == 0) :

  print(x/2)

else :

  print(3*x+1)
```

2° Compléter le code suivant

assad patel

```
>>> def f(x) :
  if( ) :
    return x/2
else :
```

Corrigé exercice 230

1° a) On peut contrôler parité d'une valeur avec l'opérateur modulo %

Exemple

```
>>> x = 1
>>> y = 6
>>> x % 2
1
>>> y % 2
0
```

b)

```
>>> x = 2
>>> if (x % 2 == 0) :
# if (2%2 ==0 ) :
# if True :
# print (x/2)
# print(2/2)
```

```
# print(1.0)
1.0
```

2° On a

```
>>> def f(x):
  if( x % 2 == 0 ):
    return x / 2
else:
  return 3 * x + 1
```

A retenir :

On peut avoir deux return dans le block d'une fonction si son block contient une structure if / else

```
def   nom_fonction(arguments_de_la   _fonc-
tion):
  if condition:
    return expression
  else:
    return expression2
```

>>> Exercice 231

Soit la fonction

1° Que fait le code suivant

```
>>> m = 2
```

assad patel

```
>>> n = 3
>>> res = 0
>>> if(m<n):
  res = -1
elif(m>n):
  res = 1
else:
  res
>>> res
```

2° Que fait le code suivant

```
>>> def g(a,b):
  if(a<b):
    return -1
  elif(a>b):
    return 1
  else:
    return 0
>>> g(1,0)
>>> g(0,1)
```

Corrigé exercice 231

1°

```
>>> m = 2
>>> n = 3
>>> res = 0
>>> if(m<n):
# if(2<3):
# if True:
res = -1
>>> res
-1
```

2° On a

```
>>> def g(a,b):
  if(a<b):
    return -1
  elif(a>b):
    return 1
  else:
    return 0
>>> g(1,0)
# if(1<0):
```

```
# if False :
# elif (1 > 0) :
# return 1
1
>>> g(0,1)
# if (0 < 1) :
# if True:
# return - 1
-1
```

>>> *24.1.3.1.Une fonction avec une boucle while : Fibonacci*

>>> Exercice 232

1° Soit $F\_0 = 0$ et $F\_1 = 1$ et on pose $F\_{n+2} = F\_{n+1} + F\_n$

Calculer F_2 et F_3

2° Boucle d'une suite définie par récurrence double

a) Que fait le code suivant

```
>>> f0, f1 = 0,1
>>> f2 = f1 + f0
>>> f3 = f2 + f1
```

```
>>> f4 = f3 + f2
```

b) Remplir le tableau suivant avec l'expression k = i + j jusqu'à la 10ième itération

iteration	k	i	j

c) que remarque-t-on ?

iteration	k	i	j
iteration	k	i	j
iteration +1		k	i

d) quelle est l'erreur de ce code ?

```
>>> z = 0

>>>i = 1

>>>j = 0

>>> while (z<10) :

  k = i + j

  print(k)

  i = k

  j = i

  z = z+1
```

e) Que fait le code suivant

```
>>> z = 0

>>>i = 1

>>> j = 0
```

assad patel

```
>>> while (z < 10):
  k = i + j
  print(k, end = ")
  i, j = k, i
  z = +1
```

3° Complétez le code suivant

```
>>> def fib(n):
  z = 0
  i = 1
  j = 0
  while (z < n):
    k = i+j
    print(k, end = ")
    i, j = k , i
    z = z+1
>>> fib(10)
```

corrigé exercice 232

1° On a $F_2 = F_1 + F_0 = 1$ et $F_3 = F_2 + F_1 = 1 + 1 = 2$

2° a)

```
>>> f0 = 0
```

```
>>> f1 = 1

>>> f2 = f1 + f0

# f2 = 1 + 0

# f2 = 1

>>> f3 = f2 + f1

# f3 = 1 + 1

# f3 = 2

>>> f4 = f3 + f2

# f4 = 2 + 1

# f4 = 3
```

b)

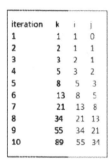

c)

iteration	k	i	j
iteration +1 B	k	i

On remarque deux choses à l'itération + 1

- $i = k$
- $j = i$

d)

```
>>> z = 0
>>> i = 1
>>> j = 0
>>> while (z < 10):
  k = i + j
  print(k)
  i = k
  j = i
  z = z + 1
```

Le problème vient de j = i car on aura par transitivité j = i = k ce qui fausse le résultat.

On pourrait écrire

```
t = i
i = k
j = t
```

mais Python nous propose élégamment d'écrire

```
>>> i,j = k,j
```

e)

```
>>> z = 0
>>> i = 1
>>> j = 0
>>> while (z < 10) :
  k = i + j
  print(k, end = '')
  i, j = k, i
  z =+ 1
1 2 3 5 8 13 21 34 55 89
```

3° On définit donc une fonction de nom fib prendant un argument et contenant une boucle while et de multiples variables locales dans son block (z,i,j)

```
>>> fib (10)
1 2 3 5 8 13 21 34 55 89
```

>>> *24.1.3.2.Return d'une liste*

>>> Exercice 233 (à faire après avoir lu le chapitre sur les boucles for)

Que fait le code suivant

```
>>> def f(x) :
  l = []
  for i in range(3) :
```

assad patel

```
    x = x + 2

    l.append(x)

  return l

>>> f(2)
```

corrigé exercice 233

```
>>> f(2)
[4, 6, 8]
```

>>> Exercice 234 (doc python)

Que fait le code suivant

```
>>> def fib2(n):

  result = []

  a, b = 0, 1

  while a < n:

    result.append(a)

    a, b = b, a+ b

  return result

>>> fib2(10)
```

Corrigé exercice 234

On a

```
>>> fib2(10)
```

```
[0, 1, 1, 2, 3, 5, 8]
```

>>> 24.2. Définir une fonction sans return

>>> Exercice 235

Que fait le code suivant

```
>>> def affichage (l) :
  i=0
  while(i<len(l)) :
    print(l[i],end ='')
    i=i+1
>>> liste = [1,2,3,4,5]
>>> st = 'python'
>>> affichage(liste)
>>> affichage(st)
```

Corrigé exercice 235

La variable l contient une liste et la variable st contient une chaîne de caractère.

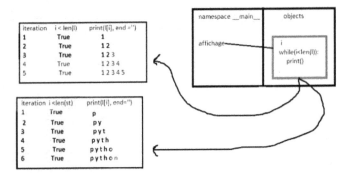

>>> **Exercice 236**

1° Remplir le code suivant

```
>>> liste = [0, 'a',1, 'b',2, 'c']

>>> def affichage (l) :

  i=0

  while(i<   ) :

    print(  [i], end = '')

    i=
```

2° Qu'affiche le code suivant

```
>>> affichage(liste)
```

Corrigé

```
>>> liste = [0, 'a',1, 'b',2, 'c']

>>> def affichage (l) :

  i=0

  while(i<len(l)) :
```

```
    print(l[i], end = ' ')
  i=i+1
```

2° On a

```
>>> affichage(liste)
0 a 1 b 2 c
```

>>> Exercice 237

1°a) Soit la suite récurrentre $u_{n+1} = u_n + 1$ et $u_0 = 1$

Quelle est l'erreur de ce code ?

```
>>> i = 0
>>> j = 1
>>> while (i<10) :
  l = []
  k = j + 1
  l.append(k)
  j = k
  i=i+1
```

b) Que fait le code suivant

```
>>> i = 0
>>> j = 1
>>> l = []
```

```
>>> while (i<10):
  k = j+1
  l.append(k)
  j = k
  i=i+1
>>> l
```

2° Que fait le code suivant

```
>>> def rec(n):
  i = 0
  j = 1
  l = []
  while(i < n):
    k=j+1
    l.append(k)
    j=k
    i=i+1
  print(l)
>>> rec(10)
```

Corrigé exercice 237

1° a) L'erreur provient de l = [ ] à chaque tour de boucle la liste sera initialisée à la liste vide. On doit le mettre en dehors de la boucle.

b) On va boucler 10 fois, à chaque fois la valeur de k (correspondant à) sera à chaque itération rajoutée dans la liste l grâce à la méthode append ()

iteration	k = j +1	l.append(k)	j= k
1	2	[2]	2
2	3	[2,3]	3
3	4	[2,3,4]	4
4	5	[2,3,4,5]	5
5	6	[2,3,4,5,6]	6
6	7	[2,3,4,5,6,7]	7
7	8	[2,3,4,5,6,7,8]	8
8	9	[2,3,4,5,6,7,8,9]	9
9	10	[2,3,4,5,6,7,8,9,10]	10
10	11	[2,3,4,5,6,7,8,9,10,11]	11

```
>>> l
[2, 3, 4, 5, 6, 7, 8, 9, 10, 11]
```

2° On définit une fonction nommée rec. Dans son block on retrouve notre boucle. D'où

```
>>> rec(10)
[2, 3, 4, 5, 6, 7, 8, 9, 10, 11]
```

>>> 24.2.1. pass et None
>>> **Exercice 238**

Que fait le code suivant

```
>>> def f(x):
  x = 4
>>> x
```

```
>>> f
>>> f()
>>> f(1)
>>> print(f(1))
```

Corrigé exercice 238

On définit une fonction avec une seule instruction dans son block : x = 4

```
>>> x
NameError: name 'x' is not defined
```

On sait que x n'existe que dans l'espace des noms de la fonction f, le NameError est logique

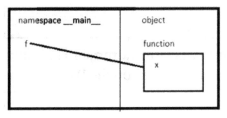

```
>>> f
<function f at 0x035E7C48>
```

La variable référençant l'objet fonction (type function) est située à l'adresse mémoire 0x035E7C48 de l'espace des objets

```
>>> f()
TypeError: f() missing 1 required positional argument: 'x'
```

Il y a un TypeError, quand nous avons défini la fonction nous avons indiqué qu'elle prenait obligatoirement un argument.

```
>>> f(1)
# x = 4
```

A priori il ne se passe rien mais

```
>>> print(f(1))
None
```

L'objet None a été retourné. En effet, quand une fonction n'a pas de return elle renvoie automatiquement l'objet None.

>>> Exercice 239

Que fait le code suivant

```
>>> def f(x) :
  pass
>>> f
>>> f(1)
>>> print(f())
```

Corrigé exercice 239

On définit une fonction de nom f, prenant un argument et dont le block contient une seule instruction : pass

pass ne fait rien, il ne fait que remplir un block

qui doit obligatoirement contenir quelque chose.

```
>>> f
<function f at 0x03A80C90>
```

La variable f référence bien un objet fonction.

On fait un appel de f() il ne se passe rien logique

```
>>> f(1)
>>>
```

Mais on sait que la fonction a automatiquement retourné un None

```
>>> print(f(1))
None
```

>>> 25.BOUCLE AVEC FOR ... IN

>>> 25.1.For ... in
sur une liste

>>> **Exercice 240**

1° Que fait le code suivant

```
>>> liste = ['python', 'java', 'c']

>>> i = 0

>>> while (i<len(liste)) :

  print(l[i])

  i=i+1
```

2° Que fait le code suivant

```
>>> for i in liste :

  print(i)
```

Corrigé exercice 240

1° On a une variable liste qui contient des éléments de type String.

```
>>> while (i<len(liste)) :
  print(l[i])
  i=i+1
python
java
c
```

2°

Une remarque liminaire, la variable i n'a pas été définie :

```
>>> for i in liste :
  print(i)
python
java
c
```

La boucle for ... i a itéré les éléments de la liste

Remarque

```
>>> i
'c'
```

A retenir

Une façon de boucler sur des *séquences* en python (listes et chaînes de caractères entre autres) est d'utiliser for ... in:

```
for variable in liste :
    block
```

- Il y aura len(liste) itérations
- à la i + 1 itération on a : variable = liste[i]
- il n'y pas besoin de déclarer la variable i
  - L'indentation (tab ou 4 espaces) est obligatoire

>>> **Exercice 241**

Que fait le code suivant

1° a)

```
>>> liste = [1,2,3,4,5]
>>> for i in liste :
    print(i)
>>> i
```

b)

```
>>> liste = [1,2,3,4,5]
>>> for i in liste :
    i
```

2°

```
>>> l=['a','b','c','d']
```

```
>>> for i in l :
    print(i, end='')
```

corrigé exercice 241

1° a)

```
>>> liste = [1,2,3,4,5]
>>> for i in liste :
    print(i)
1
2
3
4
5
>>> i
5
```

b)

```
>>> liste = [1,2,3,4,5]
>>> for i in liste :
    i
1
2
```

```
3
4
5
```

2° On a

```
>>> l=['a','b','c','d']
>>> for i in l:
    print(i, end='')
a b c d
```

>>> 25.2.For… in sur des chaînes de caractères

>>> Exercice 242

Que fait le code suivant

```
>>> for i in 'antinconstitutionnellement':
    print(i, end = '')
```

Corrigé exercice 242

On peut itérer sur une chaîne de caractère on a

```
>>> for i in 'antinconstitutionnellement':
    print(i, end = '')
antinconstitutionnellement
```

>>> Exercice 243

Que fait le code suivant :

```
>>> a = 24
>>> for i in a:
  print(i)
>>> a = '24'
>>> for i in a:
  print(i)
```

Corrigé exercice 243

On a

```
>>> a = 24
>>> for i in a:
  print(i)
TypeError: 'int' object is not iterable
```

L'objet 24 (de type int) n'est pas itérable

La variable a réfère désormais une chaîne de caractère qui est itérable

```
>>> a = '24'
>>> for i in a:
  print(i)
2
4
```

A retenir :

Les deux seuls objets itérables vus pour l'instant sont :

- Les listes
- Les chaînes de caractères

>>> 26.LISTES DOUBLES

Que fait le code suivant

```
>>> ld = [1,[2,3],4]

>>> ld[0]

>>> ld[1]

>>>ld[1][0]

>>>ld[1][1]

>>> liste =ld[1]

>>> def affichage (l) :

  i =0

  while(i<len(l)) :

    print(l[i])

    i=i+1

>>> affichage(ld)
```

```
>>> affichage(liste)

>>> for k in ld :

   print(k, end =")
```

Corrigé :

la variable ld contient une liste de trois élé-ments et ld[1] est lui-même une liste

```
>>> ld = [1,[2,3],4]

>>> ld[0]

1

>>> ld[1]

[2,3]

>>>ld[1][0]

2

>>>ld[1][1]

3

>>> liste = ld[1]

# liste = [2,3]

>>> liste

[2,3]
```

On définit une fonction d'affichage de liste

```
>>> affichage(ld)
```

assad patel

```
2
[2,3]
4
```

On souhaite afficher la sous-liste [2,3]

```
>>> affichage(liste):
2
3
```

Ici on teste notre nouvelle structure de boucle naturellement adaptée aux listes

```
iteration  for k in ld  print(k, end = '')
1           k = 1         1
2           k = [2,3]     1 [2,3]
3           k = 4         1 [2,3] 4
```

```
>>> for k in ld:
    print(k, end ='')
1 [2,3] 4
```

>>> **Exercice 245**

Que fait le code suivant

```
>>> liste = [[0,0], [1,1], ['b','c'], 'd']
>>> for k in liste:
    k
>>> liste[0][1]
```

```
>>> liste[2][1]
>>> liste[3]
```

Corrigé exercice 245

Cette liste contient quatre éléments dont trois sont des sous-listes

```
>>> for k in liste :
    k
[0, 0]
[1, 1]
['b','c']
'd'
```

On a

```
>>> liste[0][1]
# liste[0,0]
# liste[0, 0]
# 0
0
>>> liste[2][1]
# liste ['b','c']
# liste ['b','c']
```

```
# 'c'

'c'

>>> liste[3]

'd'
```

>>> 26.1. Manipulation de listes doubles

>>> 26.1.1.Manipulations de colonnes
>>> **Exercice 246**

note	5	7	8	10	11	12	13	15	16	17	18	19
nombre eleves	1	1	1	6	10	4	4	4	2	1	1	1

Notation [i,j] où i représente la note et j le nombre d'élèves ayant eu la note i (ou s_{ij})

```
>>> s = [[5,1],[7,1],[8,1],[10,6],[11,10],[12,4],
[13,4],[15,4],[16,2],[17,1],[18,1],[19,1]]
```

1° a) Que représente [5,1]? [11,10]?

b) combien a-t-on de sous-listes ?

2° Que fait la fonction suivante ?

```
>>> def sommeEleves (l) :

  somme = 0

  i=0

  while (i<len(l)) :
```

```
    somme = somme + l[i][1]

    i = i + 1

  return somme

>>> sommeEleves(s)
```

Corrigé

1° a)[5,1] un élève a eu la note 5

[11,10] 10 élèves ont eu la note 11

b) on compte 12 sous listes de même longueur (2)

2° Il s'agit de sommer le nombre d'élèves (dans la notation s[i,j] j représente l'élève)

Il s'agit de la même notation que $\sum_{i=0}^{11} s_{i1}$

```
>>> someEleves(s)

36
```

iteration	i < len(l)	somme = somme + l[i][1]
1	True	somme = 0 + l[0][1] = 0 +1 =1
2	True	somme = 1 + l[1][1] = 1 + 1 =2
3	True	somme = 2 + l[2][1] = 2 + 1 =3
4	True	somme = 3 + l[3][1] = 3 + 6 = 9
5	True	somme = 9 + l[4][1] = 9 + 10 =19
6	True	somme = 19 + l[5][1] = 19 + 4 =23
7	True	somme = 23 + l[6][1] = 23 + 4 =27
8	True	somme = 27 + l[7][1] = 27 + 4 =31
9	True	somme = 31 + l[8][1] = 31 + 2 = 33
10	True	somme = 33 + l[9][1] = 33 + 1 =34
11	True	somme = 34 + l[10][1] = 34 + 1 =35
12	True	somme = 35 + l[11][1] = 35 + 1 =36

>>> *26.1.1.1.Sommation de colonnes*

>>> **Exercice 247**

Soit le code suivant :

```
>>> l = [[1,1],[2,2],[3,3]]
```

1° a)La matrice est $\begin{matrix} 1 & 1 \\ 2 & 2 \\ 3 & 3 \end{matrix}$ est un matrice à 2 colonnes et 3 lignes, Vrai ou Faux ?

b) Que fait le code suivant

```
>>> l[0]

>>> l[1]

>>> l[2]
```

2° a)Sommez les colonnes manuellement

b) Que fait le code suivant

```
>>> l[0][0] + l[1][0] + l[2][0]

>>> l[1][0] + l[1][1] + l[1][2]
```

3° a) Sommation de la première colonne

```
>>> i = 0

>>> s = 0

>>> while(i<3):

  s = s + l[i][0]

  i=i+1
```

b) Sommation de la deuxième colonne

```
>>> i =0
>>> s = 0
>>> while(i<3) :
   s = s + l[i][1]
   i=i+1
```

c) Que fait le code suivant

```
>>> i =0
>>>s = 0
>>> while (i< 2):
   j= 0
   while (j < 3) :
      s = l[j][i]
      j=j+1
   i=i+1
```

corrigé

1° a) Vrai

b) On a

```
>>> l[0]
[1,1]
>>> l[1]
```

```
[2,2]
>>> l[2]
[3,3]
```

2° a) On a en calcul simple : 1 + 2 + 3 + 1 + 2 + 3 = 6 + 6 = 12

b) On a

```
>>> l[0][0] + l[1][0] + l[2][0]
# 1 + 2 + 3
6
>>> l[0][1] + l[1][1] + l[2][1]
# 1 + 2 + 3
6
```

On a sommé la première colonne puis la deuxième

3° a)

```
>>> i = 0
>>> s = 0
>>> while(i<3):
    s = s + l[i][0]
    i = i + 1
>>> s
```

```
6
```

b) On a

```
>>> i = 0

>>> s = 0

>>> while(i<3):

  s = s + l[i][1]

  i=i+1

>>> s

6
```

3° c) On va sommer les deux colonnes

la variable i prendra les valeurs 0 et 1 donc on aura une condition i < 2 et j prend trois valeurs qui sont 0, 1 et 2 donc une condition j < 3

```
>>> i = 0

>>> s = 0

>>> while (i< 2):

  j= 0

  while (j < 3):

    s = s + l[j][i]
```

```
     j=j+1

   i=i+1

>>> s

12
```

A retenir :

```
>>> i = 0

>>> s = 0

>>> while (i< n):

   j= 0

   while (j < k) :

     s =s + l[j][i]

     j=j+1

   i=i+1
```

Ce code permet de sommet les n colonnes d'une matrice ayant k lignes représentée par une liste ayant k sous-listes.

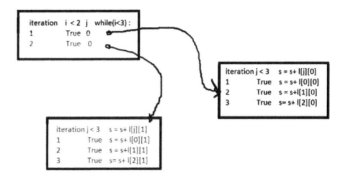

>>> 26.1.2.Manipulation des lignes
>>> **Exercice 248**

Soit la matrice suivante $\begin{matrix} 1 & 2 \\ 3 & 4 \\ 5 & 6 \end{matrix}$

1° Sommez ses lignes et donnez le total

2° a) Que fait le code suivant

```
>>> i = 0
>>> s = 0
>>> while (i < 2) :
    s = s + l[0][i]
    i = i + 1
>>> i = 0
>>> s = 0
>>> while (i < 2) :
    s = s + l[1][i]
```

```
   i = i + 1
>>> i = 0
>>> s = 0
>>> while (i < 2):
   s = s + l[2][i]
   i = i + 1
```

2° b)

Que fait le code suivant

```
>>> l = [[1,2], [3,4], [5,6]]
>>> i = 0
>>> s = 0
>>> while (i < 3):
   j = 0
   while(j < 2):
     s = s + l[i][j]
     j = j+1
   i = i+1
```

Corrigé exercice 248

1° On a $(1 + 2) + (3 + 4) + (5 + 6) = 21$

2° Les trois boucles permettent de faire la somme de chaque sous-liste de l

```
>>> i = 0
>>> s = 0
>>> while (i<2) :
  s = s + l[0][i]
  i = i + 1
>>> s
3
>>> i =0
>>> s =0
>>> while (i<2) :
  s = s + l[1][i]
  i = i + 1
>>> s
7
>>> i =0
>>> s =0
>>> while (i<2) :
  s = s + l[2][i]
  i = i + 1
>>> s
```

```
11
```

3° C'est le même code mais avec l'ajout d'une boucle pour les trois-sous listes et l'on a

```
>>> s

21
```

> > > **Exercice 249**

Toujours avec la même liste double de notes et d'élèves

```
>>>  s  =  [[5,1],[7,1],[8,1],[10,6],[11,10],[12,4],
[13,4],[15,4],[16,2],[17,1],[18,1],[19,1]]
```

1° Que fait la somme suivante : $\sum_{i=0}^{11} s_{i1}$?

2° Que fait la fonction suivante ?

```
>>> def nombreEleves (l):

  i= 0

  somme = 0

  while(i<len(l)):

    somme = somme + l[i][1]

    i=i+1

  return somme
>>> nombreEleves (s)
```

3° On souhaite calculer la moyenne

a) Ecrire en extension $\sum_{i=0}^{11} s_{i0} * s_{i1}$

b) Que fait le code suivant

```
>>> def mulSomme(l) :

  i = 0

  s = 0

  while(i < len(l)) :

    s = s + l[i][0]*l[i][1]

    i = i + 1

  return s
>>> mulSomme(s)
```

c) Que fait le code suivant

```
>>> moyenne  = mulSomme(s) / nombreE-
leves(s)
```

Corrigé

```
>>>  s  =  [[5,1],[7,1],[8,1],[10,6],[11,10],[12,4],
[13,4],[15,4],[16,2],[17,1],[18,1],[19,1]]
```

1° $\sum_{i=0}^{11} s_{i1} = 36$

2°

```
>>> def nombreEleves (l):
```

457

assad patel

```
i = 0

somme = 0

while(i<len(l)):

    somme = somme + l[i][1]

    i=i+1

return somme
>>> nombreEleves(s)
```
36

3°   a)

$$s_{00} * s_{01} + s_{10} * s_{11} + s_{20} * s_{21} + s_{30} * s_{31} + s_{40} * s_{41} + s_{50} * s_{51} + s_{60} * s_{61} + s_{70} * s_{71} + s_{80} * s_{81} + s_{90} * s_{91} + s_{100} * s_{101} + s_{110} * s_{111} = 436$$

b)

```
>>> def mulSomme(l):

    i = 0

    s = 0

    while(i<len(l)):

        s = s + l[i][0]*l[i][1]

        i=i+1

    return s
>>> mulSomme(s)
```
436

c)

458

```
>>> moyenne = mulSomme(s) / nombreE-
leves(s)

# moyenne = 436 / 36

# 12.1111111111111111111

12.1111111111111111111
```

>>> Exercice 250

Soit le code suivant représentant toujours des notes et des élèves

```
>>> donnees = [[0,4],[1,4],[6,2],[9,10],[11,12],
[14,1],[16,1],[19,2]]
```

1° Sommez les colonnes pour avoir le nombre d'élèves ?

2° Calculer la moyenne

Corrigé

1° On a

```
>>> i =0

>>> s =0

>>> while(i<len(donnees)):
                s=s+s[i][1]
                i=i+1

>>> s

36
```

2° On a

```
>>> j =0
>>> k= 0
>>> while(j<len(donnees)) :
    k = k + donnees[j][0]*donnees[j][1]
    j=j+1
>>> moyenne = k / s
# 306 / 36
8.5
```

>>> 26.2. Manipulation de tableaux à double entrée

>>> Exercice 251

Soit trois objets différents vendus par 4 magasins

objets	magasin1	magasin2	magasin3	magasin4
objet 1	10	4	5	20
objet 2	11	2	3	23
objet 3	12	12	11	17

1° a) que fait le code suivant

```
>>> tab = [[10,4,5,20],[11,2,3,23],[12,12,11,17]]
```

b.1) que veut dire

```
>>> tab[2][3]
```

b.2)

```
>>> tab[0][1]
```

2° On souhaite l'affichage suivant pour le magasin 3

Le magasin 3 a vendu 5 objets 1

Le magasin 3 a vendu 3 objets 2

Le magasin 3 a vendu 11 objets 3

Que fait le code suivant

```
>>> i=0
>>> while(i<3):
    print(" le magasin 3 a vendu ", tab[i][2], " objets ", i+1)
    i=i+1
```

3° On souhaite afficher la même chose pour tous les magasins

que fait le code suivant

```
>>> i=0
>>> while(i<3):
  j=0
  while(j<4):
```

```
    print('le magasin ', j+1, 'a vendu ', tab[i][j],
'objets', i+1)

    j=j+1

  i=i+1
```

4°

objet 1	10 $
objet 2	13 $
objet 3	12 $

```
>>> prix = [10,13,12]
```

a)

On souhaite afficher le chiffre d'affaire du magasin1 . Que fait le code suivant

```
>>> i =0

>>> ca =0

>>> while(i<3):

  ca = ca + tab[i][0]* prix[i]

  i=i+1

>>> print(" Chiffre d'affaire du magasin 1 ", ca)
```

b) On souhaite affficher le CA de tous les magasins, que fait le code suivant (faites une amélioration)

```
>>> i=0
```

```
>>> ca=0
>>> while(i<4):
  j=0
  ca = 0
  while(j<3):
    ca = ca + tab[j][i] * prix[j]
    j=j+1
  print("ca magasin", ca)
  i=i+1
```

Corrigé exercice 251

```
>>> tab = [[10,4,5,20],[11,2,3,23],[12,12,11,17]]
```

1° La liste tab permet de modéliser le tableau. Chaque sous-liste comporte les nombres d'objets de chaque magasin.

```
>>> tab = [[10,4,5,20],[11,2,3,23],[12,12,11,17]]
```

b.1 On a

```
>>> tab[2][3]
17
```

Il y a 17 objets 3 dans le magasin 4

b.2

```
>>> tab[0][1]
```

```
4
```

Il y a 4 objets 1 dans le magasin 2

2°

```
>>> i=0

>>> while(i<3) :

  print("le magasin 3 a vendu ", tab[i][2], " objets "i+1)

  i=i+1

#le magasin 3 a vendu tab[0][2] objets 1

#le magasin 3 a vendu tab[1][2] objets 2

#le magasin 3 a vendu tab[2][2] objets 3

le magasin 3 a vendu 5 objets 1

le magasin 3 a vendu 3 objets 2

le magasin 3 a vendu 11 objets 3
```

3° On a

```
>>> i=0

>>> while(i<3) :

  j=0

  while(j<4) :

    print('le magasin ', j+1, 'a vendu ', tab[i][j], 'objets', i+1)
```

```
    j=j+1
  i=i+1
```

le magasin 1 a vendu 10 objets 1

le magasin 2 a vendu 4 objets 1

le magasin 3 a vendu 5 objets 1

le magasin 4 a vendu 20 objets 1

le magasin 1 a vendu 11 objets 2

le magasin 2 a vendu 2 objets 2

le magasin 3 a vendu 3 objets 2

le magasin 4 a vendu 23 objets 2

le magasin 1 a vendu 12 objets 3

le magasin 2 a vendu 12 objets 3

le magasin 3 a vendu 11 objets 3

le magasin 4 a vendu 17 objets 3

4° a)

```
>>> tab = [[10,4,5,20],[11,2,3,23],[12,12,11,17]]
>>> prix = [10, 13, 12]
>>> i = 0
>>> ca =0
>>> while(i<3):
```

```
  ca = ca + tab[i][0]* prix[i]

 i=i+1
>>> print("chiffre d'affaires du magasin 1 : ", ca)
chiffre d'affaires du magasin 1 : 387
```

4°b)

```
>>> i = 0
>>> ca=0
>>> while(i<4):
   j=0
   ca = 0
   while(j<3):
     ca = ca + tab[j][i] * prix[j]
     j=j+1
   print("ca magasin", i+1, " : ", ca)
   i=i+1
ca magasin 1 : 387
ca magasin 2 : 210
ca magasin 3 : 221
ca magasin 4 : 703
```

A retenir

Pour parcourir une liste de longueur n, qui contient des sous-listes égaux à m

```
while (i < n)

    block

    while(j <m) :

        block
```

>>> **Exercice 252**

Soit la la liste suivante

```
>>> tab = [[1,2,3], [4,5,6], [7,8,9], [10,11,12]]
```

Affichez cette liste

Corrigé

Les sous-listes sont de même longueur

```
>>> i = 0
>>> while (i < len(tab)) :
    j=0
    while(j<3) :
        print(tab[i][j], end = '')
        j=j+1
    i=i+1
1 2 3 4 5 6 7 8 9 10 11 12
```

>>> *26.3. Liste double*

et tableaux

>>> Exercice 253

Soit le code suivant

```
>>> l1 =[0,1,2]

>>> l2 = [3,4,5]

>>> l3 = [6,7,8]
```

Faites la somme de tous les éléments de la liste

Corrigé exercice 253

```
>>> l = [l1,l2,l3]

>>> l

[[0, 1, 2], [3, 4, 5], [6, 7, 8]]
```

2° On a 3 sous-listes de longueur 3

```
>>> i =0

>>> s = 0

>>> while( i < 3):

  j = 0

  while (j < 3 ):

    s = s + l[i][j]

    j=j+1

  i=i+1

>>> s
```

>>> **Exercice 254**

Soit une grille sudoku complète

4	1	5	6	3	8	9	7	2
3	6	2	4	7	9	1	8	5
7	8	9	2	1	5	3	6	4
9	2	6	3	4	1	7	5	8
1	3	8	7	5	6	4	2	9
5	7	4	9	8	2	6	3	1
2	5	7	1	6	4	8	9	3
8	4	3	5	9	7	2	1	6
6	9	1	8	2	3	5	4	7

1° Représentez la par une liste 9 x 9

2° Sommez la première ligne et vérifiez que la somme fait 45

3° Sommez tout le sudoku et vérifiez que la somme fait 405

Corrigé exercice 254

1° On a

```
>>>    l=[[4,1,5,6,3,8,9,7,2],   [3,6,2,4,7,9,1,8,5],
[7,8,9,2,1,5,3,6,4],[9,2,6,3,4,1,7,5,8],
[1,3,8,7,5,6,4,2,9],[5,7,4,9,8,2,6,3,1],
[2,5,7,1,6,4,8,9,3],[8,4,3,5,9,7,2,1,6],
[6,9,1,8,2,3,5,4,7]]
```

2° On a

```
>>> i=0

>>> s = 0

>>> while (i< 9) :
```

```
    s = s + l[0][i]

    i = i+1

>>> s
```
45

Note : la somme d'une ligne de Sudoku fait toujours 45

3° A fortiori la somme vaudrait 45 x 9 = 405

```
>>> i =0

>>> s = 0

>>> while (i < 9) :

  j = 0

  while(j< 9) :

    s = s + l[i][j]

    j = j +1

  i = i +1

>>> s
```
405

>>> 27.LES MÉTHODES : PREMIÈRE PARTIE

« faisons les choses avec méthode » Descartes

>>> 27.1.Exemples de quelques méthodes de l'objet String

Dès qu'on parle d'objet il existe des méthodes qui vont avec.

>>> Exercice 255 (la méthode count ( ))

1° Que fait le code suivant

```
>>> ch = 'hello'

>>> i =0

>>> compteur =0

>>> while(i<len(ch)) :
```

```
   if (ch[i] == '1') :

      compteur = compteur + 1

   i = i + 1
>>> print('la lettre 1 apparaît', compteur, 'fois')
```

2° Que fait le code suivant

```
>>> ch.count('1')

>>> print('la lettre 1 apparaît', ch.count('1'),
'fois')
```

Corrigé

1°

iteration	if (ch[i] == '1')	compteur
1	False	0
2	False	0
3	True	1
4	True	2
5	False	0

```
>>> print('la lettre 1 apparaît', compteur, 'fois')

# print('la lettre 1 apparaît', 2, 'fois')

la lettre 1 apparaît 2 fois
```

2° On a

```
>>> ch.count('1')

# 'hello'.count('1')

# count('hello', '1')

# 2
```

2

ch est une chaîne de caractère, c'est aussi un objet. On peut donc appliquer une méthode à cet objet ici une méthode count ( ).

A retenir :

L'objet string appartient à ce que l'on appelle la classe string.

Elle contient un certain nombre de méthodes.

Les aides de ces méthodes sont accessibles soit via

```
>>> help(str)
```

soit si l'on connaît le nom de la méthode

```
>>> help(str.nom_méthode)
```

>>> Exercice 256

Que fait le code suivant

```
>>> ch = 'anticonstitutionnellement'

>>> var = ch.count('n')

>>> var2 = ch.count('k')

>>> ch*2

>>> ch[1]= 'a'
```

Corrigé

ch référence l'objet string qui vient de la classe string (notée str)

On remarque que si l'on demande à la fonction help( ) que fait la méthode count( )

```
classe str → méthode count ( )

>>> help (str.count)

 S.count(sub[, start[, end]]) -> int

    Return the number of non-overlapping oc-
currences of substring sub in

    string S[start:end]. Optional arguments start
and end are

    interpreted as in slice notation.

count(...)
```

```
>>> var = ch.count('n')

# var = anticonstitutionnellement.count('n')

# var = anticonstitutionnellement.count('n')

# var = 5

>>> var

5
```

La lettre 'n' apparaît 5 fois dans le mot

```
>>> var2 = ch.count('k')

>>> var2

0
```

la lettre 'k' n'apparaît nulle part dans le mot

On a

```
>>> ch*2

'anticonstitutionnellementanticonstitution-
nellement'
```

L'opérateur * s'applique aux objets strings.

```
>>> ch[1]='a'

TypeError: 'str' object does not support item
assignment
```

On a une erreur sémantique (typeError). L'objet string est **non mutable**.

>>> Exercice 257 Méthode find( )

1° Que fait le code suivant

```
>>> chaine = 'python'

>>> def recherche (s, c) :

  i = 0

  indice =-1

  while(i<len(s)) :

    if(s[i] == c) :

      indice = i

    i=i+1

  return indice
```

```
>>> recherche(chaine, 'p')

>>> recherche(chaine, 'k')
```

2° a) Que dit le message help( ) suivant

```
>>> help(str.find)

Help on method_descriptor:

find(...)

    S.find(sub[, start[, end]]) -> int


    Return the lowest index in S where substring
sub is found,

    such that sub is contained within
S[start:end]. Optional

    arguments start and end are interpreted as in
slice notation.


    Return -1 on failure.
```

b) Que fait le code suivant

```
>>> ch.find('p')

>>> chaine.find('k')
```

Corrigé

1°

```
>>> chaine = 'python'
>>> def recherche (s, c) :
  i = 0
  indice = -1
  while(i<len(s)) :
    if(s[i] == c) :
      indice = i
    i=i+1
  return indice
>>> recherche(chaine, 'p')
# if(s[0] == 'p') :
#indice = 0
# return 0
0
>>> recherche(chaine, 'k')
-1
```

2° a) On a

Return the lowest index in S where substring sub is found

Il va rechercher le plus petit indice

b)

```
>>> chaine.find('p')

0

>>> chaine.find('k')

-1
```

>>> **Exercice 258**

Que fait le code suivant

```
>>> ch = ' end of the line'

>>> ch.find('e')

>>> ch.find('o')

>>> ch.find(' ')

>>> ch.find(4)
```

Corrigé

```
>>> ch.find('e')

1

>>> ch.find('o')

5

>>> ch.find(' ')

0

>>> ch.find(4)

TypeError : must be str, not int
```

Une méthode String ne peut prendre qu'un string en argument

>>> 27.1.1.Une méthode liant String et liste : split( )

« split » Titre d'un film

>>>Exercice 259

Que fait le code suivant

```
>>> ch = 'bus'
>>> i=0
>>> a = []
>>> while(i<len(ch)):
    a.append(ch[i])
  i=i+1
>>> b =[]
>>> b.append(ch)
```

2° a) Que fait le code suivant

```
>>> help(str.split)
```

b) Que fait le code suivant

```
>>> ch = ' dans le bus'
>>> ch.split()
>>> liste = ch.split( )
```

corrigé

assad patel

1°

iteration	i < len(ch)	a.append(ch[i])
1	True	['b']
2	True	['b','u']
3	True	['b','u','s']

On a

```
>>> b =[]

>>> b.append(ch)

# b.append('bus')

# ['bus']

>>> b

['bus']
```

2° a) On a

```
>>> help(str.list)

Help on method_descriptor:

split(self, /, sep=None, maxsplit=-1)

    Return a list of the words in the string, using
sep as the delimiter string.
```

Cette fonction prend un string en argument et retourne une liste

```
>>> ch = ' dans le bus'

>>> ch.split()
```

```
# ' dans le bus'.split()

# ['dans', 'le', 'bus']

['dans', 'le', 'bus']

>>> liste = ch.split()

# liste = ['dans', 'le', 'bus']
```

A retenir :

String (str) et liste (list) sont des objets auxquels on peut appliquer des méthodes.

On a deux notations

```
>>> Objet.method()

>>> method(objet)
```

>>> Exercice 260

1° Que fait le code suivant

```
>>> ch = 'black rainbow'

>>> ch[5]

>>> def recherche(ch) :

  I = 0

  indice = -1

  while(i<len(ch)) :

    if(ch[i]== '') :

      indice = i
```

```
    i=i+1

  return indice

>>> recherche(ch)
```

2° que fait le code suivant

```
>>> j=0

>>> a=[]

>>> while (j < recherche(ch)):

  a.append(ch[j])

  j=j+1

>>> k = recherche +1

>>> b = []

>>> while(k < len(ch)):

  b.append(ch[k])

  k=k+1

>>> b

>>> print(a,b)
```

3° Que fait le code suivant

```
>>> ch.split()
```

corrigé

1° On a

```
>>> ch = 'black rainbow'
>>> ch[5]
''
>>> def recherche(ch):
  I = 0
  indice = -1
  while(i<len(ch)):
    if(ch[i]== ''):
      indice = i
    i=i+1
  return indice
>>> recherche(ch)
5
```

2° On a

iteration	j < recherche(5)	a.append(ch[j])
1	True	['b']
2	True	['b','l']
3	True	['b','l','a']
4	True	['b','l','a','c']
5	True	['b','l','a','c','k']

On a

```
>>> a
['b', 'l', 'a', 'c', 'k']
```

```
>>> k = recherche + 1
# k = 5 + 1
# k = 6
>>> b = []
>>> while(k < len(ch)):
                    b.append(ch[k])
                    k=k+1
>>> b
['r', 'a', 'i', 'n', 'b', 'o', 'w']
>>> print(a,b)
['b', 'l', 'a', 'c', 'k'] ['r', 'a', 'i', 'n', 'b', 'o', 'w']
```

3°

```
>>> ch.split()
['black', 'rainbow']
```

>>> **exercice 261**

1° a) Peut-on modifier une chaîne ?

b) une chaîne est-elle un objet ?

2° Que fait le code suivant

```
>>> ch = 'Aristote Platon Socrate'
>>> liste = []
>>> i = 0
```

```
>>> while (i<len(ch)):
    liste.append(ch[i])
    i=i+1
```

3° Que fait le code suivant

```
>>> liste2 = ch.split()
>>> liste2
```

corrigé

1°

a) Une chaîne est non modifiable (non mutable)

b) oui

2° On a

```
>>> ch = 'Aristote Platon Socrate'
>>> liste = []
>>> i = 0
>>> while (i<len(ch)):
    liste.append(ch[i])
    i=i+1
>>> liste
['A', 'r', 'i', 's', 't', 'o', 't', 'e', ' ', 'P', 'l', 'a', 't', 'o', 'n', ' ', 'S',
'o', 'c', 'r', 'a', 't', 'e']
```

3°

```
>>> liste2 = ch.split()

>>> liste2

['Aristote', 'Platon', 'Socrate']
```

A retenir :

La méthode split ( ) permet de couper une chaîne suivant un séparateur

```
String.split(separator, max)
```

Le séparateur par défaut est la chaîne vide

>>> 21.1.2.La méthode str.format ( )

>>> **Exercice 262**

1° Que fait le code suivant

```
>>> help(str.format)
```

2° Que fait le code suivant

```
>>> '{}'.format('hello')

>>> '{} {}'.format('hello', 'world')
```

Corrigé

Corrigé exercice 262

1°

```
Help on method_descriptor:

format(...)

    S.format(*args, **kwargs) -> str

    Return a formatted version of S, using substi-
```

tutions from args and kwargs.

The substitutions are identified by braces ('{' and '}').

2° On a

```
>>> '{}'.format('hello')

# format('{}', 'hello')

# format('hello')

'hello'

>>> '{} {}'.format('hello', 'world')

# format('{} {}', 'hello', 'world')

# format('hello' 'world')

'hello world'
```

>>> Exercice 263

Que fait le code suivant

```
>>> '{}'.format('salut')

>>> '{2} {1} {0}'.format('hello', 'salut', 'bonjour')
```

Corrigé

```
>>> '{}'.format('salut')

# format('{}', 'salut')

# format('salut')

'salut'
```

assad patel

On a

```
>>> '{2}{1}{0}'.format('hello', 'salut', 'bonjour')

# format('{2}{1}{0}', 'hello', 'salut', 'bonjour')

# format('{bonjour}{salut}{hello}')

'bonjour salut hello '
```

A retenir :

```
>>> '{}{}{}'.format(str1, str1,str3)

'str1 str2 str3 '

>>> '{2}{0}{1}'.format(str1, str2,str3)

'str2 str1 str2 '
```

>>> 21.1.3.f-string
>>> **Exercice 263**

1° Que fait le code suivant

```
>>> a = 2

>>> print('la valeur de a est', a)

>>> print(f'la valeur de a est {a}')

>>> print(f'{a+2}')
```

2°

```
>>> b = 1 / 3

>>> print('la valeur de b est', b)

>>> print(f' la valeur de b est {b}')
```

```
>>> print(f'la valeur de b est {b:.4f}')
```

Corrigé

1° On a la variable a référence l'objet 2.

```
>>> a = 2
>>> print('la valeur de a est', a)
# 'la valeur de a est', 2
la valeur de a est 2
>>> print(f'la valeur de a est {a}')
# print('la valeur de a est {2}')
# print('la valeur de a est 2'
la valeur de a est 2
>>> print(f'{a+2}')
# print(f'{2+2}')
# print(f'{4}')
# print('{4}')
# print(4)
4
```

A retenir

On a

```
>>> print(f"{expression}")
```

value

>>> *27.2.Les méthodes*
sur l'objet liste

« méthode, méthode »

>>> 27.2.1.Ranger les éléments dans l'ordre croissant : la méthode sort ( )

>>> **Exercice 264**

1° que fait le code suivant

```
>>> l = [5,4,3,2,1]
>>> def tri (l):
  i=0
  while(i<len(l)):
    j=i
    while(j<len(l)):
      if(l[j] < l[i]):
        l[i],l[j] = l[j], l[i]
      j=j+1
    i=i+1
>>> tri(l)
```

2° Que fait le code suivant

```
>>> l.sort()
```

Corrigé

1° On a schématiquement

```
>>> tri (l)
[1,2,3,4,5]
```

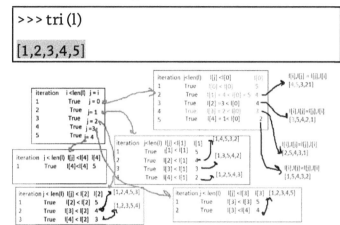

2° l est un objet auquel on applique la méthode sort ()

```
>>> l.sort()
# [1,2,3,4,5].sort()
# sort([1,2,3,4,5])
[1, 2, 3, 4, 5]
```

>>> Exercice 265

1° Rangez cette liste dans l'ordre croissant en utilisant la méthode sort ( )

```
>>> l = [4,2,1,-1]
```

2° Même question

```
>>> l2 = [2,2,11,4,-4,4]
```

Corrigé

```
>>> l = [4,2,1,-1]

>>> l.sort()

>>> l

[-1, 1, 2, 4]

2° On a

>>> l2 = [2,2,11,4,-4,4]

>>> l2.sort()

>>> l2

[-4, 2, 2, 4, 4, 11]
```

>>> 27.2.2.Copier des listes
avec la méthode copy ( )
« copier, coller » clique droit

>>> Exercice 266

1° Que fait le code suivant

```
>>> l1 = [1,2,[0,0,0],4,5]

>>> l2 = [ ]

>>> i=0

>>> while(i<len(l1)):

    l2.append(l[i])

    i=i+1
```

```
>>> l2
```

2° Que fait le code suivant

```
>>> l3 = l1.copy( )
```

Corrigé

l1 est une liste contenant 5 élément dont une sous liste de 3 éléments

l2 est une liste vide

```
>>> l2
[1,2,[0,0,0],4,5]
```

iteration	i < len(l1)	l2.append(l[i])
1	True	[1]
2	True	[1,2]
3	True	[1,2,[0,0,0]]
4	True	[1,2,[0,0,0],4]
5	True	[1,2,[0,0,0],4,5]

2°

```
>>> l3 = l1.copy()
>>> l3
[1, 2, [0,0,0], 4, 5]
```

Remarque :

Pour copier la liste « manuellement » nous avions eu besoin d'une

- liste vide (l2)

- d'une variable pour la boucle (i)

- d'une boucle

- la fonction len ( )
- len ( ) passage de boucles
- de la méthode append( )

Les méthodes et objets sont à la base de la programmation orientée objet (POO) que nous verrons dans un prochain chapitre.

>>> Exercice 267

Que fait le code suivant

```
>>> l1 = [5,4,0,1,-1]
>>> l1.sort()
>>> l2 = l1.copy()
>>> if(l1 == l2):
    print("listes égales")
>>> l2.append(3)
>>> l1 == l2
```

Corrigé

```
>>> l1 = [5,4,0,1,-1]
>>> l1.sort()
# l1 = [-1,0,1,4,5]
>>> l2 = l1.copy()
# l2 = l1.copy()
# l2 = [-1,0,1,4,5]
```

```
>>> if(l1 == l2):
# if([-1,0,1,4,5] == [-1,0,1,4,5]):
# if(True):
# print("listes égales")
listes égales
>>> l2.append(3)
# [-1,0,1,4,5].append(3)
# [-1,1,0,1,4,5,3]
>>> l1 == l2
False
```

>>> 27.2.3.La méthode join ( )
liant liste et chaîne

>>> Exercice 268

1° Soit le code suivant

```
>>> ch = 'python java C'
```

a) quel est le séparateur des trois mots

b) transformez cette chaîne en liste

2° a) que dit le code suivant

```
>>> help(str.join)
```

b)Que fait le le code suivant

```
>>> ''.join(['python', 'java', 'c'])
```

c) Que fait le code suivant

```
>>>';'.join(['python', 'java', 'c'])
```

corrigé

a) le séparateur est la chaîne vide

b) On a

```
>>> ch.split()

# 'python java C'.split()

# split('python java C', ' ')

['python', 'java', 'C']
```

2° On a

```
>>> help(str.join)

Help on method_descriptor:

join(self, iterable, /)

    Concatenate any number of strings.

    The string whose method is called is in-
serted in between each given string.

    The result is returned as a new string.
```

b) On a

```
>>>''.join(['python', 'java', 'c'])

# 'python' 'java' 'c'

# python java c

python java c
```

c)

```
>>> ';'.join(['python', 'java', 'c'])

# 'python';"java";"c'

# python java c

python;java;c
```

A retenir

On peut créer une chaîne à partir d'une liste via la méthode join()

```
>>> string.join(iterable)
```

L'argument de la méthode join() est un iterable qui est un type d'objet particulier.

Pour l'instant on a vu comme objets itérables :

- les strings
- les listes

A l'inverse de split() elle permet de transformer une liste en string.

>>> Exercice 269

Soit la liste suivante

1°

```
>>> l = ['h','e','l','l','o']
```

Convertissez cette liste en une chaîne de caractère avec la méthode join() avec le séparateur ''

2°

```
>>> l= ['hello', 'world']
```

convertissez cette liste en une chaîne de caractère avec la méthode join( ) avec le séparateur ' ;'

corrigé exercice 269

1°

```
>>> l = ['h','e','l','l','o']

>>> ''.join(l)

'hello'
```

2°

```
>>> l= ['hello', 'world']

>>> ';'.join(l)

'h;e;l;l;o'
```

>>> **Exercice 270**

1° Que fait le code suivant

```
>>> ",".join('hello')

>>> 'hello'.split()
```

2° Que fait le code suivant

```
>>> a = 'Lorem ipsum dolor sit amet, consecte-
tur adipiscing elit.'

>>> a.split()

>>> b= ';'.join(a)
```

```
>>> b
```

Corrigé exercice 270

1° On a

```
>>> ",".join('hello')
'h,e,l,l,o'
>>> 'hello'.split()
['hello']
```

2°

```
>>> a.split()
['Lorem', 'ipsum', 'dolor', 'sit', 'amet,', 'consecte-
tur', 'adipiscing', 'elit.']
>>> b = ';'.join(a)
'L;o;r;e;m; ;i;p;s;u;m; ;d;o;l;o;r; ;s;i;t; ;a;m;e;t;,; ;c;
o;n;s;e;c;t;e;t;u;r; ;a;d;i;p;i;s;c;i;n;g; ;e;l;i;t;.'
```

>>> 28.LES FICHIERS : INTRODUCTION

« fichez moi tout le monde » observateur 1

>>> 28.1.Création et écriture de fichiers

>>> 28.1.1.La fonction open ( ) pour créer des fichiers

>>> Exercice 271

On se trouve dans le répertoire suivant (sous Linux)

```
krang84@AWESOM-O:~$ pwd

/home/utilisateur

krang84@AWESOM-O:~$ ls

film.mkv  python_basesfondamentales.pdf

krang84@AWESOM-O:~$ python3
```

```
>>>
```

Que fait le code suivant ?

```
>>> f = open('fichier', 'w')
```

Corrigé

La fonction open ( ) prend un argument qui est une chaîne de caractère, ainsi que l'argument 'w' dont nous verrons plus tard ce qu'il signifie. Le résultat de l'appel de la fonction s'appelle un objet-fichier qui est rangé dans la variable f.

```
>>> f = open('fichier', 'w')
```

Un fichier nommé fichier est créé sur la machine.

```
krang84@AWESOM-O:~$ ls

file.mkv      fichier      python_basesfondamen-
tales.pdf
```

A retenir :

La fonction open ( ) permet de créer des fichiers

• elle a pour premier argument le nom du fichier

• D'après la doc elle prend huit arguments

```
>>> help(open)

open(file, mode ='r', buffering =-1, encoding =
None, errors = None, newline =None, closefd =
True, opener = None)
```

• le deuxième argument qui est le mode est

par défaut en 'r' = reading (lecture)

>>> **Exercice 272**

Que fait le code suivant

```
>>> objet_fichier1 = open('fichier1','w')

>>> fichier2 = open('fichier2','w')
```

corrigé

On utilise la fonction open ( ) qui prend deux arguments : le nom du fichier et le mode qui est ici : w pour write (écriture). Cet objet-fichier sera référencé par la variable objet_fichier1

La fonction open ( ) prend deux arguments : le nom du fichier et le monde qui est write (w). L'objet-fichier sera référencée par la variable fichier2

Remarque : sous windows on peut avoir le message d'erreur suivant

```
>>> objet_fichier1 = open('fichier1','w')

PermissionError: [Errno 13] Permission de-
nied: 'fichier'
```

Car Python essaie de créer le fichier là où tout le programme est installé (souvent dans C:\Python). Il est conseillé de créer un dossier code dans Documents par exemple c:\Documents \code

On écrit

```
>>> objet_fichier1 = open(r"C:\Documents
\code\fichier1", 'w')
```

>>> 28.1.2. Les méthodes write( ) et close ( )

>>> Exercice 273

```
krang84@AWESOM-O:~$ ls

python_bases.pdf
```

Que fait le code suivant

```
>>> f = open('fichier', 'w')

>>> f.write('Hello world ! ')

>>> f.close()
```

Corrigé

La fonction open ( ) prend deux arguments, la chaîne de caractère 'fichier' en premier argument ainsi que la chaine 'w'. L'un désigne le nom de fichier qui sera créée sur la machine et l'autre le mode, ici 'w' pour write (écriture).

```
>>> f = open('fichier', 'w')
```

le fichier-objet est stockée dans la variable f.

On pourrait le vérifier dans notre système

```
krang84@AWESOM-O:~$ ls

python_bases.pdf fichier
```

f est un objet on peut donc lui appliquer des méthodes et ici on a la méthode write ( ) qui va permettre d'écrire dans le fichier.

```
>>> f.write('hello world')
14
>>> f.close()
```

La méthode close ( ) ferme le fichier.

On revient dans notre système pour vérifier

```
krang84@AWESOM-O:~$ ls
python_bases.pdf fichier
krang84@AWESOM-O:~$ cat fichier
hello world
```

A retenir

La méthode write ( ) attend une chaîne de caractère comme argument.

>>> Exercice 274

1° que fait le code suivant

```
>>> montexte = open('fichier','w')
>>> montexte.write('spam egg')
>>> montexte.close()
```

2° Que contient le fichier fichier.txt sur votre machine ?

Corrigé exercice 274

1° On a

la fonction open() va créer un fichier nommée

fichier en mode écriture et sera référencée par la variable montexte.

La méthode write() va permettre d'écrire la chaîne 'spam egg' dans le fichier et afficher le nombre de caractères de la chaîne

```
>>> montexte.write('spam egg')
8
```

On ferme le fichier avec la méthode close( )

2° On a

```
krang84@AWESOM-O:~$ ls
fichier.txt
krang84@AWESOM-O:~$ cat fichier
spam egg
image
```

>>> Exercice 275

1° a) Que fait le code suivant

```
>>> montexte = open('fichier','w')
>>> montexte.write('spam egg')
>>> montexte.close ()
```

b) Que contient fichier.txt sur votre machine

2° Que fait le code suivant

```
>>> montexte = open('fichier','w')

>>> montexte.write('python')

>>> montexte.write('3')
```

Que contient le fichier.txt ? Que s'est-il passé ?

Corrigé exercice 275

1° a) On créée un fichier-objet en mode écriture référencée par la variable montexte.

Avec la méthode write on écrit dans le fichier, on ferme le fichier avec la méthode

close.

b) Le fichier.txt contient une seule ligne 'spam egg'

2°

La méthode write va écrire python dans le fichier puis 3

```
krang84@AWESOM-O:~$ ls

fichier.txt

krang84@AWESOM-O:~$ cat fichier

python3
```

Le fichier ayant pour nom fichier précédent a été écrasé et remplacer par le nouveau.

>>>*28.2.Lire un fichier*
avec la méthode read

( ) et le mode 'r'

>>> Exercice 276

Que fait le code suivant

```
>>> f = open('fichier', 'w')

>>> f.write('hello python')

>>> f.close( )

>>> f.read( )

>>> a = open('fichier', 'r')

>>> a.read( )
```

Corrigé

Ici la fonction open( ) est appelé avec deux arguments et elle va créer un fichier nommée fichier sur le système et un fichier-objet référencé par la variable f.

```
>>> f = open('fichier', 'w')
```

Ici la méthode write ( ) va permettre d'écrire dans le fichier

```
>>> f.write('hello Python')
```

Enfin on ferme le fichier avec la méthode close ( )

```
>>> f.close ( )
```

Ici on veut lire le fichier avec la méthode read ( ) mais on a un message d'erreur

```
>>> f.read( )
```

> ValueError : I/O operation on closed file.

L'erreur précise que l'on tente d'effectuer une opération d'entrée / sortie un fichier fermé.

On ouvre de nouveau le fichier avec open et l'argument 'r' (read) cette fois et l'on choisit un autre nom de variable ce qui n'a aucune incidence

```
>>> a = open('fichier', 'r')

>>> a.read( )

'Hello Python'
```

La méthode read ( ) va lire le contenu du fichier et l'afficher

A retenir

La fonction open ( ) a pour mode :

• 'w' pour écrire et notamment la méthode write( )

• 'r' pour lire et sa méthode read( )

>>> **Exercice 277**

Que fait le code suivant

```
>>> f = open('fichier', 'w')

>>> f.write('Hello World')

>>> f.read()

>>> f.close()

>>> f = open('fichier', 'w')
```

```
>>> f.write('Hello Python')
>>> f.read( )
```

A la fin le fichier contiendra ?

Hello World

Hello Python

corrigé

1° La fonction open va créer un fichier ayant pour nom fichier en mode écriture, cet objet sera référencé par la variable f.

On écrit dans le fichier avec la méthode write()

```
>>> f.write('Hello World')
11
>>> f.read()
'Hello World'
```

On ferme le fichier avec la méthode close ( )

On ouvre de nouveau le fichier avec la fonction open( ) en mode écriture

On écrit avec la méthode write( )

On essaie de lire avec la méthode read( )

```
>>> f.read ( )
io.UnsupportedOperation: not readable
```

On a une erreur sémantique, Python ne peut pas lire un fichier en mode écriture.

>>> 28.2.1. L'argument 'a' de
la fonction open ( )

>>> Exercice 278

1° Que dit l'aide sur l'argument 'a' de la fonction
open ( )

```
>>> help(open)

# [...]'a '    open for writing, appending to the
end of the file if it exists
```

2° Que fait le code suivant

```
>>> f = open ('fichier ', 'a ')

>>> f.write('hello python ')

>>> f.close ( )

>>> f = open('fichier ', 'r ')

>>> f.read ( )

>>> f.close ( )

>>> f = open('fichier ', 'a ')

>>> f.write('spam egg ')

>>> f.close( )

>>> f = open('fichier ', 'r ')

>>> f.read ( )
```

Corrigé exercice 278

1°Le mode 'a' permet également le mode écriture et contrairement au mode 'w ' avec la méthode write( ) il écrit les chaînes l'une après l'autre (comme la méthode append ( ) avec les listes)

2° On a

```
>>> f = open ('fichier ', 'a ')
>>> f.write('hello python ')
12
>>> f.close ( )
```

On écrit dans le fichier et on le ferme.

```
>>> f = open('fichier ', 'r')
>>> f.read ( )
'hello python '
>>> f.close ( )
```

On ouvre de nouveau le fichier mais en mode 'r ' cette fois on lit son contenu

```
>>> f = open('fichier ', 'a ')
>>> f.write('spam egg ')
8
>>> f.close( )
```

On ouvre le fichier en mode a et on écrit dedans et on le ferme

```
>>> f = open('fichier', 'r')

>>> f.read ()

'hello python8 '
```

Les chaînes ont écrites à la suite.

>>> 28.3.Fichiers et boucle for

Un fichier est un objet itérable

>>> Exercice 279

1° Que fait le code suivant

```
>>> f = open(r'C:\program\python\livre\fich-
ier','w')

>>> for i in range (100) :

  f.write('hello world\n')

>>> f.close()
```

2°

a) Que fait le code suivant

```
>>> f = open(r'C:\program\python\livre\fich-
ier','w')

>>> i=0

>>> while(i<10) :

  f.write(i)
```

```
  i=i+1
>>> f.close()
```

b) Pourquoi la f-string est-elle pertinente dans ce code ?

Soit le code suivant

```
>>> f = open(r'C:\program\python\livre\fich-
ier','w')

>>> for i in range (10) :

  f.write(f'hello {i} fois\n')

>>> f.close()
```

Corrigé exercice 279

1°

On ouvre un fichier en mode écriture

Dans ce fichier on va écrire 100 fois hello world avec chaque fois un passage à la ligne (\n)

(il y aura 100 fois le nombre 12 aussi)

On ferme le fichier.

2° a) On a

```
>>> f = open(r'C:\program\python\livre\fich-
ier','w')

>>> i=0

>>> while(i<10) :

  f.write(i)
```

```
i=i+1
```

TypeError: write() argument must be str, not int

b) comme la méthode write( ) ne prend que des string en argument il est plus pertinent d'utiliser la f-string pour insérer des expressions.

```
>>> f = open(r'C:\program\python\livre\fichier','w')

>>> for i in range (10):

    f.write(f'hello {i} fois\n')

>>> f.close()
```

```
fichier - Bloc-notes
Fichier  Edition  Format  Affichage  Aide
hello 0 fois
hello 1 fois
hello 2 fois
hello 3 fois
hello 4 fois
hello 5 fois
hello 6 fois
hello 7 fois
hello 8 fois
hello 9 fois
```

A retenir :

>>> **Exercice 280**

Que fait le code suivant

```
>>> f = open(r'C:\program\python\livre\fichier','w')

>>> for i in range(10):
```

```
f.write(f'5 * {i} = {5*i}\n')

>>> f.close()
```

Corrigé exercice 280

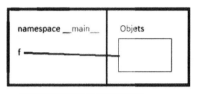

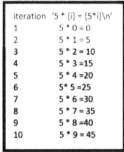

>>> 28.3.1. Copier un fichier
>>> Exercice 281

Soit le fichier.txt suivant

Hello world

Spam egg

Machine learning

1° Que fait le code suivant

```
>>> f = open(r'C:\program\python\livre\fich-
ier','r')

>>> for i in f :
```

assad patel

```
  print(i)
```

2° Que fait le code suivant

```
>>> f = open(r'C:\program\python\livre\fich-
ier','r')

>>> f2= open(r'C:\program\python\livre\fich-
ier2','w')

>>> for i in f:

  f2.write(i)
```

corrigé exercice 281

1° la variable f référence un objet itérable

```
>>> for i in f:

  print(i)

Hello world

Spam Egg

Machine Learning
```

On remarque qu'il considère chaque ligne comme un élément distinct.

iteration	print(i)
1	Hello world
2	Spam egg
3	Machine learning

2° On a

```
>>> f = open(r'C:\program\python\livre\fich-
ier','r')
```

```
>>> f2= open(r'C:\program\python\livre\fich-
ier2','w')

>>> for i in f:

  f2.write(i)

>>> f2.close()

>>> f2= open(r'C:\program\python\livre\fich-
ier2','r')

>>> for i in f2 :

  print(i)

Hello world

Spam Egg

Machine Learning
```

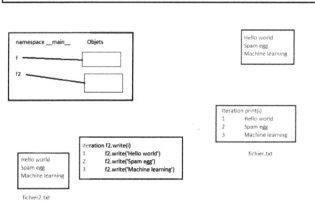

>>> 29.LES TUPLES ET AUTRES TECHNIQUES SUR SÉQUENCES

« n-uple, p-uple, t-uple » un cours de dénombrement

>>> 29.1.Notions de base

>>> Exercice 282

Que fait le code suivant

```
>>> t = (12345, 'python')
>>> liste = [12345, 'python']
>>> t[0]
>>> t[1]
>>> t[2]
```

```
>>> type(t)

>>> type(liste)

>>> liste[0] = 72

>>> liste

>>> t[0] = 72
```

Corrigé

Ici on fait la connaissance d'un nouvel objet python : le tuple. Il se note entre parenthèse et est très proche de l'objet liste, sauf que...

Il contient deux éléments, le nombre 12345 et la chaîne 'python'

```
>>> t = (12345, 'python')
```

Ici on a une liste normale de deux éléments qui sont les mêmes que notre tuple.

```
>>> liste = [12345, 'python']
```

On peut accéder à chaque élément de notre tuple

```
>>> t[0]
12345
>>> t[1]
'python'
>>> t[2]
```

```
IndexError : tuple out of range
```

Un message d'erreur indiquant que l'on a demandé un indice n'existant pas

On vérifie le type de notre tuple

```
>>> type(t)
<class 'tuple'>
```

On en profite pour vérifier notre liste

```
>>> type(liste)
<class 'list'>
```

Ici on va changer la valeur du premier élément de notre liste

```
>>> liste[0]= 72
>>> liste
[72, 'python']
```

On veut faire de même pour notre tuple ...

```
>>> t[0] = 72
TypeError : 'tuple' object doest not support item assignment
```

Un tuple ne peut se modifier : c'est un objet immuable.

A retenir :

On connaît trois objets dits de types séquentiels :

    1. Les chaînes de caractères : String

2. Les listes

3. Les tuples

Un tuple est un objet immuable

Les parenthèses sont optionnelles.

>>> Exercice 283

1° Créer un tuple avec trois éléments. Deux nombres et une chaîne

2° Que fait le code suivant

```
>>> t = ()
>>> t = (1)
>>> t1 = (1,)
>>> t2 = 1,
>>> type (t)
>>> type(t1)
>>> type(t2)
```

Corrigé exercice 283

1° On a par exemple

```
>>> t = (1,2,'trois')
```

2°

```
>>> t = ()
```

t est le tuple vide

```
>>> t = (1)
```

```
# t = (1)
# t = 1
```

la variable t contient l'entier 1

```
>>> t1 = (1,)
```

t1 est un tuple. La présence de la virgule permet de dire que t1 est un tuple alors que (1) veut dire que c'est une expression.

```
>>> t2 = 1,
```

t2 est un tuple. On peut omettre les parenthèses.

```
>>> type (t)
<class 'int'>
>>> type(t1)
<class 'tuple'>
>>> type(t2)
<class 'tuple'>
```

Comme prévu, t est bien de type int, tandis que t1 et t2 sont des tuples.

>>> 29.2.Tester l'appartenance d'un élément avec in

>>> Exercice 284

1° Soit le code suivant

```
>>> t = (1, 'python', 2, 3, 5.8)
```

```
>>> len(t)
```

a) Comment s'appelle l'objet t et combien a-t-il d'éléments ?

b) 1 est un élément de t ?

c) que fait le code suivant

```
>>> t = (1, 'python', 2, 3, 5.8)
>>> i=0
>>> while (i<len(t)):
  if (t[i] == 1):
    print('1 est un élément du tuple')
  else:
    print("1 n'est pas un élément du tuple")
  i=i+1
```

2° Que fait le code suivant

```
>>> t = (1, 'python', 2, 3, 5.8)
>>> 1 in t
>>> var = 'python'
>>> var in t
>>> 9 in t
```

3°

```
>>> chaine = 'hello python 3'
```

```
>>> 'hello' in chaine
>>> liste = [[1,1],2,3, 'python']
>>> 1 in liste
>>> [1,1] in liste
>>> 'python' in liste
>>> var = 3
>>> var in liste
```

Corrigé exercice 284

1° a) t est un tuple qui contient cinq éléments

```
>>> t = (1, 'python', 2, 3, 5.8)
>>> len(t)
5
```

b) 1 est bien un élément de ce tuple

c) on va créer un tuple de cinq éléments

iteration	if (t[i] == 1) :
1	True
2	False
3	False
4	False
5	False

1 est un élément du tuple

On remarque que le tuple partage avec les String et les listes l'indexation.

On a utilisé une boucle pour tester l'appartenance à l'objet tuple. Python propose une méthode plus simple.

2° Le tuple est mis dans la variable t.

```
>>> t = (1, 'python', 2, 3, 5.8)
>>> 1 in t
True
>>> var = 'python'
>>> var in t
# 'python' in t
# True
True
>>> 9 in t
False
```

Ici le mot-clé in permet d'économiser la variable i et la boucle while.

3° Voyons si cela marche avec les chaînes de caractère et la liste

```
>>> chaine = 'hello python '3'
>>> 'hello' in chaine
True
>>> liste = [[1,1],2,3, 'python']
```

```
>>> 1 in liste
False
>>> [1,1] in liste
True
>>> 'python' in liste
True
>>> var = 3
>>> var in liste
True
```

A retenir :

Pour une séquence (chaîne, liste, tuple) on peut utiliser nativement in :

```
>>> objet in séquence
```

Si l'objet est un élément de la séquence alors il renverra True sinon False.

>>> Exercice 285

1° Soit le code suivant

```
>>> t = 1, 2, 'spam', 'egg'
```

Faire une boucle permettant de tester si 'spam' appartient à ce tuple ?

2° Faire le même code avec le mot-clé in

Corrigé exercice 285

1° Boucle avec while

```
>>> i=0
>>> while(i<len(t)):
 if t[i] == 'spam':
   print('spam est un élément du tuple')
 else:
   print("spam n'est pas un élément du tuple")
```

Boucle for

```
>>> for i int t:
 if i == 'spam':
   print('spam est un élément du tuple')
```

2° On a

```
>>> 'spam' in t:
True
```

>>> 29.3.Le slicing [:]

« couper » un sabreur

>>> Exercice 286

```
>>> t = (1, 'deux', 3, 'quatre', 5)
>>> len(t)
>>> t[0:3]
```

```
>>> t[3:5]
>>> a = t[0:3]
>>> b = t[3:5]
```

Corrigé exercice 286

Le tuple contient 5 élément est est référencé par la variable t.

```
>>> len(t)
5
```

Ici on notre premier slicing, on demande l'affichage de t[0], t[1] et t[2] un peu comme si c'était l'intervalle [0;3[et 3 exclus.

```
>>> t [0:3]
(1, 'deux', 3)
```

De même on demande l'affichage de t[3] et t[4]

```
>>> t [3:5]
('quatre', 5)
```

A retenir :

Le slicing est une technique commune aux objets séquencables que sont

- String
- listes
- tuples

La notation [a:b] permet d'avoir les éléments

d'indice a à b-1

>>> Exercice 287

1° Que fait le code suivant

```
>>> t = (1, True, 'python')
>>> t[0:2]
>>> t[0:1]
```

2° Que fait le code suivant

```
>>> ch = 'HELLO PYTHON'
>>> liste = [1,2,3,4, 'cinq']
>>> ch[0:4]
>>> ch[5:6]
>>> liste[1:4]
```

Corrigé exercice 287

1° On a un tuple de trois éléments référencé par une variable t

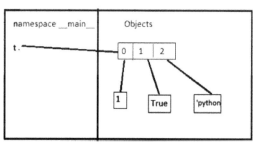

```
>>> t[0:2]
# (t[0],t[1])
```

```
# (1, True)
(1,True)
>>> t[0:1]
# (t[0])
# (1,)
(1,)
```

2°

On a un objet string 'HELLO PYTHON' référencé par la variable ch, de même une liste de cinq éléments référencé par la variable idoine liste.

```
>>> ch[0:4]
# 'ch[0]ch[1]ch[2]ch[3]'
# 'HELL'
'HELL'
>>> ch[5:6]
# ch[5]
# ''
''
```

```
>>> liste[1:4]

# [liste[1], liste[2], liste[3]]

# [1,2,3]

[1,2,3]
```

>>> 29.3.1.Encore du slicing [:]

« slice, slice » un sliceur

>>> Exercice 288

Que fait le code suivant

```
>>> t = (1, 'deux',3)

>>> a = t[0:2]

>>> a

>>> type(a)

>>> t[:3]

>>> t[0:]

>>> t[:]

>>> b = t[:]
```

Corrigé

On a un tuple de trois éléments référencé dans une variable t.

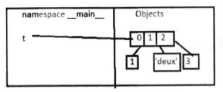

```
>>> a = t[0:2]

# a = t[0:2]

# a = (t[0], t[1])

# a = (1, 'deux')

>>> a

(1, 'deux')

>>> type(a)

<class 'tuple'>
```

On remarque que le slice a donné un nouvel objet : (1, 'deux') que l'on met dans une variable a.

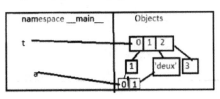

```
>>> t[:3]

# (t[0],t[1],t[2])

# (1, 'deux', 3)

(1, 'deux', 3)
```

La notation [: i] permet de slicer de l'indice 0 à l'indice i-1

```
>>> t[0:]
# (t[0],t[1],t[2])
# (1, 'deux', 3)
(1, 'deux', 3)
```

La notation [i :] permet de slicer de l'indice 0 jusqu'à la fin de la séquence (chaîne, liste et tuple et plus à venir)

```
>>> t [:]
(1, 'deux', 3)
```

La notation [:] permet de créer un nouvel objet tuple identique à l'original.

```
>>> b = t [:]
# b = (1, 'deux', 3)
>>> b
(1, 'deux', 3)
```

L'objet b est un tuple contenant les mêmes éléments que l'objet t. On peut le vérifier

```
>>> b == t
True
```

A retenir :

•[i :] permet d'afficher de l'indice i à la fin de la séquence

• [: i] permet d'afficher du début de la séquence (indice 0) jusqu'à l'indice i-1

• [:] permet de copier une nouvelle séquence intégralement

>>> **Exercice 289**

1° Que fait le code suivant

```
>>> chaine ='java, C et Python'
>>> liste = [2,3,5,7,11,13]
>>> tulipe = (1, 'deux', 3, True, False)
>>> chaine[1:4]
>>> liste[2:5]
>>> tulipe[1:3]
```

2° Copier les trois séquences dans trois variables c,l et t en utilisant le slice [:]

Corrigé

```
>>> chaine ='java, C et Python'
>>> liste = [2,3,5,7,11,13]
>>> tulipe = (1, 'deux', 3, True, False)
>>> chaine[1:4]
# chaine[1]+chaine[2]+chaine[3]
```

```
# a+v+a

'ava'

>>> liste[2:5]

# liste[2] + liste[3] + liste[4]

[5, 7, 11]

>>> tulipe[1:3]

# tulipe[1]+tulipe[2]

# (deux,) + (3,)

# (deux, 3)

(deux, 3)
```

2° On a

```
>>> c = chaine[:]

>>> l = liste[:]

>>> t = tulipe[:]
```

>>> Exercice 290

Que fait le code suivant

```
>>> p = (2,3,5,7,11,13,17)

>>> p[2:]

>>> p[:2]

>>> t = p[:]
```

Corrigé exercice 290

On a

```
>>> p = (2,3,5,7,11,13,17)
>>> p[2:]
# p[2]+ p[3] + p[4] + p[5] + p[6]
# (5,7,11,13,17)
(5,7,11,13,17)
>>> p[:2]
# p[0]+p[1]
# (2,3)
(2,3)
>>> t = p[:]
# t = (2,3,5,7,11,13,17)
>>> t
(2,3,5,7,11,13,17)
```

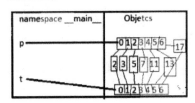

>>> 29.3.2.Slicing encore et indices négatifs
>>> **Exercice 291**

1° Soit le code suivant

```
>>> ch = 'kayak'
>>> len(ch)
5
```

a) Que fait le code suivant

```
>>> ch[0]
>>> ch[1]
>>> ch[2]
>>> ch[3]
>>> ch[4]
```

b) Que fait le code suivant

```
>>> ch[-5]
>>> ch[-4]
>>> ch[-3]
>>> ch[-2]
>>>ch[-1]
```

2° Que fait le code suivant

```
>>> ch[-5 :-1]
>>> ch[-4:]
>>> ch[-5:]
```

```
>>> ch[:-1]
>>> b = ch[:]
```

Corrigé

a) 'kayak' est un objet de type string de longueur 4 référencé par la variable ch, on connaît l'indexation de 0 à la fin de la chaîne mais il existe une indexation en notation négative

```
>>> ch[0]
'k'
>>> ch[1]
'a'
>>> ch[2]
'y'
>>> ch[3]
'a'
>>> ch[4]
'k'
```

b) Indexation négative

```
>>> ch[-5]
'k'
>>> ch[-4]
```

```
'a'

>>>ch[-3]

'y'

>>> ch[-2]

'a'

>>>ch[-1]

'k'
```

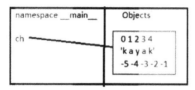

2° On a malgré la notation négative le sens de parcours va toujours de gauche à droite

```
>>> ch[-5 :-1]

# 'ch[-5]+ch[-4]+ch[-3]+ch[-2]'

# 'kaya'

'kaya'
```

de même on demande à parcourir la chaîne de -4 jusqu'à la fin

```
>>> ch[-4:]

# 'ch[-4]+ch[-3]+ch[-2]+ch[-1]'

# 'ayak'
```

```
'ayak'
```

cette fois-ci on parcourt la chaîne entièrement

```
>>> ch[-5:]
# 'ch[-5]+ch[-4]+ch[-3]+ch[-2]+ch[-1]'
# 'kayak'
kayak
```

on a

```
>>> ch[:-1]
# 'ch[-5]+ch[-4]+ch[-3]+ch[-2]'
# 'kaya'
```

On fait une copie de la chaîne qui donne un objet identique référencé par la variable b

```
>>> b = ch[:]
>>> b
'kayak'
```

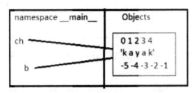

>>> Exercice 292

Que fait le code suivant

```
>>> ch = 'anticonstituionnellement'
```

```
>>> ch[-6 :-1]
>>> len(ch)
>>> ch[5:4]
>>> chc = ch[:]
>>> ch[0:]
>>> ch[-100]
```

Corrigé

```
>>> ch = 'anticonstitutionnellement'
>>> ch[-6 :-1]
'lemen'
>>> len(ch)
25
>>> ch[5:4]
''
>>> chc = ch[:]
# chc = 'anticonstitutionnellement'
>>> ch[0:]
# ch[0] + ch[1] + ... + ch[24]
# 'anticonstitutionnellement'
>>> ch[-100]
```

```
IndexError: string index out of range
```

Pour ch[5:4] comme la numérotation des indices ne suit pas l'ordre croissant rien ne s'affiche.

>>> 29.3.3.Slicing et pas [: :]

>>> exercice 293

Soit le code suivant

```
>>> ch = 'anticonstitutionnellement'

>>> len(ch)

25
```

1° a) Quel est le numéro du premier indice ? Le numéro du dernier ? (dans la notation positive)

b) Que fait le code suivant

```
>>> ch[0:25:1]

>>> ch[0:25:2]

>>> ch[::3]
```

2° Que fait le code suivant

```
>>> ch[-25 :-11:2]

>>> ch [:-1 : 1]

>>> ch [: :-1]

>>> ch [::-2]
```

corrigé

1° a) le premier indice de toute séquence est 0 et

ici le dernier indice est [len(ch)]-1 = 24

b)Le 1 représente le pas qui est par défaut

```
>>> ch [0:25:1]
# 'ch[0]+ch[1]+...+ch[24]'
# 'anticonstitutionnellement'
'anticonstitutionnellement'
```

Le 2 représente le pas on va donc sauter un caractère sur deux

```
>>> ch[0:25:2]
# 'ch[0]+ch[2]+ch[4]'+...+ch[24]'
# 'atcntttonleet'
'atcntttonleet'
```

On veut désormais parcourir toute la chaîne avec un pas de 3, schématiquement

'anticonstitutionnellement'

soit

```
>>> ch[::3]
# 'ch[0] + ch[3] + ch[6] + ... + ch[24]'
# 'ainitnlmt'
'ainitnlmt'
```

2°

Dans la notation négative le numéro de debut

d'indice est – len (ch) = -25 jusqu'à la fin qui vaut -1

On parcourt ici la chaîne du début jusqu'à l'indice -10 avec un pas de 2

```
>>> ch[-25 :-11:2]

# 'ch[-25] + ch[-23] + ... + ch[-13]'

# 'atnctt'

'atnctt'
```

On va parcourir toute la liste en excluant le dernier caractère d'indice -1

```
>>> ch [:-1 : 1]

# 'ch[-25] + ch[-24] + ... + ch[-2]'

# 'anticonstitutionnellemen'

'anticonstitutionnellemen'
```

On a un cas extrêmement intéressant car le pas est négatif, cette unique expression renvoie la séquence à l'envers

```
>>> ch [::-1]

'tnemellennoitutitsnocitna'
```

Tout pas négatif autre que -1 renvoie la chaîne vide

```
>>> ch[::-2]

''
```

A retenir :

• le premier indice d'un élément d'une séquence est 0 (notation positive)

• le dernier indice d'un élément d'une séquence est -1 (notation négative)

• [::-1] renvoie la séquence à l'envers

>>> Exercice 294

Que fait le code suivant

```
>>> ch = 'bibliotheque'
>>> ch[0]
>>> ch[-1]
>>> ch[::1]
>>> ch[::-1]
>>> ch[-1000:-1]
```

Corrigé

On a

```
>>> ch = 'bibliothèque'
>>> ch[0]
b
>>> ch[-1]
e
>>> ch[::1]
```

```
'bibliothèque'

>>> ch[::-1]

euqehtoilbib
```

>>> *29.3.3.1.Palindrome et slicing*

Dans la langue française un palindrome est un mot qui s'écrit de façon identique dans les deux sens de lecture

>>> **Exercice 295**

1° Avec un if

```
>>> a = 'bob'

>>> len(a)

>>> if (a[-1] == a[0]) :

  print(a, 'est un palindrome')

>>> b = 'kayak'

>>> if (b[-1] == b[0] and b[-2] == b[1])

  print(b, 'est un palindrome')
```

2° Avec le slice [: :-1]

```
>>> c = 'palindrome'

>>> d = c[::-1]

>>> if(d == c ) :

  print(c, 'est un palindrome')
```

```
>>> b ='kayak'
>>> f = b[::-1]
>>> if(b == f) :
    print(f, 'est un palindrome')
```

Corrigé exercice 295

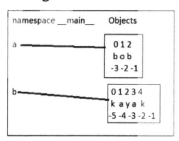

1°

```
>>> a= 'bob'
>>> len(a)
3
>>> if(a[-1] == a[0]) :
# if('b' == 'b')
# if(True)
# print(a, 'est un palindrome')
# print(bob 'est un palindrome')
# bob est un palindrome
bob est un palindrome
```

assad patel

```
>>> if(b[-1] == b[0] and b[-2] = b[1]):
# if('k' == 'k' and 'a' == 'a'):
# if(True and True):
# if True:
# print(b, 'est un palindrome')
# print('kayak', 'est un palindrome')
# 'kayak est un palindrome'
kayak est un palindrome
```

2°

```
>>> c = 'palindrome'
>>> d = c[::-1]
'emordnilap'
>>> if(d == c):
# if('palindrome' == 'emordnilap'):
# if(False):

>>> b ='kayak'
>>> f = b[::-1]
# f = b [::-1]
# f = 'kayak'
>>> if(b == f):
```

```
# if ('kayak' == 'kayak')

# if (True) :

# print (f, 'est un palindrome')

# print ('kayak', 'est un palindrome')

# print('kayak est un palindrome')
kayak est un palindrome
```

>>> Exercice 296

Soit le code suivant

```
>>> pal = 'esope reste ici et se repose'
```

Le contenu de la variable pal est-il un palin-drome ?

Corrigé exercice 296

On a

```
>>> pal[::-1]
esoper es te ici etser epose
```

c'est presque un palindrome, mais au niveau de Python non !

```
>>> ch = pal[::-1]

>>> ch == pal
False
```

>>> 29.4. Concaténation et

multiplications de séquences

>>> **Exercice 297**

1° Que fait le code suivant

```
>>> t = ('un', 2, 'trois')

>>> t1 = (4, 'cinq', True)

>>> t + t1

>>> otd = t + t1

>>> print(otd)
```

2° Que fait le code suivant

```
>>> tulipe = (True, False)

>>> tulipe * 3

>>> trois_tulipe = tulipe*3

>>> print(trois_tulipe)
```

Corrigé

1° On a un tuple de trois éléments référencé par une variable t de même que pour la variable t1

L'opérateur + concatène des tuples et plus généralement des séquences.

```
>>> t + t1

# ('un', 2, 'trois') + (4, 'cinq', True)

# ('un', 2, 'trois', 4, 'cinq', True)
```

```
>>> otd = t + t1

# otd = ('un', 2, 'trois', 4, 'cinq', True)

>>> print(otd)

('un', 2, 'trois', 4, 'cinq', True)
```

2°

L'opérateur * permet de multiplier des séquences

```
>>> tulipe * 3

# (True,False) * 3

# (True, False, True, False, True False)

>>> trois_tulipe = tulipe * 3

# trois_tulipe = (True, False) * 3

# trois_tulipe = (True, False, True, False, True False)

>>> print(trois_tulipe)

(True, False, True, False, True False)
```

A retenir :

Pour les séquences on a les deux opérateurs de concaténation

- +
- *

>>> Exercice 298

assad patel

Que fait le code suivant

1°

```
>>> ch = 'ABABABABAB'
>>> ch1 = 'C'
>>> ch + ch1
>>> 'AAA' * 3
```

2°

```
>>> li = [1,2,3]
>>> li2 = [4,5]
>>> li + li2
>>> li * 3 + li2 * 4
```

3° Que fait le code suivant

```
>>> tuple = ('rose', 'tulipe', False)
>>> tuple2 = ('Vrai', 'Java')
>>> tuple * 2 + tuple2 * 4
```

corrigé exercice 298

1°

```
>>> ch = 'ABABABABAB'
>>> ch1 = 'C'
>>> ch + ch1
# 'ABABABABAB' + 'C'
```

552

```
# 'ABABABABABC'
'ABABABABABC'
>>> 'AAA' * 3
'AAAAAAAAA'
```

2° On a

```
>>> li = [1,2,3]
>>> li2 = [4,5]
>>> li + li2
# [1,2,3] + [4,5]
# [1,2,3,4,5]
[1,2,3,4,5]
>>> li * 3 + li2 * 4
# [1,2,3] * 3 + [4,5] * 4
# [1,2,3,1,2,3,1,2,3] + [4,5,4,5,4,5,4,5]
# [1,2,3,1,2,3,1,2,3,4,5,4,5,4,5,4,5]
[1, 2, 3, 1, 2, 3, 1, 2, 3, 4, 5, 4, 5, 4, 5, 4, 5]
```

3° On a

```
>>> tuple = ('rose', 'tulipe', False)
>>> tuple2 = ('Vrai', 'Java')
>>> tuple * 2 + tuple2 * 4
```

```
# ('rose', 'tulipe', False) * 2 + ('Vrai', 'Java') * 4

# ('rose', 'tulipe', False, 'rose', 'tulipe', False) +
('Vrai', 'Java','Vrai', 'Java','Vrai', 'Java','Vrai', 'Java')

# ('rose', 'tulipe', False, 'rose', 'tulipe', False,
'Vrai', 'Java','Vrai', 'Java','Vrai', 'Java','Vrai', 'Java')

('rose', 'tulipe', False, 'rose', 'tulipe', False, 'Vrai',
'Java','Vrai', 'Java','Vrai', 'Java','Vrai', 'Java')
```

>>> 29.5.Tuple unpacking

>>> **Exercice 299**

1° Que fait le code suivant

```
>>> tuple = ('Hello World', 1, True)

>>> a,b,c = tuple

>>> a

>>> b

>>> c
```

2° Que fait le code suivant ?

```
>>> li = [1,2]

>>> a,b = li

>>> print(a,b)
```

Corrigé

1° On a un tuple de trois éléments référencé par

la variable nommée tuple

On a

```
>>> a,b,c = tuple
# a,b,c = ('Hello World', 1, True)
# a = 'Hello World'
# b = 1
# c = True
>>> a
'Hello World'
>>> b
1
>>> c
True
```

2°

On a une liste de deux éléments référencée par la variable li

On a

```
>>> a, b = li
# a, b = [1, 2]
# a = 1
# b = 2
```

```
>>> print(a, b)

# print(1,2)

1 2
```

A retenir

```
>>> var1, var2, ..., varN = (el1, el2, ...., elN)
```

On doit avoir autant de variable dans la partie gauche que d'éléments dans le tuple.

>>> Exercice 300

Que fait le code suivant

```
>>> a,b,c,d = (1,2,3,4)

>>> print(a,b,c,d)

>>> e,f = (1,)
```

Corrigé

```
>>> a,b,c,d = (1,2,3,4)

# a = 1

# b = 2

# c = 3

# d = 4

>>> print(a,b,c,d)

# print(1,2,3,4)

1 2 3 4
```

```
>>> e,f = (1,)

# e = 1

# f = ???
```

ValueError: not enough values to unpack (expected 2, got 1)

>>>29.5.1. Tuple unpacking : notation *
>>> Exercice 301

Que fait le code suivant

```
>>> tu = (1, 2, 'trois', 'quatre')

>>> x, *y = tu

>>> print(x,y)

>>> *c, d = tu

>>> print(c,d)
```

Corrigé

3° On a un tuple de quatre éléments référencé par la variable tu

```
>>> tu = (1, 2, 'trois', 'quatre')

>>> x, *y = tu

>>> x, *y = (1, 2, 'trois', 'quatre')

# x = 1

# y = [2, 'trois', 'quatre']

>>> print(x, y)
```

```
# print(1, [2, 'trois', 'quatre'])

1 [2, 'trois', 'quatre']
```

On notera que y est du type liste .

```
>>> *c, d = tu

>>> *c, d = (1,2,'trois', 'quatre')

# c = [1,2,'trois']

# d = 'quatre'

>>> print(c,d)

# print([1,2,'trois'],'quatre')

[1,2,'trois'] 'quatre'
```

>>> Exercice 302

Que fait le code suivant

```
>>> tuple = ('a','b','c',1,2,3,4,True,False,('tuple',
'tulipe'))

>>> x,y,z = tuple

>>> print(x,y,z)

>>> *k,j = tuple

>>> print(k)

>>> print(j)
```

Corrigé

On a

```
>>> tuple = ('a','b','c',1,2,3,4,True,False,('tuple',
'tulipe'))

>>> x,y,z = tuple

ValueError: too many values to unpack (ex-
pected 3)

>>> print(x,y,z)

NameError: name 'x' is not defined

>>> *k,j = tuple

# k = ('a','b','c',1,2,3,4,True,False)

# j = ('tuple', 'tulipe')

>>> print(k)

('a','b','c',1,2,3,4,True,False)

>>> print(j)

('tuple', 'tulipe')
```

>>> 29.6.Retour au For

>>> 29.6.1.La fonction range ( )
« range ( ) ta chambre » anon324

>>> Exercice 303

1° Que fait le code suivant

```
>>> a = [0,1,2,3,4,5,6,7,8,9]

>>> for i in a :
```

```
print(i+1, end = '')
```

2° Que fait le code suivant

```
>>> for i in range(10):

    b = i+1

    print(b, end = '')
```

Corrigé

Une liste de 10 éléments est référencée par une variable a.

La liste est un objet itérable on peut donc utiliser le for

```
>>> a = [0,1,2,3,4,5,6,7,8,9]

>>> for i in a:

    print(i+1, end = '')

1 2 3 4 5 6 7 8 9 10
```

iteration	print(i+1, end='')
1	1
2	2
3	3
3	4
4	5
5	6
6	7
7	8
8	9
9	10
10	11

2° La liste a= [0,1,2,3,4,5,6,7,8,9] est particulière c'est une liste qui ne contient que des nombres. La fonction range(10) renvoie un objet itérable de 10 éléments (de 0 à 10) fait exactement la même chose.

```
>>> for i in range(10) :
# for i in 0,1,2,3,4,6,7,8,9 :
1 2 3 4 5 6 7 8 9 10
```

A retenir :

- la boucle for s'applique aux objets itérables
- Les objets itérables vus jusqu'à présent sont
  - string
  - liste
  - tuple
  - fichier
  - range
- range (n) génère une liste de n valeurs qui vont de 0 à n-1

>>> **Exercice 304**

1° Que fait le code suivant

```
>>> for i in range(15) :
  print(i*2, end=' ')
>>> for in range(10) :
  print(i/10, end=' ')
```

2° Le mathématicien Carl Friedrich Gauss a selon la légende trouvé le moyen de calculer la somme de 0 à 100 à l'âge de 07 ans alors qu'il s'ennuyait à un cours sur Python2.

Que fait le code suivant

```
>>> b =0
>>> for i in range(101):
   b = b+i
>>> print(b)
```

Corrigé

1° On a

```
>>> for i in range(15):
   print(i*2, end='')
0 2 4 6 8 10 12 14 16 18 20 22 24 26 28
>>> for in range(10):
   print(i/10, end='')
0.0 0.1 0.2 0.3 0.4 0.5 0.6 0.7 0.8 0.9
```

2° On a

```
>>> b =0
>>> for i in range(101):
   b = b + i
# b = 0
# b = 1
```

```
# ...
# b = 5050
>>> print(b)
5050
```

>>> *29.6.1.1.Options de la fonction range( )*

>>> **Exercice 305**

1°Que fait le code suivant

```
>>> for i in range(10) :
    print(i, end = " )
```

2° Que fait le code suivant

```
>>> for i in range(2,8) :
    print(i, end = ")
```

Corrigé

1°

```
>>> for i in range(10):
# for i in range 0,1,2,3,4,5,6,7,8,9
                print(i)
0 1 2 3 4 5 6 7 8 9
```

2°

```
>>> for i in range(2,8) :
# for i in 2,3,4,5,6,7
```

```
print(i, end = '')
```

```
2 3 4 5 6 7
```

>>> Exercice 306

1°Que fait le code suivant

```
>>> a= ['un', 'deux', 3]

>>> i =0

>>> while (i < len(a)):

  print(i, a[i])

  i = i + 1
```

2° a)Que fait le code suivant

```
>>> for i in a :

  print(i, a[i])
```

b) que fait le code suivant

```
>>> for i in (range(len(a)) :

  print(i, a[i])
```

corrigé exercice 306

1°

```
>>> a= ['un', 'deux', 3]

>>> i =0

>>> while (i < len(a)) :

  print(i, a[i])
```

```
i = i + 1
0 un
1 deux
2 3
```

2° a)

```
>>> for i in a :
# i = 'un'
# print('un',a['un'])
TypeError: list indices must be integers or slices, not str
```

b) On contourne le problème des indices

```
>>> for i in (range(len(a)) :
# for i in range(2) :
# for i in 0,1,2 :
  print(i, a[i])
0 un
1 deux
2 3
```

A retenir :

Pour itérer sur une séquence.

```
>>> for i in range(len(sequence)) :
```

```
block
```

>>> 29.6.2.Compréhension de listes et for

>>> **Exercice 307**

1° Que fait le code suivant

```
>>> for i in range(11):

  print(i, "fois 7 = ", i*7)
```

2° Que fait le code suivant

```
>>> a = [print(i, "fois 7 = ", i*7) for i in range(11)]
```

Corrigé exercice 307

1° On va itérer de 0 à 10 et afficher la table de multiplication de 7

iteration	print(i,"fois 7", i*7)
1	0 fois 7 = 0
2	1 fois 7 = 7
3	2 fois 7 = 14
4	3 fois 7 = 21
5	4 fois 7 = 28
6	5 fois 7 = 35
7	6 fois 7 = 42
8	7 fois 7 = 49
9	8 fois 7 = 56
10	9 fois 7 = 63
11	10 fois 7 = 70

2° On a une compréhension de liste qui fait exactement le même code que précédemment.

On remarque que notre code tient sur une ligne et qu'il se trouve dans une liste référencée par la variable a.

a sera à la fin une liste de 11 éléments initialisés à None (valeur par défaut)

```
>>> a = [print(i, "fois 7 = ", i*7) for i in range(11)]

0 fois 7 = 0

1 fois 7 = 7

2 fois 7 = 14

3 fois 7 = 21

4 fois 7 = 28

5 fois 7 = 35

6 fois 7 = 42

7 fois 7 = 49

8 fois 7 = 56

9 fois 7 = 63

10 fois 7 = 70

>>> a

[None, None, None, None, None, None, None,
None, None, None, None]
```

A retenir

Le modèle générique d'une compréhension de liste est

```
>>> [ expression boucle_for ]
```

>>> Exercice 308 (étoiles)

1° On veut afficher un rectangle de 4 lignes de 5

assad patel

étoiles

```
*****

*****

*****

*****
```

En utilisant la boucle for cette fois

2° Complétez le code suivant pour afficher 3 lignes

```
>>> nombre_lignes = int(input('combien de lignes ?'))

>>> for i in range (nombre_lignes) :

    print('*****')
```

3° On va définir une fonction d'affichage de 5 étoiles ***** prenant un argument qui est le nombre de ligne

affichage_etoile5 (nombre_lignes)

a) Exemple d'utilisation de la fonction pour l'argument valant 4

```
>>> affichage_etoile5 (4)

*****

*****

*****
```

```
*****
```

Qu'affichera

```
>>> affichage_etoile5 (7)
```

b) Complétez le code suivant

```
>>> def affichage_etoile5( ) :

  for i in range( ) :

    print('*****')
```

4° Que fait le code suivant

```
>>> a = [print('*' * 5) for i in range(5)]
```

Corrigé exercice 308

1° On a

```
>>> for i in range(3) :

  print('*****')

*****

*****

*****

*****
```

2° on a

```
>>> nombre_lignes = int(input('combien de
lignes ? '))

combien de lignes ? 3
```

```
>>> for i in range (3):
    print("*****")
*****
*****
*****
```

3° a) ce serait un appel de la fonction affichage_etoile5 qui prend en argument le nombre 5 et afficherait 7 lignes de 5 étoiles

```
>>> affichage_etoile5(7)
```

b)

```
>>> def affichage_etoile5(n):
    for i in range(n):
        print("*****")
```

4° On a

```
>>> a = [print("*" * 5) for i in range(5)]
# a = for i in range(5):
    print("*" * 5)
*****
*****
*****
*****
```

```
*****
```

>>> Exercice 309

1° Que fait le code suivant

```
>>> print('*' * 5)
```

2° Soit le code suivant

```
>>> def affichage_etoile (lignes, etoiles) :

  for i in range (lignes) :

    print('*' * etoiles)
```

a) la fonction affichage_etoile a deux arguments ? VRAI   FAUX

b) Que fait le code suivant

```
>>> affichage_etoile(4,5)

>>> affichage_etoile(1,10)
```

3° Que fait le code suivant

```
>>> def affichage_etoile (lignes, etoiles) :

  return [print('*' * etoiles) for i in range (lignes) ]
```

Corrigé

1° On a

```
>>> print('*' * 5)

# print('*****')

*****
```

2°a) Vrai c'est une fonction qui prend deux arguments qui sont lignes et etoiles

On a

```
>>> affichage_etoile(4,5)

*****

*****

*****

*****

>>> affichage_etoile(1,10)

**********
```

3° Ce code fait exactement la même chose que le précédent sauf que

la fonction a un return et l'expression de ce return est une compréhension de liste

```
print("*" * etoiles) for i in range (lignes)
```

>>> *29.6.2.1.Compréhension de liste avec un if*
>>> Exercice 310

1° Que fait le code suivant

```
>>> for i in range(10):

   if(i % 2 == 0):

     print(i)
```

2° Que fait le code suivant

```
>>> a = [print(i) for i in range(10) if i%2 == 0]
```

Corrigé

1° Ce code va afficher les nombres pairs inférieurs à 10

```
>>> for i in range(10):
  if (i % 2 == 0):
    print(i, end =")
0 2 4 6 8
```

2° On a une compréhension de liste avec une expression : print(i), la boucle for et l'ajout d'une condition : le if

```
>>> a = [print(i) for i in range(10) if i % 2 == 0]
0
2
4
6
8
```

A retenir

L'autre forme générique de compréhension de liste est la suivante

```
[ expression boucle_for test_if ]
```

>>> Exercice 311

assad patel

1° Que fait le code suivant

```
>>> ch = 'anticonstitutionnellement'
>>> for i in ch:
  if(i in ['a','e','i','o','u']):
    print(i)
```

2° Que fait le code suivant

```
>>> ch = 'anticonstitutionnellement'
>>> a = [print(i, end = ' ') for i in ch if (i in ['a','e','i','o','u'])]
```

corrigé exercice 311

1°On a

```
>>> ch = 'anticonstitutionnellement'
>>> for i in ch:
  if(i in ['a','e','i','o','u']):
    print(i, end = ' ')
a i o i u i o e e e
```

2° On a la même structure que le code précédent mais en version compréhension de liste

```
>>> ch = 'anticonstitutionnellement'
>>> a = [print(i, end = ' ') for i in ch if (i in ['a','e','i','o','u'])]
a i o i u i o e e e
```

>>> Exercice 312

```
*

**

***

****

*****
```

' une pyramide'

1° Que fait le code suivant

```
>>> nombre_ligne = int (input( 'nombre de
lignes ?'))
'nombre de lignes ?' 5
>>> i =0
>>> while (i< nombre_ligne):
  netoiles = 5
  j=0
  while (j< netoiles):
    print('*', end=")
    j= j + 1
  print()
  i= i +1
```

2° Que fait le code suivant

```
>>> i=0
>>> while(i<5):
  print('*'*i)
  i=i+1
```

3° Que fait le code suivant

```
>>> for i in range(5):
  print('*'*i)
```

4° Que fait le code suivant

```
>>> a = [print('*'*i) for i in range(5)]
```

5° Que fait le code suivant

```
>>> def etoiles(n):
  return [print('*'*i) for i in range(n)]
>>> etoiles(5)
```

Corrigé exercice 312

1° On a

```
>>> nombre_ligne = int (input( 'nombre de
lignes ?'))
'nombre de lignes ?' 5
>>> i =0
>>> while (i< nombre_ligne):
  netoiles = 5
```

```
j=0
while (j< netoiles):
  print('*', end=")
  j= j + 1
 print()
 i= i +1
*****
*****
****
*****
*****
```

Ce code affiche 5 lignes de 5 étoiles.

2° On a

```
>>> i=0
>>> while(i<5):
  print('*'*i)
  i=i+1
*
**
***
```

```
****
```

3° On a

```
>>> for i in range(5):
  print('*'*i)

*

**

***

****
```

4° On a le même code que précédemment mais en version compréhension de listes

```
>>> a = [print('*'*i) for i in range(5)]

*

**

***

****
```

5° On a le même code que la compréhension de listes précédente mais étant

```
>>> def etoiles (n):
  return [print('*'*i) for i in range(n) ]
>>> etoiles(5)
# return [print('*'*i) for i in range(5) ]
```

```
*
**
***
****
[None, None, None, None, None]
```

>>> Exercice 313

1° Le but est de donner l'ensemble des multiples de 11 inférieurs à 100

a) Comment écrire avec l'opérateur modulo qu'un nombre est multiple de 11?

b) Que fait le code suivant

```
>>> i = 0
>>> while(i < 101):
  if(i % 11 == 0):
    print(i, end = '')
  i = i + 1
```

2° Que fait le code suivant

a) Que fait le code suivant

```
>>> for i in range(1,10):
  print(i, end = '')
```

b) que fait le code suivant

```
>>> a = [print(i, end ='') for i in range(1,101) if
```

```
(i % 11 == 0 )]
```

Corrigé exercice 313

1° a) On a (i étant une variable référençant un entier positif)

```
>>> i % 11 == 0
True
```

i est un multiple de 11

b) On a

```
>>> while(i<101):
  if(i%11==0):
    print(i, end ='')
  i=i+1
0 11 22 33 44 55 66 77 88 99
```

2° On a range(1,10) permet de commencer la
numérotation à 1 pour finir à 9

```
>>> for i in range(1,10):
  print(i, end ='')
1 2 3 4 5 6 7 8 9
```

b) On a notre compréhension de listes

```
>>> a = [print(i, end ='') for i in range(1,101) if
(i % 11 == 0 )]
0 11 22 33 44 55 66 77 88 99
```

>>> Exercice 314 (Affichage de listes et sous-listes)

1° On veut afficher les éléments de la lise

```
>>> a = [[1,2,3],[4,5,6],[7,8,9]]
>>> for i in a :
    i
>>> b = [i for i in a ]
>>> def element_liste (l) :
    return [i for in l]
```

2° On désire afficher les éléments de chaque sous-liste, que fait le code suivant

```
>>> for i in a :
    for j in i :
        j
>>> c = [j for i in a for j in i]
>>> def sous_liste(l) :
    return [j for in a for j in i]
```

Corrigé exercice 314

1° On a une liste de 3 éléments contenant 3 sous-listes également de trois éléments référencée par la variable a.

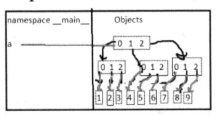

On va afficher les trois éléments de la liste

```
>>> for i in a:
    i
[1, 2, 3]
[4, 5, 6]
[7, 8, 9]
```

iteration	i
1	[1,2,3]
2	[4,5,6]
3	[7,8,9]

Le même code que précédemment mais écrit sous forme de compréhension de liste

```
>>> b = [i for i in a]
>>> b
[[1,2,3], [4,5,6], [7,8,9]]
```

La variable b référence une liste de trois éléments

On va définir une fonction ayant pour nom element_liste et prenant un seul argument que l'on nomme l et retourne l'affichage de chaque élément d'une liste

```
>>> def element_liste (l):
   return [i for in l]
>>> element_liste(a)
[[1,2,3], [4,5,6], [7,8,9]]
>>> element_liste(b)
[[1,2,3], [4,5,6], [7,8,9]]
```

2° Pour afficher les éléments de chaque sous-liste on doit rajouter un for supplémentaire.

```
>>> for i in a:
   for j in i:
      j
1
2
3
4
5
6
7
8
```

9

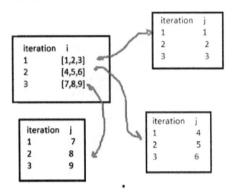

Le même code que précédemment mais façon compréhension de liste avec l'instruction au début : j puis la boucle for sur l'objet iterable (la liste [[1,2,3],[4,5,6],[7,8,9]]) que parcourt i qui devient à son tour un objet itérable (les sous-listes) parcouru par j cette fois-ci. (ouf!)

```
>>> c = [j for i in a for j in i]
[1, 2, 3, 4, 5, 6, 7, 8, 9]
```

Une remarque très importante, en utilisant la forme compréhension de liste simple on a créer une liste qui contient tous les éléments et sous-éléments de a.

On en profite pour créer une fonction de nom sous_liste ayant un seul argument l qui va retourner une liste

```
>>> def sous_liste(l):

  return [j for in a for j in i]
```

```
>>> sous_liste(a)
[1, 2, 3, 4, 5, 6, 7, 8, 9]
```

A retenir :

On a la forme générique de compréhension de listes de deux for suivante :

```
[ expression boucle_for_i boucle_for_j]
```

équivalente a

```
>>> for i in objet :
  for j in i :
    expression
```

Attention : dans ce cas les éléments de i doivent êtres des objets itérables (sous-listes par exemple)

>>> Exercice 315

1° a) Que fait le code suivant

```
>>> for a in ['Hello', 'salut']:
  for b in ['world', 'bonjour']:
    a+b
```

b) Ecrire le même code sous une forme de compréhension de listes

2° a) Que fait le code suivant

```
>>> for a in [[1,2,3],[4,5,6]] :
  for b in [1,2,3]:
```

```
a*b
```

b) Ecrire sous forme de compréhension listes le code précédent

Corrigé

1° On a la boucle for qui s'applique sur un objet itérable qui est la liste

```
>>> for a in ['Hello', 'salut']:
  for b in ['world', 'bonjour']:
    a+b
'Helloworld'
'Hellobonjour'
'salutworld'
'salutbonjour'
```

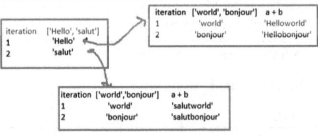

b) On a

```
>>> [a+b for a in ['Hello', 'salut'] for b in ['world','bonjour']]
['Helloworld', 'Hellobonjour', 'salutworld', 'sa-
```

lutbonjour']

2°a) On a : a est un objet itérable (c'est une liste) et ses éléments (les sous-listes) sont également des objets itérables

```
>>> for a in [[1,2,3],[4,5,6]]:
  for b in [1,2,3]:
    a*b
[1, 2, 3]
[1, 2, 3, 1, 2, 3]
[1, 2, 3, 1, 2, 3, 1, 2, 3]
[4, 5, 6]
[4, 5, 6, 4, 5, 6]
[4, 5, 6, 4, 5, 6, 4, 5, 6]
```

b) On a

```
>>> a = [a * b for a in [[1,2,3],[4,5,6]] for b in [1,2,3]]
>>> a
[[1, 2, 3], [1, 2, 3, 1, 2, 3], [1, 2, 3, 1, 2, 3, 1, 2, 3], [4, 5, 6], [4, 5, 6, 4, 5, 6], [4, 5, 6, 4, 5, 6, 4, 5, 6]]
```

>>> Exercice 316

La doc Python pour la méthode isupper( )

Return true if all cased characters in the string

are uppercase and there is at least one cased character, false otherwise.

1° Que fait le code suivant

```
>>> phrase = 'Une Integrale de Comics'
>>> 'U'.isupper()
>>> 'n'.isupper()
>>> 'hello'.isupper()
>>> 'HELLO'.isupper()
>>> phrase.isupper()
```

2° Que fait le code suivant

```
>>> a = [ i for i in phrase if i.isupper() ]
```

a) Quelle est l'expression ?

b) phrase est-elle un objet itérable ?

c) Quelle est la condition ?

d) Que produit ce code ?

Corrigé exercice 316

1° La méthode isupper() renvoie True si tous les mots sont en majuscules

```
>>> phrase = 'Une Integrale de Comics'
>>> 'U'.isupper()
True
>>> 'n'.isupper()
```

```
False

>>> 'hello'.isupper()

False

>>> 'HELLO'.isupper()

True

>>> phrase.isupper()

# 'Une Integrale de Comics'.isupper()

# False

False
```

2°

a) Quelle est l'expression ?

L'expression dans cette compréhension de listes est tout simplement i

```
>>> a = [ i for i in phrase if i.isupper() ]
```

b) phrase est-elle un objet itérable ?

Phrase est un objet de type string donc itérable.

c) Quelle est la condition ?

La condition est isupper( ) à chaque lettre sera testée si elle est en majuscule ou non

d) Que produit ce code ?

```
>>> a = [ i for i in phrase if i.isupper() ]

>>> a
```

['U', 'I', 'C']

>>> **Exercice 317 (doc Python)**

1° a) Que fait le code suivant

```
>>> liste = []
>>> liste.append((1,2))
>>> liste.append((3,4))
```

b) Que fait le code suivant

```
>>> liste = []
>>> for a in [1,2,3]:
   for b in [4,5,6]:
      liste.append((a,b))
```

c) Que fait le code suivant

```
>>> d = [(a,b) for a in [1,2,3] for b in [4,5,6]]
```

2° Que fait le code suivant

```
>>> a = [ (x,y) for x in [1,2,3] for y in [4,5,6] if x!=y]
```

Corrigé exercice 317

1° a)

```
>>> liste = []
>>> liste.append((1,2))
[(1, 2)]
```

```
>>> liste.append((3,4))
[(1, 2), (3, 4)]
```

b)

```
>>> liste = []
>>> for a in [1,2,3]:
  for b in [4,5,6]:
    liste.append((a,b))
>>> liste
[(1, 4), (1, 5), (1, 6), (2, 4), (2, 5), (2, 6), (3, 4), (3, 5), (3, 6)]
```

c)

```
>>> d = [(a,b) for a in [1,2,3] for b in [4,5,6]]
>>> d
[(1, 4), (1, 5), (1, 6), (2, 4), (2, 5), (2, 6), (3, 4), (3, 5), (3, 6)]
```

2° On a

```
>>> a = [ (x,y) for x in [1,2,3] for y in [4,5,6] if x!=y]
>>> a
[(1, 4), (1, 5), (1, 6), (2, 4), (2, 5), (2, 6), (3, 4), (3, 5), (3, 6)]
```

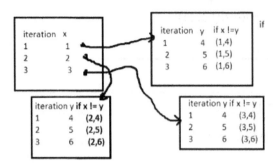

>>> 29.6.3.L'instruction break
« heartbreak » chanson

>>> **Exercice 317**

1° a) Que fait le code suivant

```
>>> bool1 = True
>>> while(bool1):
  nombre_entre = 41
  if nombre_entre == 42 :
    bool1 = False
```

b)

```
>>> bool1 = True
>>> while(bool1):
  nombre_entre = 42
  if nombre_entre == 42 :
    bool1 = False
```

2° Que fait le code suivant

```
>>> bool1 = True

>>> while (bool1) :

  nombre_entre = 41

  if nombre_entre == 42 :

    bool1 = False

  break
```

Corrigé

1° a) On a une boucle while qui contient dans son block l'instruction permettant d'en sortir à savoir bool1 = False . Mais cette instruction ne sera jamais atteinte et la boucle se répétera une infinité de fois.

```
>>> bool1 = True

>>> while(bool1) :

# while(True) :

# nombre_entre = 41

# if nombre_entre == 42 :

# if 41 == 42 :

# if False :

# while(True) :

# while (True) :
```

```
# ...
```

b)

```
>>> bool1 = True

>>> while(bool1):

# while(True):

# nombre_entre = 42

# if nombre_entre == 42:

# if 42 == 42:

# if True:

# bool1 = False

# while(False):

# Fin de la boucle
```

2° Ici l'instruction break va provoquer la sortie de la boucle malgré que la variable bool1 soit restée à True

```
>>> bool1 = True

>>> while (bool1):

  nombre_entre = 41

  if nombre_entre == 42:

    bool1 = False

  break
```

A retenir :

Pour sortir d'une boucle while on a la structure suivante

```
>>> while (True)
    block
    break (sortie de la boucle)
```

>>> **Exercice 318**

Que fait le code suivant

```
>>> print('choisissez le menu :')
>>> print('1.Pizza')
>>> print('2.Hamburger')
>>> while (True):
    choix = int(input('quel est votre choix ?'))
    if (choix == 1 or choix == 2):
        print('commande en préparation')
        break
    else :
        print('Il faut taper 1 ou 2')
```

Corrigé exercice 318

```
>>> print('choisissez le menu :')
choisissez le menu :
>>> print('1.Pizza')
1.Pizza
>>> print('2.Hamburger')
2.Hamburger
    while (True) :
    choix = int(input('quel est votre choix ?'))
    if (choix == 1 or choix == 2) :
        print('commande en préparation')
        break
    else :
        print('Il faut taper 1 ou 2')

quel est votre choix ? 3
Il faut taper 1 ou 2
quel est votre choix ?5
Il faut taper 1 ou 2
quel est votre choix ?10
Il faut taper 1 ou 2
quel est votre choix ?1
commande en préparation
>>>
```

>>> 29.6.4.Boucle for et indices de liste
>>> **Exercice 319**

1° Que fait le code suivant

```
>>> a = [1, 2, 3]
>>> for i in a :
    print(a[i])
```

2° a) Que fait le code suivant

```
>>> range(len(a))
```

b) Que fait le code suivant

```
>>> for i in range(len(a)) :
    print(a[i])
```

Corrigé

1°

```
>>> a = [1, 2, 3]
>>> for i in a :
  print(a[i])
2
3
IndexError: list index out of range
```

2° a)

```
>>> range(len(a))
# range(3)
range(0,3)
```

b)

```
>>> for i in range(len(a)) :
  print(a[i])
1
2
3
```

```
iteration  i    print(a[i])
1          0    1
2          1    2
3          2    3
```

>>> Exercice 320

1° Que fait le code suivant

```
>>> l = [[0,1], 1, 2]
>>> for i in l :
    for j in i :
        j
```

2° Que fait le code suivant

```
>>> l = [[0,1], 1, 2]
>>> for i in l :
    for j in (range(len(i)) :
        j
```

corrigé

On a

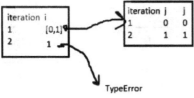

TypeError

2° On a

```
>>> for i in 1:
        for j in range(len(i)):
            j


0
1
Traceback (most recent call last):
  File "<pyshell#68>", line 2, in <module>
    for j in range(len(i)):
TypeError: object of type 'int' has no len()
```

>>>30.LES DICTIONNAIRES ET ENSEMBLES

« un dictionnaire est une table de hash » un dealer

>>> 30.1.1.Le couple (clé,valeur)

>>> **Exercice 321**

Que fait le code suivant

```
>>> dico = {}

>>> type(dico)

>>> bande_dessinee = { 'iron man' : 'marvel', 'tintin' : 'franco belge' : 'one piece' : 'manga'}

>>> type(bande_dessinee)

>>> bande_dessinee['iron man']

>>> bande_dessinee['tintin']
```

```
>>> bande_dessinee['one piece']
```

Corrigé

On initialise un dictionnaire vide avec des accolades

```
>>> dico = {}
>>> type(dico)
```

On crée ici un dictionnaire référencé par la variable bande_dessinee. On a trois couples clé : valeur ici.

Les trois clés sont : 'iron man', 'tintin' et 'one piece'

```
>>> bande_dessinee = { 'iron man' : 'marvel',
'tintin' : 'franco belge' : 'one piece' : 'manga'}
```

On peut accéder à chaque valeur en spécifiant la clé

```
>>> bande_dessinee['iron man']
'marvel'
>>> bande_dessinee['tintin']
'franco belge'
>>> bande_dessinee['one piece']
'manga'
```

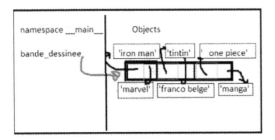

A retenir

La forme générale d'un dictionnaire est la suivante

```
>>> dico = { clé1 : valeur1 , clé2 : valeur2 , clé3 :
valeur3 }
```

et

```
>>> dico[clé]

valeur
```

>>> Exercice 322

1° Créez un dictionnaire avec les couples clé valeur suivantes :

```
cle1 : 1200, cle2 : 2430 et cle3 : 5463
```

2° Que fait le code suivant

```
>>> agenda = { 'nom' : 'derp' , 'prenom' : 'rederp',
'adresse' : '4 rue du Port', 'numero' : 123456 }

>>> agenda[nom]

>>> agenda[numero]
```

Corrigé

1° On a

```
>>> dico = { 'cle1' : 1200 , 'cle2' : 2430 , 'cle3' :
5463 }
```

2° On a

```
>>> agenda = { 'nom' : 'derp' , 'prenom' : 'rederp',
'adresse' : '4 rue du Port', 'numero' : 123456 }

>>> agenda[nom]

'derp'

>>> agenda[numero]

123456
```

>>> 30.1.2. Techniques sur les dictionnaires

>>> **Exercice 323**

Que fait le code suivant

```
>>> agenda = { 'nom' : 'derp' , 'prenom' : 'rederp',
'adresse' : '4 rue du Port', 'numero' : 123456 }

>>> agenda['prenom'] = 'Python3'

>>> agenda['numero'] = 11110001001000000

>>> agenda['travail'] = 'controleur'

>>> agenda
```

Corrigé

La variable agenda référence l'objet dictionnaire

On a

```
>>> agenda['prenom'] = 'Python3'

# agenda = { 'nom' : 'derp' , 'prenom' : 'rederp',
'adresse' : '4 rue du Port', 'numero' : 123456 }

# agenda = { 'nom' : 'derp' , 'prenom' : 'Python3',
'adresse' : '4 rue du Port', 'numero' : 123456 }

>>> agenda['numero'] = 11110001001000000

# agenda = { 'nom' : 'derp' , 'prenom' : 'Py-
thon3', 'adresse' : '4 rue du Port', 'numero' :
11110001001000000}

>>> agenda['travail'] = 'controleur'

# agenda = { 'nom' : 'derp' , 'prenom' : 'Py-
thon3', 'adresse' : '4 rue du Port', 'numero' :
11110001001000000,'travail' = 'controleur' }

>>> agenda

{ 'nom' : 'derp' , 'prenom' : 'Py-
thon3', 'adresse' : '4 rue du Port', 'numero' :
11110001001000000,'travail' = 'controleur' }
```

A retenir :

- Un dictionnaire est un objet itérable.
- Il est mutable
- On peut rajouter un couple (clé, valeur) de la façon suivante

```
>>> dico [clé] = valeur
```

>>> *30.1.2.1.La fonction del ()*

>>> **Exercice 324**

1° Que fait le code suivant

```
>>> agenda = { 'nom' : 'derp' , 'prenom' : 'rederp',
'adresse' : '4 rue du Port', 'numero' : 123456 }

>>> del agenda['nom']

>>> del agenda['adresse']

>>> agenda
```

2° Que fait le code suivant

```
>>> liste = [1,2,3,4,5]

>>> del(liste[3])

>>> del(liste[2])

>>> liste
```

Corrigé

1°

```
>>> agenda = { 'nom' : 'derp' , 'prenom' : 'rederp',
'adresse' : '4 rue du Port', 'numero' : 123456 }

>>> del agenda['nom']

# agenda = { 'nom' : 'derp' , 'prenom' : 'rederp',
'adresse' : '4 rue du Port', 'numero' : 123456 }

# agenda = { 'prenom' : 'rederp', 'adresse' : '4 rue
du Port', 'numero' : 123456 }

>>> del agenda['adresse']
```

```
# agenda = { 'prenom' : 'rederp', 'adresse' : '4 rue
du Port', 'numero' : 123456 }

# agenda = { 'prenom' : 'rederp', 'numero' :
123456 }

>>> agenda

{ 'prenom' : 'rederp', 'numero' : 123456 }
```

2°

```
>>> liste = [1,2,3,4,5]

>>> del(liste[3])

#del([1,2,3,4,5])

# [1,2,3,5]

>>> del(liste[2])

#del([1,2,3,5])

#[1,2,5]

>>> liste

[1,2,5]
```

A retenir

La fonction del( ) permet de supprimer

- des éléments d'une liste del(liste[i])
- des items d'un dictionnaire del dico[clé]

>>> *30.1.2.2.Les méthodes keys, value et items*

>>> Exercice 325

Que fait le code suivant

```
>>> agenda = { 'nom' : 'derp' , 'prenom' : 'rederp',
'adresse' : '4 rue du Port', 'numero' : 123456 }

>>> agenda.keys()

>>> agenda.values()

>>> agenda.items()
```

Corrigé

On a

```
>>> agenda = { 'nom' : 'derp' , 'prenom' : 'rederp',
'adresse' : '4 rue du Port', 'numero' : 123456 }

>>> agenda.keys()

dict_keys(['nom', 'prenom', 'adresse', 'numero'])

>>> agenda.values()

dict_values(['derp', 'rederp', '4 rue du Port',
123456])

>>> agenda.items()

dict_items([('nom', 'derp'), ('prenom', 'rederp'),
('adresse', '4 rue du Port'), ('numero', 123456)])
```

>>> *30.1.2.3.Boucle for et dictionnaire*

>>> Exercice 326

Que fait le code suivant

```
>>> agenda = { 'nom' : 'derp' , 'prenom' : 'rederp',
'adresse' : '4 rue du Port', 'numero' : 123456 }

>>> for i in agenda :

  print(i)
```

Corrigé

La boucle for va itéré sur les clés du dictionnaire référencé par la variable agenda.

La variable i sera itérée sur chaque clé

```
>>> agenda = { 'nom' : 'derp' , 'prenom' : 'rederp',
'adresse' : '4 rue du Port', 'numero' : 123456 }

>>> for i in agenda :

  print(i)

nom

prenom

adresse

numero
```

>>> 30.1.2.1.L'iterator dict( )

>>> Exercice 327

Que fait le code suivant

```
>>> a = [ ('un', 1), ('deux', 2), ('trois', 3) ]

>>> dico = dict(a)

>>> dico
```

corrigé exercice 327

On a une variable a qui référence une liste. Celle-ci a trois éléments qui sont des tuples

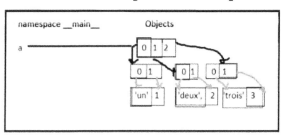

```
>>> dico = dict([('un', 1), ('deux', 2), ('trois', 3)]
# dico = {'un': 1, 'deux': 2, 'trois': 3}
>>> dico
{'un': 1, 'deux': 2, 'trois': 3}
```

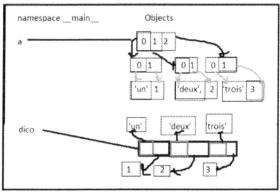

>>> 30.2.Les ensembles

« ensemble on peut le faire » un politicien

>>> 30.2.1.Manipulations de base

>>> **Exercice 328**

Que fait le code suivant

```
>>> ensemble_vide = {}

>>> type(ensemble)

>>> ensemble = {'A', 'B', 'C'}

>>> len(ensemble)

>>> 'A' in ensemble
```

Corrigé

```
>>> ensemble_vide = {}

>>> ensemble_vide
{}
```

On va créer un ensemble à trois éléments 'A', 'B' et 'C' qui est référencée par la variable ensemble

La fonction builtin len donne le nombre d'éléments de cet ensemble

```
>>> len(ensemble)
3
```

On va voir si le test d'appartenance fonctionne

```
>>> 'A' in ensemble
True
```

Il n'y a pas d'indices dans un set

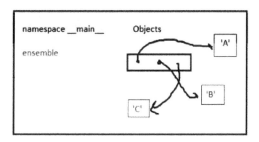

>>> **Exercice 329**

Que fait le code suivant

```
>>> taxes = { 'IR' , 'tva', 'IS'}
```

1° Que référence la variable taxes ?

2° Que fait le code suivant

```
>>> print(taxes)

>>> 'IR' in taxes

>>> 'OTD' in taxes
```

Corrigé

1° La variables taxes référence un objet : l'en-semble (set)

2° On a

```
>>> print(taxes)
{ 'IR' , 'tva', 'IS'}

>>> 'IR' in taxes
True

>>> 'OTD' in taxes
```

```
False
```

A retenir :

   • L'objet ensemble est itérable

>>> **Exercice 330**

Que fait le code suivant

```
>>> ensemble = {1, 2, 3, 4, 'a', 'b', 'c'}

>>> for i in ensemble :

  i

>>> ensemble2 = {'a', 1, 2, 'b', 'c','d', 3, 4}

>>> ensemble == ensemble2
```

A retenir :

   • { } est un dictionnaire vide (et non un ensemble vide)

   • comme son équivalent mathématiques il n'y a pas d'ordre dans un ensemble

>>>30.2.2.La fonction set( )

>>> **Exercice 331**

Que fait le code suivant

```
>>> liste =['A','B','C']

>>> a = set(liste)

>>> a

>>> chaine = 'aaaabbbbbbcccccccdddddddddd'
```

```
>>> b = set(chaine)
>>> b
>>> len(chaine) == len(b)
```

Corrigé

L'aide de cette fonction

```
set (iterable) → new set object
```

elle prend donc en argument un iterable (list, dictionnaire, string, dictionnaire) et renvoie un nouvel objet de type ensemble.

```
>>> a = set(liste)
# a = set (['A','B','C'])
# a = {'A','B','C'}
>>> a
{'C', 'A', 'B'}
```

La chaine aaaabbbbbcccccccddddddddddd est un iterable et la variable b va donc référencer un ensemble. Comme son équivalent mathématiques il n'y a pas de doublons dans un set. On ne garde que les éléments distincts.

```
>>> b = set (chaine)
# b - set('aaaabbbbbcccccccddddddddddd')
# b = {'a','b','c','d'}
>>> b
```

```
{'a','b','c','d'}

>>> len(chaine) == len(b)

False
```

>>> **Exercice 332**

Que fait le code suivant

```
>>> a = {1,2,3,4,5,'a','b','c'}

>>> for i in a :

   print(i, end ='')
```

Corrigé

La variable a référence un ensemble. La boucle for parcourt un ensemble qui est un objet itérable.

```
>>> for i in a :

   print(i, end ='')

1 2 3 4 5 c b a
```

>>> 30.2.3.Ajout d'un élément avec les méthodes add ( ) et update( )

>>> **Exercice 333**

Que fait le code suivant

```
>>> ensemble = {'a','b','c','d'}

>>> ensemble.add('e')

>>> ensemble
```

```
>>> ensemble.update([1,2,3,4,5])

>>> ensemble
```

Corrigé

On crée un ensemble de 4 éléments référencé par la variable ensemble

```
>>> ensemble = {'a','b','c','d'}

>>> ensemble.add('e')

# {'a','b','c','d'}.add('e')

# {'e', 'c', 'd', 'a', 'b'}

>>> ensemble

{'e', 'c', 'd', 'a', 'b'}

>>> ensemble.update([1,2,3,4,5])

#{'e', 'c', 'd', 'a', 'b'}.update([1,2,3,4,5])

# {1, 'c', 2, 3, 'e', 4, 5, 'b', 'a', 'd'}

>>> ensemble

{1, 'c', 2, 3, 'e', 4, 5, 'b', 'a', 'd'}
```

>>> 30.2.4.Théorie des ensembles

>>> *30.2.4.1.La différence*

>>> **Exercice 334**

Que fait le code suivant

```
>>> ensemble1 = {'a','b','c'}
```

```
>>> ensemble2 = {'c','d','e'}

>>> ensemble1 – ensemble2

>>> ensemble2 - ensemble1
```

Corrigé exercice 334

Les variables ensemble1 et ensemble2 référencent des objets de type set.

L'opérateur – ne gardera que les lettres dans l'ensemble1 qui ne sont pas dans l'ensemble2

les lettres d et e ne sont pas dans l'ensemble1, la lettre c est dans l'ensemble1 et dans l'ensemble2 elle sera supprimée

```
>>> ensemble1 = {'a','b','c'}

>>> ensemble2 = {'c','d','e'}

>>> ensemble1 – ensemble2

# {'a','b','c'} - {'c','d','e'}

# {'b', 'a'}

>>> ensemble2 – ensemble1

# {'c','d','e'} – {'a','b','c'}

# {'d','e'}
```

>>> *30.2.4.2.L'union de deux ensembles*
>>> **Exercice 335**

```
>>> ensemble1 = {'a','b','c'}
```

```
>>> ensemble2 = {'c','d','e'}

>>> ensemble1 | ensemble2
```

Corrigé

On a

```
>>> ensemble1 = {'a','b','c'}

>>> ensemble2 = {'c','d','e'}

>>> ensemble1 | ensemble2

# {'a','b','c'} | {'c','d','e'}

# {'a','b','c', 'c','d','e'}

# {'a','b', c','d','e'}
```

L'opérateur | agit comme l'union de deux ensembles.

>>> *30.2.4.2.L'intersection de deux ensembles*

>>> Exercice 336

```
>>> ensemble1 = {'a','b','c'}

>>> ensemble2 = {'c','d','e'}

>>> ensemble1 & ensemble2
```

Corrigé

On a

```
>>> ensemble1 = {'a','b','c'}

>>> ensemble2 = {'c','d','e'}

>>> ensemble1 & ensemble2
```

```
# {'a','b','c'} & {'c','d','e'}

# {'c'}
```

L'opérateur & agit comme une intersection d'ensemble.

>>>31.LES EXCEPTIONS

>>> 31.1.Lire les messages d'erreurs

'ERROR 404' Windows

>>> 31.1.1.Les erreurs de syntaxe

>>> Exercice 337

Que fait le code suivant ?

```
>>> if (3 > 4) : print('ok')

>>> 'l'air'
```

Corrigé

On a une erreur de syntaxe

```
>>> if (3 > 4) : print('ok')

SyntaxError: illegal target for annotation
```

A retenir :

Python vous indiquera quand ce sera une erreur de syntaxe avec le message

SyntaxError

>>> 31.1.2.Les erreurs de sens
(ou sémantique)
« il y a des choses qui sont impossibles pour moi » Python

>>> Exercice 338

Que fait le code suivant

```
>>> 1 / 0
>>> python
```

Corrigé exercice 338

Ce sont des erreurs sémantiques

>>> Exercice 339

Que fait le code suivant

```
>>> l = [0,1]
>>> l[2]
```

Corrigé

On essaie d'accéder à l'indice 2 qui n'existe pas, on a une erreur sémantique

```
>>> l[2]

IndexError : list index ouf of range
```

>>> 31.2.Capturer les exceptions avec try et except

« Il faut toujours avoir un plan B » un espion

>>> Exercice 340

1° a) Le message ZeroDivisionError est une erreur de quel type ?

b) Que fait le code suivant

```
>>> 1/0

>>> try :

  1/0

except ZeroDivisionError :

  print("la division par zéro n'existe pas")
```

2° a) Le message IndexError est une erreur de quel type ?

b) Que fait le code suivant

```
>>> l = [0,1]

>>> l[2]

>>> try :

  l[2]
```

```
except IndexError :
    print("L'indice n'existe pas")
```

corrigé exercice 340

1° a) le message ZeroDivisionError est une erreur sémantique (et aussi une classe)

```
>>> ZeroDivisionError
<class 'ZeroDivisionError'>
```

b) On a

```
>>> 1/0
ZeroDivisionError : Division by zero
```

try a un block indenté avec une seule instruction : 1/0

celle-ci va produire la ZeroDivisionError mais cette expection va être capturée par except qui possède son propre bloc indenté avec une seule instruction : print("la division par zéro n'existe pas")

```
>>> try :
    1/0
except ZeroDivisionError :
    print("la division par zéro n'existe pas")
la division par zéro n'existe pas
```

2° a) c'est aussi une erreur de syntaxe (aussi une

classe)

```
>>> IndexError
<class 'IndexError'>
```

b) On a

```
>>> l = [0,1]
>>> l[2]
IndexError : list index out of range
>>> try :
  l[2]
except IndexError :
  print("L'indice n'existe pas")
L'indice n'existe pas
```

A retenir :

```
>>> try
  block
except Nom_ERROR :
  block
```

>>> 32.L'ESPACE DES VARIABLES ET L'ESPACE DES OBJETS

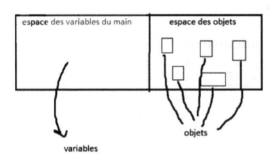

>>> 32.1.L'espace des variables et l'espace des objets pour le type numérique

>>> Exercice 341

Soit le code suivant

```
>>> spam = 1
```

1° a) Quelle est la valeur ? La variable ?

b) 1 est-il un objet ?

c) que référence la variable spam ?

2° a) Quels sont les deux espaces en Python ?

b) Faire le schéma

c) Que vaut le compteur de référence ?

Corrigé exercice 341

1° a) On a une affectation classique

```
>>> spam = 1
```

La valeur est 1 et la variable a pour nom spam.

b) Retenons ce théorème fondamental de Pythagore :

En Python, tout est un objet

1 est un objet.

c) La variable spam référence l'objet 1

2° a) Il existe deux espaces en nom :

   • l'espace des variables (ou namespace)

   • l'espace des objets

b)

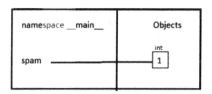

c) L'objet 1 a deux étiquettes :

   • son type : int (de la classe int)

• son compteur de référence : 1 car il n'est référencé que par une seule variable spam

>>> Exercice 342

Soit le code suivant

```
>>> a = 3
>>> b = 3
>>> c = 3.0
>>> a = 2
```

Faire le schéma

Corrigé

```
>>> a = 3
>>> b = 3
>>> c = 3.0
```

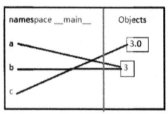

Les variables a et b référencent le même objet : 3. Son compteur de référence vaut donc 2.

```
>>> a= 2
```

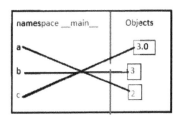

Le compteur de référence de l'objet 3 vaut 1.

A retenir :

En Python on a :

- l'espace des variables
- l'espace des objets

Dans l'espace des objets on peut distinguer deux sous-catégories

- son type
- le compteur de référence

>>> Exercice 343

Soit le code suivant

```
>>> a = 1
>>> b = 2
>>> c = 3.0
>>> b =1
```

Faire le schéma

Corrigé

```
>>> a = 1
```

assad patel

```
>>> b = 2
>>> c = 3.0
```

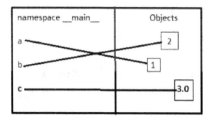

Puis

```
>>> b = 1
```

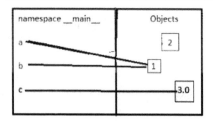

>>> Exercice 344

Soit le code suivant

```
>>> 42
>>> a = 'spam'
>>> b = 42
>>> a = b
```

Faire le schéma

Corrigé

```
>>> 42
```

```
>>> a = 'spam'
>>> b = 42
```

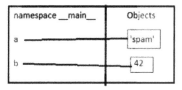

On a

```
>>> a = b
# a = 42
```

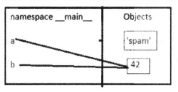

>>> 32.2.L'objet liste et ses indices

>>> Exercice 345

Soit le code suivant

```
>>> a= [1,2]
```

Faire le schéma

Corrigé

La variable a référence l'objet liste qui contient deux éléments repérés par les indices 0 et 1 qui eux-mêmes référencent les objets 1 et 2

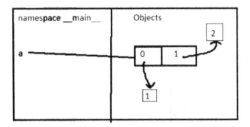

A retenir

Dans l'espace des objet un objet liste contient un nombre d'indices qui permettent d'accéder à d'autres objets.

>>> Exercice 346

Soit le code suivant

```
>>> a =[1,True, 'spam']
```

Faire le schéma

Corrigé exercice 346

On a une variable a qui référence un objet de types liste ayant trois éléments.

Voici un schéma simplifié

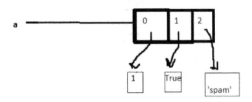

>>> Exercice 347

```
>>> a= [1,2,3]
```

Faire le schéma espace des variables / espace des

objets

Corrigé

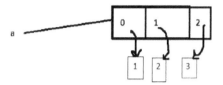

>>> 32.2.1.Une liste est un objet mutable
>>> Exercice 348

```
>>> l = [1,2,3]
>>> l[0] = 'hello'
```

Faire le schéma

Corrigé

la variable l référence l'objet liste.

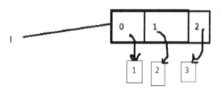

```
>>> l[0]= 'hello'
>>> l
['hello', 2, 3]
```

On a

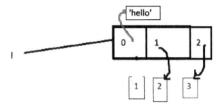

>>> **Exercice 349**

Faire le schéma pour le code suivant

```
>>> a = [0, False, 'None']
>>> a[0] = 1
```

Corrigé

La liste est référencée par la variable a

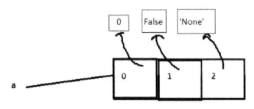

```
>>> a[0]=1
```

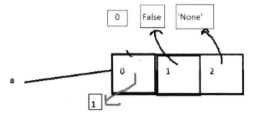

>>> 32.2.3.Opérations sur les listes
>>> 32.2.3.1.Objet référencé par une variable et un indice

>>> Exercice 350

1° Faire le schéma pour ce code

```
>>> a = [1,2,3,4]
>>> b = 2
>>> b
```

2°

a) Quel objet référence la variable b ? dans quel espace ?

b) A quel objet l'indice 1 permet-il d'accéder ? Dans quel espace ?

Corrigé exercice 350

1° • la variable a référence un objet de type liste

  • la variable b référence un objet de type liste

```
>>> a = [1,2,3,4]
>>> b = 2
>>> b
2
```

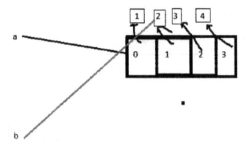

2° a) la variable b référence le même objet 2 depuis l'espace des variables

b) L'indice 1 permet d'accéder à l'objet 2 dans l'espace des objets

>>> Exercice 351

Faire le schéma du code suivant

```
>>> a = ['hello', True]
>>> b = 'hello'
>>> a[0] = 4
```

Corrigé

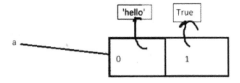

```
>>> a[0] = 4
```

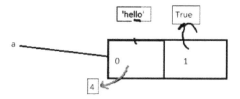

>>> Exercice 352

Que fait le code suivant

```
>>> a = [1,2,3]

>>> b = 'spam'

>>> c ='sp'+ 'am'

>>> a[1]= 'spam'
```

Que vaut le compteur de référence de l'objet 'spam'?

Faire le schéma

Corrigé exercice 352

On a

```
>>> a = [1,2,3]

>>> b = 'spam'

>>> c= 'sp'+ 'am'

# c = 'spam'
```

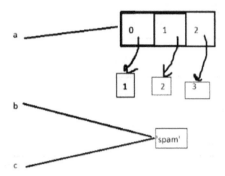

On a

```
>>> a[1]= 'spam'

>>> a

[1, 'spam', 3]
```

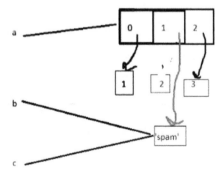

L'objet de type string de valeur spam a 3 comme valeur de compteur de référence

>>> *32.2.3.2.Copie de listes*

>>> 32.2.3.2.1.Copie de liste façon
b = a la référence partagée

>>> **Exercice 353**

Que fait le code suivant

```
>>> a = [1,2,3]
>>> b = a
>>> b
```

Faire le schéma

Corrigé

On a

```
>>> a = [1,2,3]
>>> b = a
# b = a
# b = [1,2,3]
>>> b
[1, 2, 3]
```

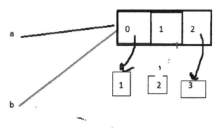

La variable a et la variable b référencent la même liste : on appelle ça une référence partagée.

>>> **Exercice 354**

Que fait le code suivant

```
>>> a = [1, True, 'Vrai']
>>> b = a
```

1° Les variables a et b référencent un seul et même objet ?

Vrai   b) Faux

2° Remplir le tableau suivant

Faire le schéma

Corrigé

1° Vrai les variables a et b référencent le même objet listes

2°

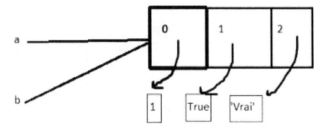

A retenir :

Si un objet (notamment une liste) est référencé par une variable

```
>>> variable = objet
>>> b = variable
```

La variable b référence également l'objet : c'est la référence partagée

>>> Exercice 355

Que fait le code suivant

```
>>> a = ['hello', 2, False]
>>> b = a
```

Dans l'espace des objets :

a) on compte deux objets listes ? VRAI
FAUX

b) un seul objet liste est référencé par deux variables ? a) VRAI   FAUX

Corrigé

a) Faux il n'y a qu'un objet liste

b) Vrai, l'objet liste est référencé par les variables a et b

>>> 32.2.3.2.1.Le problème de l'effet de bord pour les listes

>>> Exercice 356

1° Que fait le code suivant

```
>>> a = [1, 'deux', True]
>>> b = a
>>> a[0] = 0
>>> a
>>> b
```

2° Faire le schéma

Corrigé

1° On a

```
>>> a = [1, 'deux', True]
>>> b = a
# b = [1, 'deux', True]
>>> a[0] = 0
# a = [a[0], 'deux', True]
# a = [0, 'deux', True]
>>> a
[0, 'deux', True]
>>> b
[0, 'deux', True]
```

On remarque que le changement du premier indice de la liste a a également impacté la liste b. Pourquoi ??

2° Les variables a et b référencent le même objet liste : c'est la référence partagée.

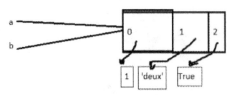

```
>>> a[0] = 0
```

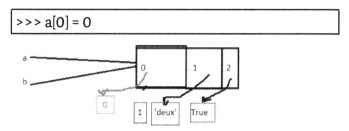

A retenir

Si deux variables référencent la même liste, toute modification de la liste par l'une des variables aura le même effet chez l'autre.

>>> Exercice 357

Que fait le code suivant

```
>>> a = [True, False, 3]

>>> b = a

>>> a[0] = 4

>>> b

>>> b[1] = 'deux'

>>> a

>>> b
```

Corrigé

```
>>> a = [True, False, 3]

>>> b = a

# b = [True, False, 3]
```

Les variables a et b référencent le même objet liste

```
>>> a[0] = 4
# a = [4, False, 3]
>>> b
[4, False, 3]
```

Un changement de la valeur d'un élément par la variable a l'est également par la variable b

```
>>> b[1] = 'deux'
# b = [4, 'deux',3]
>>> a
[4, 'deux',3]
>>> b
[4, 'deux',3]
```

L'effet de bord s'applique quand deux variables référencent le même objet

>>> *32.2.3.3.Nouvel objet liste à partir du slicing*
On obtient de nouvelles listes avec le slicing

>>> 32.2.3.3.1.Slicing partiel

>>> **Exercice 358**

1° Que fait le code suivant

```
>>> a = [1,2,3,4,5]
>>> b = a[:3]
```

2° Faire le schéma

Corrigé exercice 358

1° On a

```
>>> a = [1,2,3,4,5]
>>> b = a[:3]
# b = [a[0],a[1],a[2]]
# b =[1,2,3]
```

2° On a

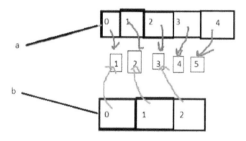

>>> Exercice 359

1° Que fait le code suivant

```
>>> a = [True, False, 1, 2, 3, 'trois']
>>> b = a[:4]
>>> c= a[1:5]
>>> a[0] = False
```

2°

a) A la fin on a trois objets listes ? VRAI
FAUX

b) On a b[0] = False ? VRAI   FAUX

corrigé exercice 359

1° On a

```
>>> b = a[:4]

[True, False, 1, 2]

>>> c = a[1 :5]

[False, 1, 2, 3]
```

2°

  a)   VRAI
  b)   FAUX

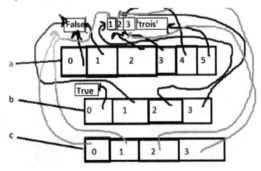

>>> 32.2.3.3.2.Nouvel objet liste avec [:]
>>> **Exercice 360**

1° Que fait le code suivant

```
>>> a = [1,2,3]
```

```
>>> b = a[:]

>>> b

>>> a[0] = True
```

2° Faire un schéma

Corrigé

1° On a

```
>>> a = [1,2,3]

>>> b = a[:]

# b = [a[0],a[1],a[2]]

# b =[1,2,3]

>>> b

[1, 2, 3]

>>> a[0] = True

# a = [a[0], 2, 3]

# a = [True, 2, 3]

>>> b

[1, 2, 3]
```

2°

La variable a référence un objet liste. La variable b référence un autre objet liste. Il n'y a pas de référence partagée.

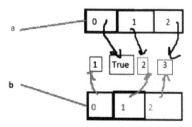

A retenir :

> > > liste2 = liste1[:]

- il y a une copie de liste
- création d'un nouvel objet

> > > Exercice 361

Que fait le code suivant

```
>>> a = [1,2,3,4]
>>> b = a
>>> c = a[:]
>>> a[0] = 'un'
>>> b
>>> c
```

Corrigé

```
>>> a
['un', 2, 3, 4]
>>> b
```

```
['un', 2, 3, 4]

>>>c

[1,2,3,4]
```

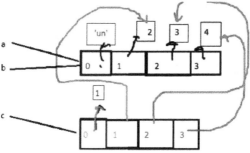

>>> 32.2.4.La liste double

>>> Exercice 362

1° Que fait le code suivant

```
>>> a =[[1,2],[True, False, 'quatre']]
```

2° Faire un schéma

Corrigé

1° La variable a référence l'objet liste.

```
>>> a =[[1,2],[True, False, 'quatre']]
```

2° On a

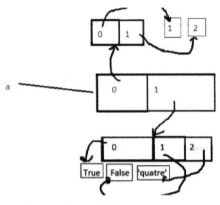

> > > **Exercice 363**

Soit le code suivant

```
>>> a = [[0,0],[1,1,[2,2]]]
```

1° La variable a référence un objet ?

    a) de type list   b) de type tuple

2° Cette liste contient ?

    a) deux sous listes   b) trois sous-listes

3° La sous-liste [0,0] permet d'accéder à

    a) un objet de type int dans l'espace des objets

    b) un objet de type int dans l'espace des variables

4° La sous-liste [1, 1, [2,2]] contient elle-même une sous liste ?

    a) VRAI   b) FAUX

5°

```
>>> a[1][2][1]
2
```

a) VRAI   b) FAUX

6° Faire un schéma

Corrigé

1° a) de type liste (list)

2° a)Elle contient deux sous listes

3° a) on accède à un objet de type int dans l'espace des objets

4° a) c'est Vrai

5° c'est vrai

6°

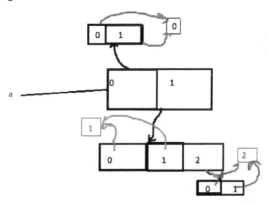

>>> 33.LES CLASSES

« toujours avoir la classe » hitch

>>> 33.1.Définition et propriétés

« au début était la classe object » un concepteur de Ptyhon

>>> 33.1.1.L'instruction class et l'objet classe

>>> Exercice 364

1° Que fait le code suivant

```
>>> class football:

    """la classe du football """

    print('football')
```

2° Que fait le code suivant

```
>>> type(football)

>>> print(football)
```

3° Faire un schéma

Corrigé exercice 364

1°On définit une nouvelle classe appelée football avec le mot clé : class.

Après l'indentation on insère une docstring avec trois double guillemets qui décrit brièvement la classe puis la classe contient une instruction

```
>>> class football:
    """la classe du football """
    print('football')
football
```

2° On a

```
>>> type(foobtall)
<class 'type'>
>>> print(footall)
<class '__main__.football'>
```

3° On a

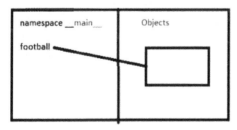

A retenir :

On définit une classe de la façon suivante

```
>>> class nom_de_classe :
```

```
"""docstring"""

block
```

>>> **Exercice 365**

1° Que fait le code suivant

```
>>> class ordinateur :

    """la classe des ordinateurs """

    ordinateur1 = 'pc'
>>> class trigonometrie :

    """classe des fonctions trigonometriques"""

    fonction1 = 'sinus'
```

2° Faire un schéma

Corrigé

1° Il y a création de deux classes de noms ordinateur et trigonometrie.

Ils ont chacun une doctring et chacun a une instruction dans son block.

```
>>> class ordinateur :

    """la classe des ordinateurs """

    ordinateur1 = 'pc'
>>> class trigonometrie :

    """classe des fonctions trigonometriques"""
```

```
fonction1 = 'sinus'
```

2° On a

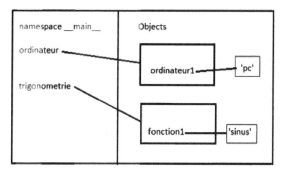

>>> 33.1.2.Opérations sur les objets classes

>>> *33.1.2.1.Variables dans une classe : attribut donnée*

>>> **Exercice 365**

1° a) Que fait le code suivant

```
>>> class classe1 :

   """ ceci est une docstring """

   variable1 = 42

   variable2 = 27
```

b) Faire un schéma

c) comment appelle-t-on les variables variable1 et variable2?

2° Que fait le code suivant

```
>>> classe1.variable1
```

assad patel

```
>>> classe1.variable2

>>> classe1.variable1 = 55

>>> classe1.variable1

>>> classe1.variable3
```

Corrigé execice 365

1° On définit un objet class ayant pour nom classe1 qui possède son propre **espace de nommage**.

Le block de la classe contient

   1. le docstring (avec trois triple quotes) pour indiquer ce que fait la classe

   2. deux affectations de variables ayant pour noms variable1 et variable2

```
>>> class classe1 :

    """ ceci est une docstring """

    variable1 = 42

    variable2 = 27
```

2° a) Un objet class possède son propre espace de nommage (rectangle rouge)

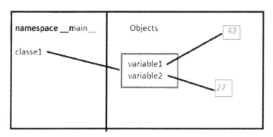

c) les deux variables sont déclarées dans le block de la classe, ce sont des **attributs de la classe**.

2° On a

```
>>> classe1.variable1
# classe1.variable1
# classe1.42
# 42
42
```

On a

```
>>> classe1.variable2
# classe1.variable2
# classe1.27
# 27
27
```

Les attributs de classe peuvent être affectées

```
>>> classe1.variable1 = 55
# classe1.variable1 = 55
```

```
# class classe1 :
#""" ceci est une docstring """
#variable1 = 55
#variable2 = 27
>>> classe1.variable1 = 55
# classe1.variable1
# classe1.55
# 55
55
```

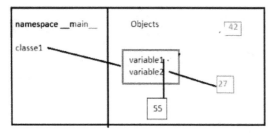

Pour finir on a une erreur sémantique car la variable variable3 n'existe pas dans l'espace de nommage de la classe classe1.

```
>>> classe1.variable3
AttributeError : type object 'classe1' has no
attribute variable3
```

A retenir :

On a la structure générique d'une classe suivante

```
>>> class nom_classe :

  """ docstring"""

  variable
```

On peut

1. y accéder avec classe.variable (via l'opérateur . (dot))

2. la modifier en la réaffectant classe.variable = valeur

>>> Exercice 366

Que fait le code suivant

```
>>> class c1 :

  donnee = 42

>>> c1.donnee

>>> c1.variable

>>> c1.donnee = 43.0

>>> c1.donnee
```

Corrigé exercice 366

On a

```
>>> class c1 :

  donnee = 42

>>> c1.donnee

# c1.42
```

```
# 42

42

>>> c1.variable

AttributeError: type object 'c1' has no attrib-
ute 'variable'

>>> c1.donnee = 43.0

# c1.donnee = 43.0

>>> c1.donnee

43.0
```

>>> **Exercice 367**

Que fait le code suivant

```
>>> donnee = 28

>>> class c2 :

    """ une classe qui contient deux attributs """

    donnee = 57.0

    donnee2 = True

>>> donnee

>>> c2.donnee

>>> c2.donnee2

>>> donnee == c2.donnee

>>> c2.__doc__
```

Corrigé

On a

```
>>> donnee = 28
>>> class c2 :
    """ une classe qui contient deux attributs """
    donnee = 57.0
    donnee2 = True
>>> donnee
28
>>> c2.donnee
57.0
>>> c2.donnee2
True
>>> donnee == c2.donnee
# 28 == 57.0
# False
False
>>> c2.__doc__
""" une classe qui contient deux attributs """
```

>>> 33.1.2.1.1.Rajout d'atributs
données dans une classe

>>> Exercice 368

Que fait le code suivant

```
>>> class c1 :
  donnee1 = 42.0
>>> c1.donnee1
>>> c1.donnee2
>>> c1.donnee2 = 7
>>> c1.donnee2
```

Corrigé exercice 368

On définit une classe de nom c1 avec une seule instruction. Cette classe contient un seul attribut.

```
>>> class c1 :
  donnee1 = 42.0
>>> c1.donnee1
42.0
>>> c1.donnee2
AttributeError: type object 'c1' has no attribute 'donnee2'
```

On a une erreur sémantique l'attribut donnee2 n'existant pas. Mais on peut la créer quand même.

```
>>> c1.donnee2 = 7

# class c1 :

  donnee1 = 42.0

  donnee2 = 7

>>> c1.donnee2

7
```

A retenir :

On peut rajouter un attribut donnée de la façon suivante :

```
>>> maclasse attribut_donnee = valeur
```

>>> 33.1.2.2.Fonctions dans une classe : attribut méthode

>>> Exercice 369

Que fait le code suivant

```
>>> class classe3 :

  donnee = 43

  def f(x) :

    return x*2

  def affichage ( ) :

    return 'pas hello'
```

1° a) Quels sont les noms contenus dans cette classe ?

b) Faire un schéma

2° Que fait le code suivant

```
>>> classe3.donnee

>>> classe3.f(8)

>>> classe3.affichage()
```

Corrigé exercice 369

1° a) La classe contient son propre espace de nommage, il contient trois noms :

donnee, f et affichage.

b)

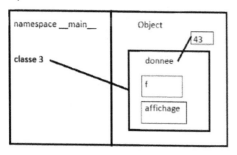

Les fonctions f() et affichage possèdent leur propre espace de nommage

2°

```
>>> classe3.donnee

# classe3.donnee

# classe.43

# 43
```

| 43 |

L'attribut est cette fois une fonction qui prend un paramètre

```
>>> classe3.f(8)
# classe3.f(8)
# return 8 * 2
# return 16
# classe3.16
# 16
16
```

Enfin l'attribut est une fonction qui ne prend aucun paramètre

```
>>> classe3.affichage()
# classe3.affichage()
# return 'pas hello'
# classe3.'pas hello'
# 'pas hello'
'pas hello'
```

>>> Exercice 370

1° Que fait le code suivant

```
>>> class c1 :
```

assad patel

```
  def f(x):
    return x**2
  donnee = 7
>>> c1.f(4)
>>> c1.f(10)
>>> c1.donnee
>>> c1.donnee = 13
>>> c1.donnee
```

2° Faire un schéma

corrigé exercice 370

1° On a

```
>>> class c1:
  def f(x):
    return x**2
  donnee = 7
>>> c1.f(4)
# c1.f(4):
# return 4**2
# retrun 16
16
```

```
>>> c1.f(10)
100
>>> c1.donnee
7
>>> c1.donnee = 13
# donnee = 13
# 13
>>> c1.donnee
13
```

2°

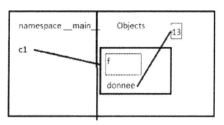

>>> 33.1.3.L'instanciation

>>> Exercice 371

1° Que fait le code suivant

```
>>> class c :
  donnee = 7
  def methode1(x) :
    return x**2
```

```
>>> c1 = c()
```

2° Que fait le code suivant

```
>>> c1.donneee

>>> c1.methode(16)
```

Corrigé

On créée une classe de nom c avec deux attributs

```
>>> class c :

  donnee = 7

  def methode(x) :

    return x**2
```

schéma simplifié

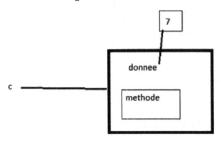

On réalise une affectation à première vue. La variable c1 prendrait la « valeur » de la classe c( ). On appelle cette opération **l'instanciation**

```
>>> c1 = c()
```

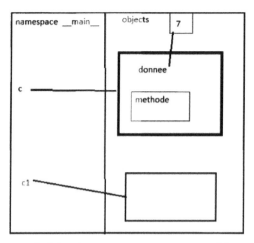

2° L'objet instance c1 peut accéder aux attributs de sa classe c.

```
>>> c1.donneee

# c1.donnee

# c1.7

# 7

# 7

7

>>> c1.methode(16)

# c1.methode(16)

# return 16**2

# return 256

# c1.256
```

```
# 256
256
```

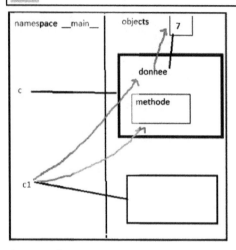

A retenir :

```
>>> instance1 = classe ( )
```

Il y a création d'un nouvel objet à partir de la classe.

Une instance peut accéder aux attributs de sa classe via l'opérateur dot (.)

```
>>> instance.attribut
```

>>> Exercice 372

1° Que fait le code suivant

```
>>> class c :

  donnee1 = 34

  def methode1(x) :
```

```
    return x/2
>>> c1 = c()
>>> c1.donnee1
>>> c1.methode1(10)
```

2° Que fait le code suivant

```
>>> c2 = c()
>>> c2.donnee1
>>> c2.methode1(20)
```

Corrigé exercice 372

1° On a la création d'une classe avec deux attributs : donnee (avec pour nom donnee1) et méthode (avec pour nom methode1).

Puis création d'une instance de cette classe.

```
>>> class c :
  donnee1 = 34
  def methode1(x) :
    return x/2
>>> c1 = c()
>>> c1.donnee1
7
>>> c1.methode1(10)
```

```
# return 10 / 2

# return 5.0

# 5.0

5.0
```

2° On a

```
>>> c2 = c()

>>> c2.donnee1

7

>>> c2.methode1(20)

# return 20 / 2

# return 10.0

10.0
```

>>> *33.1.3.1.Variables d'une instance*
= variables d'instance

>>> **Exercice 373**

1° a)Que fait le code suivant

```
>>> class c :

  donnee1 = 7

>>> c1 = c()

>>> c1.donnee1
```

b) Faire un schéma

2° a) que fait le code suivant

```
>>> c1.a = 10

>>> c1.b = [1,2]

>>> a

>>> c.a
```

b) Faire un schéma

Corrigé

1° a) Il y a création d'un objet classe ayant pour nom c et possédant son propre espace de nom. Elle a un seul attribut : donnee1.

```
>>> class c :

    donnee1 = 7
```

Il y a création d'une instance de la classe c. Ce nouvel objet possède lui aussi son propre espace de noms. L'instance peut accéder aux attributs de sa classe

```
>>> c1 = c()

>>> c1.donnee1

# c1.donnee1

# c1.7

# 7
```

b)schéma simplifiée

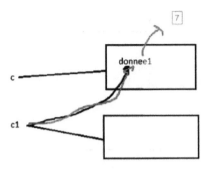

2° a) On définit et affecte une variable a à la valeur 10 dans l'instance c1, de même pour la variable b qui référence une liste de deux éléments

```
>>> c1.a = 10
>>> c1.b = [1,2]
```

Dans l'espace des noms du programme principal (__main__) la variable a n'existe pas et l'on a une erreur sémantique

```
>>> a
NameError : name 'a' is not defined
```

On essaie d'accéder à la variable a à partir de la classe c et l'on rencontre également une erreur sémantique

```
>>> c.a
AttributeError : type object 'c' has no attribute 'a'
```

la variable a n'est pas un attribut de la classe c

b) schéma simplifiée

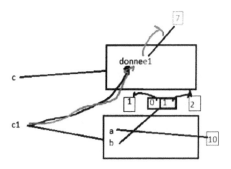

A retenir :

Une instance d'une classe possède son propre espace de noms.

```
>>> instance.variable = valeur
```

Variable s'appelle aussi **variable d'instance**.

>>> Exercice 374

Soit le code suivant

```
>>> class bd :
  nombre_bd = 100
>>> bd1 = bd()
>>> bd1.nom = 'python 3'
>>> bd1.genre = 'manga'
>>> bd1.page = 570
>>> bd.nom
```

Faire un schéma

Corrigé

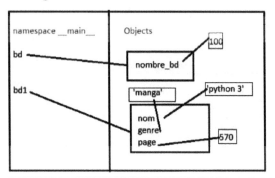

```
>>> bd.nom

AttributeError: type object 'bd' has no attribute 'nom'
```

>>> *31.3.1.2. La fonction isinstance ( )*

>>> **Exercice 375**

1° Que dit le code suivant

```
>>> help(isinstance)

isinstance (obj, class)

   return whether an object is an instance of a class [...]
```

2° Que fait le code suivant

```
>>> class c :

   attribut_donnee = 53

>>> class d :
```

```
  attribut_donnee = 65.0
>>> c1 = c()
>>> c2 = c()
>>> d1 = d ()
>>> d2 = d()
>>> isinstance (c1, c)
>>> isisntance(c2, c)
>>> isinstance(d1,d)
>>> isinstance(d2,d)
>>> isinstance(c1,d)
>>> isinstance(d1,c)
```

Corrigé exercice 375

1° D'après la documentation. La fonction isinstance prend deux arguments, le premier l'instance et le deuxième la classe. Si le premier est bien l'instance de la classe alors il renvoie True sinon False.

2° On a deux classes ayant pour noms c et d. Ceux-ci ont deux instances ayant pour nom c1, c2 et d1, d2. On a

```
>>> isinstance (c1, c)
True
```

```
>>> isisntance(c2, c)
True
>>> isinstance(d1,d)
True
>>> isinstance(d2,d)
True
>>> isinstance(c1,d)
False
>>> isinstance(d1,c)
False
```

>>> Exercice 376

Que fait le code suivant

```
>>> class c( ):
    attribut_donnee = True
>>> instance1 = c( )
>>> c.donnee
>>> instance1.variable = 42.0
>>> isinstance(instance1, c)
```

Corrigé exercice 376

```
>>> class c( ):
```

```
  attribut_donnee = True
>>> instance1 = c( )
>>> c.donnee
AttributeError: type object 'c' has no attribute
'donnee'
>>> instance1.variable = 42.0
```

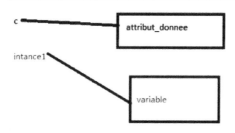

```
>>> isinstance(instance1, c)
True
```

>>> *31.3.1.2.Les types builtins*

>>> Exercice 377

1° Que fait le code suivant

```
>>> class c :
  donnee = 0
>>> type(c)
>>> type(int)
```

2°Que fait le code suivant

```
>>> c1=c()
```

```
>>> type(c1)

>>> type(3)

>>> type(3.0)

>>> type('spam')

>>> type(True)
```

3° Que fait le code suivant

```
>>> isinstance(3,int)

>>> isinstance(3.0, float)

>>> isinstance('spam', float)

>>> isinstance('spam', str)

>>> isinstance(3.0, float)
```

Corrigé exercice 377

1° On définit une classe ayant un seul attribut.

```
>>> type(c)
<class 'type'>
```

Nous avons désormais créé un nouveau type en Python : le type c.

```
>>> type(int)
<class 'type'>
```

Le type int tel que l'on connaît est en réalité une classe. Dans la bibliothèque standard on doit avoir quelque chose comme :

```
>>> class int ( ) :

   block
```

On peut le voir

```
>>> help(int)

class int(object) :
```

2° On définit un nouvel objet c1. Celui-ci est une instance de la classe c.

```
>>>type (c1)

<class '__main__'.c>
```

Le type de l'objet c1 est c (__main__ est le programme principal)

On demande le type de l'objet 3.

```
>>> type (3)

<class 'int'>
```

3 est une instance de la classe int

```
>>> type(3.0)

<class 'float'>
```

3.0 est une instance de la classe float

```
>>> type('spam')

<class 'str'>
```

'spam' est une instance de la classe str

```
>>> type(True)
```

```
<class 'bool'>
```

True est une instance de la classe bool.

3° On a

```
>>> isinstance(3,int)

True

>>> isinstance(3.0, float)

True

>>> isinstance('spam', float)

False

>>> isinstance('spam', str)

True

>>> isinstance(3.0, float)

True
```

>>> Exercice 378

Que fait le code suivant

```
>>> class c :

  donnee = 2

>>> c1 = c()

>>> type(c1)

>>> isinstance(c1,c)
```

```
>>> type([1,2])
>>>isinstance([1,2],list)
```

Corrigé exercice 378

On créée une classe de nom c et ensuite une instance c1 de celle-ci.

```
>>> class c :
   donnee = 2
>>> c1=c()
>>> type(c1)
<class '__main__.c'>
>>> isinstance(c1,c)
True
>>> type([1,2])
<class 'list'>
>>>isinstance([1,2],list)
True
```

>>> *31.3.1.2.La superclasse object*

>>> Exercice 379

Que fait le code suivant

```
>>> help(object)
Help on class object in module builtins
```

```
class object

                    The most base type

>>> isinstance(int, object)

>>> isinstance(str, object)

>>> isinstance(set, object)

>>> def f(x):

  return x

>>> isinstance(f,object)
```

Corrigé

```
>>> help(object)

Help on class object in module builtins

class object

                    The most base type
```

La classe object où le « type de base ultime ».
Toutes les classes builtins ou définis sont des instances de la classe object.

```
>>> isinstance(int, object)

True

>>> isinstance(str, object)

True

>>> isinstance(set, object)
```

```
True
```

La fonction f est également une instance de la classe object

```
>>> isinstance(f,object)

True
```

A retenir :

Toutes les classes sont des instances de la super-classe object

>>> Exercice 380

Que fait le code suivant

```
>>> variable = 14

>>> def f(x) :

    return 2*x

>>> class c :

    donnee = 7

>>> isinstance(variable, int)

>>> isinstance(f, object)

>>> isintance(variable, object)

>>>> isinstance(donnee, object)

>>> isinstance(c, object)
```

Corrigé

On a

```
>>> variable = 14
>>> def f(x) :
    return 2*x
>>> class c :
    donnee = 7
```

A ce moment du code on a deux espace de nom-mage (plus celui du __main__)

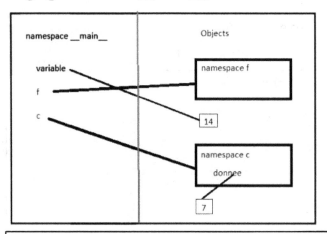

```
>>> isinstance(variable, int)
# isinstance(14,int)
# True
True
>>> isinstance(f, object)
True
```

```
>>> isintance(variable, object)

True

>>>> isinstance(donnee, object)

NameError: name 'd' is not defined

>>> isinstance(c, object)

True
```

>>> 33.2.Les mé-
thodes : partie 2

« basé sur un fameux discours » anon123

>>> 33.2.1.L'instance en argument

>>> Exercice 381

1° Que fait le code suivant

```
>>> def f(x) :
    return 'void'
>>> f(1)
>>> f()
```

2°

Que fait le code suivant

```
>>> class MaClasse :
    def f(x) :
        return 'void'
>>> a = MaClasse()
>>> MaClasse.f()
>>> a.f()
```

Corrigé

1°On définit une fonction prenant un argument et retournant un string

```
>>> def f(x) :
  return 'void'
>>> f(1)
# f(1)
# return 'void'
'void'
>>> f()
TypeError: f() missing 1 required positional ar-
gument : 'x'
```

On a une erreur sémantique, on avait spécifié
que l'on passerait un argument.

2° On a

```
>>> class MaClasse :
  def f(x) :
    return 'void'
```

On a défini la même fonction que dans la question 1° sauf qu'elle se trouve dans le corps d'une
méthode : c'est une méthode de la classe MaC-
lasse

```
>>> MaClasse.f(1)
# f(x) :
# f(1)
```

```
# return 'void'

'void'

>>> MaClasse.f()

# f()

TypeError: f() missing 1 required positional ar-
gument: 'x'
```

Comme pour la question 1 , il se produit une erreur sémantique quand on omet l'argument. On va créer une instance de notre classe.

```
>>> a = MaClasse()

>>> a.f()

# a.f()

# a.f(x)

# f(a)

# return void

'void'
```

La manœuvre a marché, dans l'appel d'une méthode par une instance c'est **l'instance qui prend la place de l'argument**.

A retenir :

Une méthode d'une classe qui prend n arguments

```
>>> methode(arg1, arg2, arg3, ..., argn)
```

On a

```
>>> instance.methode()
```

donne

```
>>> methode(instance,arg2, arg3, ..., argn)
```

>>> Exercice 382

Que fait le code suivant

```
>>> class c :
  def f(x, y) :
    return 'hello'
>>> c.f(1,2)
>>> c1=c()
>>> c1.f()
>>> c1.f(2)
```

Corrigé exercice 382

On a

```
>>> class c :
  def f(x, y) :
    return 'hello'
```

Une classe qui contient une méthode prenant deux variables

```
>>> c.f(1,2)
```

```
# return 'hello'

hello

>>> c1=c()

>>> c1.f()

# c1.f()

# f(c1)

# TypeError : f() missing 1 required positional
argument : 'y'

>>> c1.f(2)

# c1.f(2)

# f(c1, 2)

# return 'hello'

'hello'
```

>>> 33.2.2.La méthode __init__
>>> **Exercice 383**

1° Que fait le code suivant

```
>>> class Compte:

    """ Compte Bancaire d'un client """

>>> compte_client1 = Compte()

>>> compte_client1.nom = 'derp'

>>> compte_client1.adresse = 'Rome'
```

```
>>> compte_client1.montant = 56
```

2° Que fait le code suivant

```
>>> class Compte:
  """ Compte Bancaire d'un client """
  def __init__(self, nom, adresse, montant):
    self.nom = nom
    self.adresse = adresse
    self.montant = montant
>>> Compte.__doc__
>>> c1 = Compte('derp', 'rome', 42)
>>> c1.nom
>>> c1.adresse
>>> c1.montant
>>> c2 = Compte('derpina', 'tokyo', 100)
>>> print(c2.nom, c2.adresse, c2.montant)
```

Corrigé exercice 383

1° On a une classe ayant pour nom Compte avec une docstring.

On a une instance de Compte qui s'appelle compte_client1.

Cette instance va avoir trois attributs qui ont pour nom : nom, adresse et montant

```
>>> class Compte:
    """ Compte Bancaire d'un client """
>>> compte_client1 = Compte()
>>> compte_client1.nom = 'derp'
>>> compte_client1.adresse = 'Rome'
>>> compte_client1.montant = 56
>>> compte_client1.nom
'derp'
>>> compte_client1.adresse
'Rome'
>>> compte_client1.montant
56
```

Il peut y avoir un inconvénient si l'on veut créer plusieurs instances, il faudrait recopier le code autant de fois que d'instances.

Schéma simplifiée

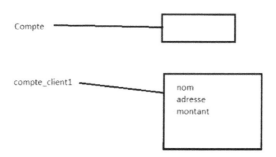

2° On a

```
>>> class Compte:
  """ Compte Bancaire d'un client """
  def __init__(self, nom, adresse, montant):
    self.nom = nom
    self.adresse = adresse
    self.montant = montant
>>> Compte.__doc__
" Compte Bancaire d'un client "
```

La méthode spéciale __doc__ permet d'accéder à
la docstring de notre classe

On va créer notre première instance c1

```
>>> c1 = Compte('derp', 'rome', 42)
# def __init__(c1, nom, adresse, montant):
  c1.nom = nom
  c1.adresse = adresse
```

```
  c1.montant = montant
# def __init__(c1, 'derp', 'rome', 42):
  c1.nom = 'derp'
  c1.adresse = 'rome'
  c1.montant = 42
```

Ici on comprend pourquoi l'argument self doit être placer en premier

```
>>> c1.nom
'derp'
>>> c1.adresse
'rome'
>>> c1.montant
42
>>> c2 = Compte('derpina', 'tokyo', 100)
>>> print(c2.nom, c2.adresse, c2.montant)
derpina tokyo 100
```

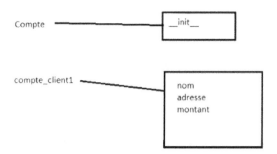

>>> Exercice 384

1° Soit le code suivant

```
>>> class c() :
  def __init__(self, a, b) :
    self.a = a
    self.b = b
  def f(c,d) :
    return c + d
>>> c1 = c("hello", [1,2])
```

a) Combien de méthodes possède la classe c ?

b) Comment s'appelle l'instance de c ?

c) L'instance possède son propre espace de nommage ?

2° Que fait le code suivant

```
>>> c1.a
>>> c1.b
```

```
>>> c1.c = 'salut'
```

Corrigé exercice 384

1° a) La classe c possède deux méthodes : __init__ et f

b) c1 est l'instance de c

c) une instance possède son propre espace de nommage

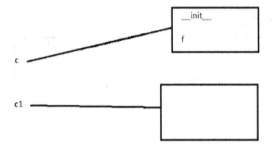

2°

On a

```
>>> c1.a
'hello'
>>> c1.b
[1,2]
>>> c1.c = 'salut'
```

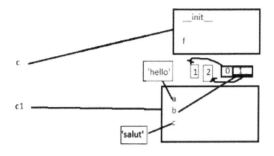

>>>

34.FONCTIONS: PARTIE 2

« soit f(x) la fonction … » nightmare

>>> 34.1.Les arguments d'une fonction

>>> Exercice 385

Que fait le code suivant

```
>>> def f(a) :
  return a
>>> f(1)
>>> f('1')
>>> f([1])
>>> f((1,))
>>> f({ 'un':1})
>>> f({1})
```

```
>>> a = 1
>>> f(a)
```

Corrigé

On définit une fonction prenant un seul argument et dont le return est cet argument.

```
>>> def f(a) :
    return a
```

On a

```
>>> f(1)
1
>>> f('1')
'1'
>>> f([1])
[1]
>>> f((1,))
(1,)
>>> f({'un':1})
{'un':1}
>>> f({1})
{1}
>>> a = 1
```

```
>>> f(a)
# f(1)
# return 1
# 1
1
```

Nous avons passé les types suivants comme arguments : int, string, liste, tuple, dictionnaire, set et même une variable.

>>> Exercice 386

Que fait le code suivant

```
>>> a, b = 1, 'un'
>>> def f(x):
    return x
>>> f(a)
>>> f(b)
```

Corrigé exercice 386

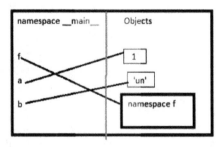

a et b des arguments non mutables (int et str)

```
>>> f(a)
# f(1)
# return 1
1
>>> f(b)
# f('un')
# return 'un'
'un'
```

>>> 34.1.1.Les arguments non mutables
« du mutagène » une tortue

>>> Exercice 387

1° Que fait le code suivant

```
>>> def f(x):
  return x
>>> f(1)
>>> f(1+1)
>>> f(1*4)
>>> f(2/0)
>>> f()
```

2° Que fait le code suivant

```
>>> f('1')
```

assad patel

```
>>> f('1' + '1')

>>> f('1' + 1)
```

Corrigé

1°

```
>>> def f(x):
   return x
>>> f(1)
# return 1
# 1
1
>>> f(1+1)
# f(1+1)
# f(2)
# return 2
# 2
2
>>> f(1*4)
# f(1*4)
# f(4)
# return 4
```

```
# 4
```

`4`

```
>>> f(2/0)
```

```
# f(2/0)
```

ZeroDivisionError: division by zero

ZeroDivisionError: division by zero

```
>>> f()
```

TypeError: f() missing 1 required positional argument: 'x'

```
>>> f
```

`<function f at 0x03041198>`

2° On a

```
>>> f('1')
```

`'1'`

```
>>> f('1'+'1')
```

`'11'`

```
>>> f('1'+1)
```

```
TypeError: can only concatenate str (not "int")
to str
```

>>> ## 34.1.2.Les arguments mutables

>>> *34.1.2.1.En argument : une liste*

>>>**Exercice 388**

Que fait le code suivant

1°

```
>>> def f(x) :
  return x
>>> f([1,2])
```

2° Soit le code suivant

```
>>> def f(x) :
  i=0
  while(i<2) :
    x.append(i)
    i=i+1
  return x
```

a) Comment s'appelle la variable i ?

b) Faire un schéma

c) Que fait le code suivant

```
>>> f([])
```

```
>>> f([1])
```

Corrigé

1°

```
>>> def f(x) :
    return x
>>> f([1,2])
# f([1,2])
# return [1, 2]
[1, 2]
```

2° On a

a) i est définie dans le block de f c'est une variable locale

b) On a

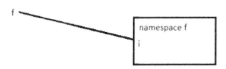

On a

```
iteration  x = []      i
1            x=[0]     0
2            x=[0,1]   1
iteration x =[1]  i
1          x=[1,0] 0
2          x=[1,0,1] 1
```

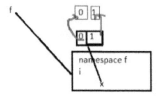

> >>> f([])
>
> [0,1]
>
> >> f([1])
>
> [1,0,1]

>>> Exercice 389

Soit le code suivant

> >>> L = [ ]
>
> >>> def f(x) :
>
>   for i in range(2) :
>
>   x.append(i)

1° a) Faire un schéma

b) Combien d'itérations fera la boucle for ?

2° Que fait le code suivant

> >>> f(1)

3° a) Soit le code suivant

```
>>> f(L)
```

Faire un schéma

b) Que fait le code suivant

```
>>> L
```

Corrigé exercice 389

1° a)On a deux espaces de nommage car la fonction f a son propre espace de nommage

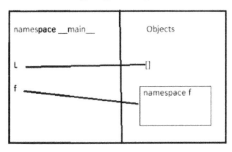

b) la boucle for fera deux itérations, i vaudra 0 et 1

2° On a

```
>>> f(1)

# 1.append(1)

# AttributeError: 'int' object has no attribute 'append'

AttributeError: 'int' object has no attribute 'append'
```

L'objet int n'a pas de méthode append( )

3°a) Il se passe un phénomène intéressant. La variable L référence l'objet [ ] mais comme elle est passée en argument dans la fonction f le paramètre x référence exactement la même liste [ ]. Ceci est possible car les espaces de variables sont séparées mais pas l'espace des objets. On a une référence partagée sur un objet mutable : on s'expose donc à un effet de bord.

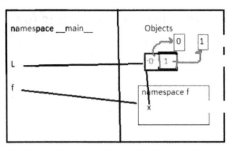

```
iteration x = L   x.append(i)      x      L
1          x = L  [].append(0)    [0]    [0]
2          x = L  [0].append(1)   [0,1] [0,1]
```

```
>>> L
[0, 1]
```

b) On a

```
>>> L
[0, 1]
>>> x
NameError : name 'x' is not defined
```

>>> *34.1.2.2.En argument : un dictionnaire*

>>> **Exercice 390**

1°Que fait le code suivant

```
>>> def f(x):
  return x + 1
>>> f({'dico':1})
```

2° Que fait le code suivant

```
>>> def f(x):
  return {'dico': x}
>>> f(1)
>>> f('11')
>>> f({'mot': 42})
```

Corrigé

1° On a

```
>>> def f(x):
  return x + 1
>>> f({'dico':1})
# f({'dico':1})
# return {'dico':1} + 1
# TypeError: unsupported operand type(s) for
+: 'dict' and 'int'
TypeError: unsupported operand type(s) for +:
```

```
'dict' and 'int'
```

On remarque que {'dico':1} + 1 n'est donc par une expression valide

2° On a un return d'un dictionnaire

```
>>> def f(x):
   return {'dico': x}
>>> f(1)
# return {'dico': 1}
{'dico':1}
>>> f('11')
# return {'dico':11}
{'dico':11}
>>> f({'mot': 42})
# return {'dico': {'mot':42}}
{'dico': {'mot':42}}
```

>>> **Exercice 391**

Que fait le code suivant

```
>>> def f(x):
   return {x : 108}
>>> f(1)
>>> f([1,2])
```

```
>>> f('1')
```

Corrigé exercice 391

On a

```
>>> f(1)

# return {1:108}

{1:108}

>>> f([1,2])

# return {[1,2]:108}

# TypeError: unhashable type: 'list'

TypeError: unhashable type: 'list'

>>> f('1')

# return {'1':108}

{'1':108}
```

Une clé doit obligatoirement être un *objet non mutable* : on lui a passé une liste qui est un objet mutable ce qui a produit le TypeError

>>> 34.2.Les arguments par défaut et nommés

« votre plus grand défaut ? nommez-le ! »

>>> 34.2.1.Les argument par défaut

>>> Exercice 392

1° Que fait le code suivant

```
>>> def f(a, b) :

    return a

>>> f(1)
```

2° Soit le code suivant

```
>>> def f(a, b = 'hello') :

    return a
```

a) Comment s'appelle l'argument b ?

b) Que fait le code suivant ?

```
>>> f(1)
```

Corrigé exercice 392

1° f est une fonction à deux variables a et b avec un return.

```
>>> def f(a, b) :

    return a

>>> f(1)

TypeError: f() missing 1 required positional argument: 'b'
```

On ne peut pas appeler la fonction f avec un seul argument même si b n'apparaît pas dans le block de la fonction.

2° a) b s'appelle un **argument par défaut**

```
>>> def f(a, b = 'hello') :
```

```
return a
```

b)

```
>>> f(1)
# def f(1, b='hello') :
# return 1
# 1
1
```

L'appel de la fonction s'est fait sans erreur.

A retenir :

```
>>> def f(argument1, argument2 = 'valeur') :
  block
```

Si l'on ne passe rien à argument2, il prendra la valeur définit par défaut.

>>> Exercice 393

Soit le code suivant

```
>>> def f(a, b = 'world') :
  return a + b
```

1° Quel opérateur a-t-on dans le block de f ?

2° Que fait le code suivant

```
>>> f('hello')
>>> f('hello', 'python')
```

3° Que fait le code suivant

```
>>> f(1)
>>> f(1,2)
```

4° Que fait le code suivant

```
>>> f([1])
>>> f([1],[2])
```

Corrigé exercice 393

1° On trouve l'opérateur + dans le block de f. Il peut servir pour différents types.

2° On a

```
>>> f('hello')
# f('hello', b = 'world')
# return 'hello' + b
# return 'hello' + 'world'
# return 'helloworld'
'helloworld'
>>> f('hello', 'python')
# f('hello', 'python')
# return 'hello' + 'python'
# return 'hellopython'
'hellopython'
```

3° On a

```
>>> f(1)

# f(1, b='world')

# return 1 + 'world'

# TypeError: unsupported operand type(s) for
+: 'int' and 'str'

TypeError: unsupported operand type(s) for +:
'int' and 'str'
```

L'expression 1 + 'world' n'est pas valide

```
>>> f(1,2)

# f(1, 2) :

# return 1 + 2

# return 3

3
```

L'argument par défaut porte bien son nom, si l'on ne spécifie aucun argument il prendra par défaut la valeur 'world'.

4° On a

```
>>> f([1])

# f([1], b = 'world')

# return [1] + 'world'

# TypeError: can only concatenate list (not
"str") to list
```

```
TypeError: can only concatenate list (not "str")
to list
```

L'expression [1] +'world' n'est pas valide

```
>>> f([1],[2])

# f([1], [2])

# return [1] + [2]

# return [1,2]

[1,2]
```

>>> **Exercice 394**

Que fait le code suivant

```
>>> def f(a='hello', b) :

  return a + b

>>> def f(a, b = 'hello') :

  return a + b

>>> f( )
```

Corrigé exercice 394

On a

```
>>> def f(a='hello', b) :

  return a + b

SyntaxError: non-default argument follows de-
fault argument
```

Une erreur de syntaxe, on doit toujours placer l'argument par défaut en second

```
>>> def f(a, b = 'hello') :
    return a + b
```

La syntaxe est correcte

```
>>> f()
TypeError: f() missing 1 required positional argument: 'a'
```

Il fallait donner au moins le premier argument.

>>> Exercice 395

Que fait le code suivant

```
>>> def f(a, b = 'hello')
  if a == 0 :
    return 'salut'
  else :
    return b
>>> f()
>>> f(1)
>>> f(0)
```

Corrigé exercice 395

On a

```
>>> f( )
```

```
TypeError: f() missing 1 required positional ar-
gument: 'a'

>>> f(1)

# if 1 == 0 :

# if False :

# else :

# return b

# return 'hello'

'hello'

>>> f(0)

# if 0 == 0 :

# if True :

# return 'salut'

'salut'
```

>>> *34.2.1.1.Un argument par défaut mutable*
>>> **Exercice 396 (doc Python)**

Que fait le code suivant

```
>>> def f(a, L=[]) :

  L.append(a)

  return L

>>> f(1)
```

```
>>> f(2)

>>> f(3)
```

Corrigé exercice 373

L'argument par défaut est la liste vide. On a

```
>>> f(1)

# f(1, L = []):

# [].append(1)

# [1]

# return [1]

[1]

>>> f(2)

# f(2, L = [1]):

# [1].append(2)

# [1, 2]

# return [1, 2]

[1, 2]

>>> f(3)

# f(3, L = [1, 2]):

# [1, 2].append(3)

# [1, 2, 3]
```

```
# return [1, 2, 3]
[1, 2, 3]
```

>>> Exercice 397 (doc python)

Que fait le code suivant

```
>>> def f(a, L= None):
  if L == None:
    L = []
    L.append(a)
  return L
>>> f(1)
>>> f(2)
>>> f(3)
```

Corrigé exercice 397

On a

```
>>> f(1)
# f(1, L= None):
# if L == None:
# if None == None:
# if True:
# L = []
```

```
# [].append(1)
# [1]
# return [1]
[1]
>>> f(2)
# f(2, L = None):
# if L == None:
# if None == None:
# if True:
# L = []
# [].append(2)
# [1]
# return [2]
[2]
>>> f(3)
# f(3, L = None):
# if L == None:
# if None == None:
# if True:
# L = []
```

```
# [].append(3)

# [1]

# return [3]

[3]
```

>>> 34.2.2.Arguments nommés
>>> Exercice 398

Soit le code suivant

```
>>> def f(a= 'un ', b= 'deux ') :
  return a + b
```

1° Quels sont les valeurs par défaut des arguments a et b de f?

2° Que fait le code suivant

```
>>> f()
```

3° Que fait le code suivant

```
>>> f(a = 'deux ', b= 'un ')
```

4° Que fait le code suivant

```
>>> f(b= 'deux ', a = 'un ')
```

5°

```
>>> f(c= 'un', d= 'deux')

>>> f('un', 'deux')
```

Corrigé exercice 398

1° Les valeurs par défaut sont les string 'un' et

'deux'

2° On a un appel de la fonction sans argument mais ils ont des valeurs par défaut

```
>>> f()

# f('un', 'deux') :

# return 'un' + 'deux '

# return 'undeux'

'undeux'
```

3° On a une nouvelle notation on peut désormais « nommer » ou mettre l'argument suivi de sa valeur dans les paramètres de la fonction

```
>>> f(a = 'deux ', b = 'un')

# f(a = 'deux', b = 'un')

# return 'deux' + 'un'

# return 'deuxun'

'deuxun'
```

4° Autre nouveauté on peut changer l'ordre de l'appel des arguments ici on appelle b en premier puis a

```
>>> f(b = 'deux', a = 'un ')

# return 'deux' + 'un'

# return 'deuxun'
```

```
'deuxun'
```

5° Ici on essaie d'appeler un nouvel argument nommé c avec sa valeur 'un' de même pour d et sa valeur 'deux' mais on a une erreur

```
>>> f(c = 'un', d = 'deux')

TypeError: f() got an unexpected keyword argument 'c'

>>> f('un', 'deux')

# return 'un' + 'deux'

'undeux'
```

A retenir :

```
>>> def f(argument1 = valeur1, argument2 = valeur2, ..., argumentn = valeurn) :
    block
```

On peut appeler les différents arguments de f dans n'importe quel ordre par exemple et avec n'importe quelle valeur

```
>>> f(argumentn = valeur1, argument2 = valeurn, ..., argument1 = valeur1)
```

>>> **Exercice 399**

Soit fait le code suivant

```
>>> def f(a, b = 'hello ', c = 'world ', d = 'moon ') :
    print(c)
```

```
print(a)

print(d)

print(b)
```

1° Quel est la différence entre l'argument a et les autres arguments que sont b, c et d ?

2° Que fait le code suivant

```
>>> f(1000)

>>>f(a=1000)

>>> f(a= 'hello', c= 'zorglub')

>>> f()
```

Corrigé

1° L'argument a n'a pas de valeur par défaut tandis que les autres en ont.

2°

```
>>> f(1000)

# f(1000 , b= 'hello', c= 'world', d= 'moon')

world

1000

moon

hello

>>>f(a=1000)
```

assad patel

```
# f(a = 1000, b = 'hello', c = 'world', d = 'moon')

# f(1000, b = 'hello', c = 'world', d = 'moon')

world

1000

moon

hello

>>> f(a = 'hello ', c = 'zorglub ')

# f(a = 'hello ', b = 'hello ', c = 'zorglub ', d = 'moon ')

zorglub

hello

moon

hello

>>> f()

# f(  , b = 'hello ', c = 'zorglub ', d = 'moon ')

TypeError: f() missing 1 required positional ar-
gument: 'a'
```

>>> exercice 400

Que fait le code suivant

```
>>> def g(a) :

  return a

>>> g(1)
```

```
>>> g(a=1)
>>> g(a='1')
>>> g(b=1)
```

Corrigé exercice 400

On définit une fonction sans argument par défaut ni nommé mais …

```
>>> g(1)
# return 1
1
>>> g(a=1)
# g(1)
# return 1
1
>>> g(a='1')
# g('1')
# return '1'
'1'
>>> g(b=1)
TypeError: g() got an unexpected keyword argument 'b'
```

>>> **Exercice 401**

Que fait le code suivant

```
>>> def agenda(nom = 'john ', prenom = 'doe ') :
    return {'nom ': nom , 'prenom ': prenom}
>>> agenda()
>>> agenda('python', 3)
```

Corrigé exercice 401

On a

```
>>> def agenda(nom = 'john ', prenom = 'doe ') :
    return {'nom ': nom , 'prenom ': prenom}
>>> agenda()
# agenda (nom = 'john ', prenom= 'doe ')
# return {'nom ': 'john ', 'prenom ' = 'doe '}
{'nom ': 'john ', 'prenom ' = 'doe '}
>>> agenda('python ', 3)
# return {'nom ': 'python ', prenom = '3 '}
{'nom ': 'python ', 'prenom ' = '3 '}
```

>>> *34.3.Référence partagée*
avec les fonctions

« quels sont vos références ? »

>>> 34.3.1.Espace des variables
et espace des objets

>>> **Exercice 402**

Que fait le code suivant

```
>>> def f(x):
    return x+1
>>> x = 1
>>> f(1)
>>> x
```

Corrigé exercice 402

Une fonction possède son propre espace de variable. On a donc deux espaces de variables dans ce code.

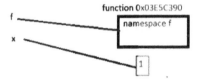

On peut le vérifier

```
>>> f
<function f at 0x03E5C390>
>>> x
1
```

On a

```
>>> def f(x):
    return x+1
```

assad patel

```
>>> x = 1
>>> f(1)
# f(x) :
# f(1) :
# return 1 + 1
# return 2
2
>>> x
1
```

>>> Exercice 403

1° Faire un schéma

```
>>> x = 1
>>> def f() :
  x = 2
  print(x)
>>> x
```

Corrigé

On a

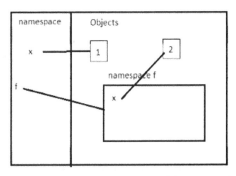

Nous avons deux variables x qui se situent dans deux espaces de variables différents, ils sont totalement étrangers l'un à l'autre.

On a

```
>>> x = 1
>>> def f():
  x = 2
  print(x)
>>> x
1
>>> f()
# x = 2
# print(x)
# 2
2
```

>>> **Exercice 404**

Soit le code suivant

```
>>> def f(x) :
    return x + 1
>>> g = f
```

1° a) Que référence la variable f ?

b) Que référence la variable g ?

2° Que fait le code suivant

```
>>> f(3)
>>> g(3)
```

Corrigé exercice 404

1° a) On a

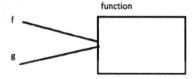

la variable f référence un objet fonction

b) La variable g référence le même objet fonction de la variable f. On a une référence partagée.

2°

```
>>> f(3)
#return 3 + 1
4
```

```
>>> g(3)
# return 3 + 1
4
```

>>> 34.3.1.1.Une liste comme argument d'une fonction

>>> Exercice 405

Que fait le code suivant

```
>>> L = [1, 2, 3]
>>> def f(x) :
  x.pop()
  return L
```

1°a) Quels sont les espaces de variables en présence ?

b) que dit le code suivant

```
>>> help(list.pop)
pop(self, index=-1, /)

   Remove and return item at index (default last).

   Raises IndexError if list is empty or index is out of range.
```

2° Que fait le code suivant

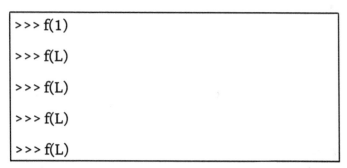

```
>>> f(1)

>>> f(L)

>>> f(L)

>>> f(L)

>>> f(L)
```

Corrigé

1° a) On a

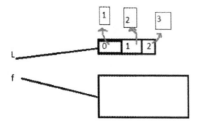

b) On découvre que pop est une méthode de la classe list.

Elle prend en argument self soit l'instance de la classe list (n'importe quelle liste en somme) et possède un argument par défaut.

2° On peut remarquer déjà que le block de f contient une méthode de la classe liste, donc tout argument autre que de type liste produira une erreur sémantique.

On note la présence d'un effet de bord quand la liste L sera passée en argument.

```
>>> f(1)
```

```
# 1.pop()

# AttributeError: 'int' object has no attribute
'pop'

AttributeError: 'int' object has no attribute
'pop'
```

La liste L est passée en argument

```
>>> f(L)

# f([1,2,3])

# [1,2,3].pop()

# pop([1,2,3], index = -1)

# 3

# L = [1,2]

# return L

[1, 2]
```

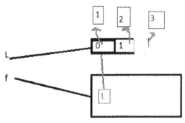

```
>>> f(L)

# f([1,2])

# [1,2].pop()
```

assad patel

```
# pop([1,2], index = -1)
# 2
# L = [1]
# return L
[1]
```

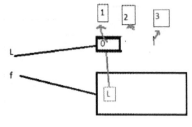

```
>>> f(L)
# f([1])
# [1].pop()
# pop([1], index = -1)
# 1
# L = []
# return L
[]
```

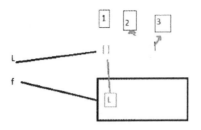

```
>>> f(L)

# f([])

# [].pop()

# pop([], index = -1)

# IndexError: pop from empty list

IndexError: pop from empty list
```

>>> 35.PORTÉE D'UNE VARIABLE

« i am the … variable »

>>> 35.1.La variable locale

>>> exercice 406

Que fait le code suivant

```
>>> def f( ) :
  x = 1
  print(x)
>>> x = 2
```

1° a) Faire un schéma

b) comment appelle-t-on la variable x appartenant au block de f ? le x définit à l'extérieur ?

2° Que fait le code suivant

```
>>> f()
>>> x
```

Corrigé exercice 406

1° a) On a

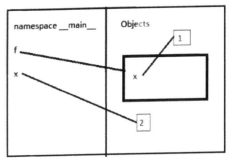

b) La variable x définit dans le block de f (dans le rectangle de f dans l'espace de objets sur le schéma) s'appelle une variable locale. Celle définit à l'extérieur s'appelle une variable globale.

2° On a

```
>>> f()
# x = 1
# print(1)
# 1
1
>>> x
2
```

A retenir :

```
>>> def f( ) :
    variables locales
```

Les variables locales sont définies dans les blocks des fonctions

>>> **Exercice 407**

Soit le code suivant

```
>>> a = 1
>>> b = 2
>>> c = 3
>>> def f( ) :
    d = 4
    e = 5
```

1° Comment appelle-t-on les variables a, b et c ?

2° Comment appelle-t-on les variables d et e ?

Corrigé exercice 407

1° Les variables a, b et c ne sont définis dans aucun block de fonction, ce sont des variables globales.

2° Les variables d et e sont définis dans le block de la fonction f( ) ce sont des variables locales.

Schéma simplifiée

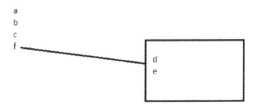

>>> 35.1.1.Règle de priorité variable locale / variable globale

>>> Exercice 408

1° Que fait le code suivant :

```
>>> def f( ) :
  x = 1 / 0
  return x
>>> x = 1
>>> f()
```

2° Que fait le code suivant

```
>>> def f() :
  print(x)
>>> f()
>>> x = 1
>>> f()
```

3° Que fait le code suivant

```
>>> def f( ) :
```

assad patel

```
x = 1
print(x)
>>> x = 2
>>> f( )
```

Corrigé

1° Ce code ne comporte aucune erreur en effet, le block de code d'une fonction n'est évalué que lors de l'appel de celle-ci. On a

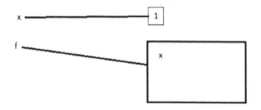

On fait un appel de fonction le code du block est évalué et on a notre erreur sémantique

```
>>> f()
ZeroDivisionError: division by zero
```

2° On a

```
>>> def f( ):
print(x)
```

Aucun appel de f n'a pas encore été effectué la fonction f est définie et son block n'est pas évalué.

```
>>> f()

# print(x)

# NameError: name 'x' is not defined

NameError: name 'x' is not defined
```

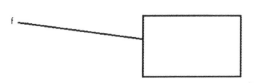

```
>>> x = 1
```

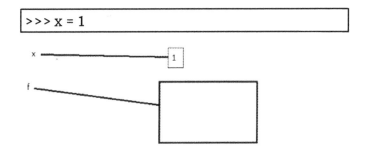

```
>>> f()

# print(x)

# aucune variable dans l'espace de f

# on va dans l'espace des variables du __main__

# print(x)
```

assad patel

```
# print(1)

# 1

1
```

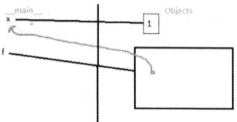

3° On a

```
>>> def f():

  x = 1

  print(x)

>>> x = 2
```

On a

```
>>> f()

# x = 1

# print(x)
```

```
# print(1)
1
```

La règle est de regarder si la variable est définie dans le block de la fonction : localement. Ici oui, x référence l'objet 1.

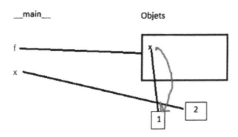

A retenir :

La variable locale définie dans le block d'une fonction a priorité sur une variable globale lors de l'évaluation de celle-ci.

>>> **Exercice 409**

Que fait le code suivant

```
>>> def f( ):
  x = 'hello local'
  print(x)
>>> x = 'hello global'
>>> f()
>>> print(x)
```

Corrigé exercice 409

La fonction f a une variable locale x. Dans l'espace principal est aussi défini une variable portant le même nom mais ces deux variables référencent des objets différents.

On évalue f, la règle de priorité dit que c'est la variable locale qui prime

```
>>> f()
# x = 'hello local'
# print(x)
# print('hello local')
# hello local
hello local
```

On appelle désormais la fonction print( ) dans l'espace des principal c'est la variable globale qui prime

```
>>> print(x)
# print('hello global')
# hello global
hello global
```

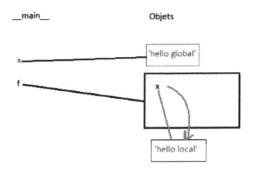

>>> 35.2.Fonction englobante

>>> Exercice 410

Soit le code suivant

```
>>> def f( ) :
  x = 2
  def g( ) :
    x = 3
    print(x)
  g()
```

1° Que contient le block de la fonction f ?

2° Que contient le block de la fonction g ?

3° Que fait le code suivant

```
>>> f()
```

Corrigé exercice 410

1° Le block de f contient une variable locale x et une fonction g. f englobe la fonction g, on l'appelle fonction englobante.

2° Le block de g de contient une variable locale et une fonction d'affichage.

3° On fait un appel de f son block va être évaluée.

```
>>> f()
# x = 2
# def g( )
# g()
```

Le block de f a été évaluée.

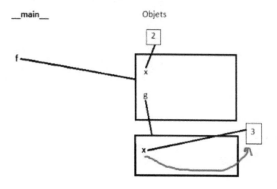

A l'instruction g( ) on va évaluer le block de la fonction g( )

```
# g()
# x = 3
# print(x)
```

Pour print(x) la règle qui s'applique de rechercher la variable x dans l'espace des variables de g. On affiche donc la valeur de x de l'espace de g.

```
# print(x)
# print(3)
3
```

>>> Exercice 411

Soit le code suivant

```
>>> def f( ):
  x = 1
  def g( ):
    print(x)
  g( )
```

1° Comment appelle-t-on la fonction g( ) ? La fonction f( ) ?

2° Que fait le code suivant

```
>>> f( )
```

Corrigé exercice 411

1° La fonction f contient la fonction g. Elle est englobante à celle-ci.

2° On a

```
# x = 1
```

```
# def g( ) :
# g( )
```

l'appel de g( ) entraîne l'évaluation de son block

```
# print(x)
```

aucune variable n'est définie dans l'espace des variables de g, la règle veut qu'on ailler regarder dans l'espace des variables de la fonction englobante f( )

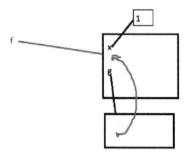

on a trouvé la variable x dans l'espace de f d'où

```
# print(1)
# 1
1
```

>>> Exercice 412

1° a)Que fait le code suivant

```
>>> print(x)
>>> def f():
  def g():
```

```
    print(x)
>>> f()
```

b) Que fait le code suivant

```
>>> def f( ) :
  def g() :
    print(x)
  g()
>>> f()
```

2° Que fait le code suivant

```
>>> x = 1
>>> def f( ) :
  def g() :
    print(x)
  g()
>>> f()
```

Corrigé

1° a) On a

```
>>> print(x)
NameError: name 'x' is not defined
```

Le block de f contient une seule instruction qui est la définition de la fonction g. Aucun appel de g() n'a été effectué, il n'y aura donc aucune erreur.

```
>>> f()
# def g()
>>>
```

b) On a

```
>>> def f( ) :
  def g() :
    print(x)
  g()
>>> f()
NameError: name 'x' is not defined
```

Ici on a un appel de g() dans la fonction son block sera donc évaluée. On arrive à l'instruction print(x) :

• x est-elle définie l'espace des variables de g(1) : Non

• x est-elle définie l'espace des variables de f (2) : Non

• x est-elle définie l'espace des variables principal (3) : Non

Donc notre erreur sémantique.

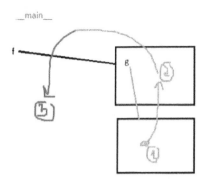

2° On a

```
>>> x = 1
>>> def f( ):
  def g():
    print(x)
  g()
>>> f()
# def g()
# print (x)
```

la variable x est-elle définie dans l'espace de g ? non

la variable x est-elle définie dans l'espace de f ? non

La variable x est-elle définie dans l'espace principal ? Oui

```
# print(1)
```

assad patel

1

1

__main__

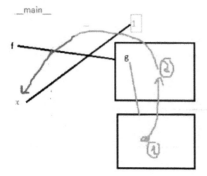

f

x

g

>>>

36.MODULES : PARTIE 2

« module 1 : hello »

>>> 36.1.Espace des variables d'un module

>>> Exercice 413

Soit le contenu d'un fichier python de nom fichier.py

```
a = 1

b = 3
```

1°a) Que fait le code suivant

```
>>> import fichier
```

b) Module est un objet en Python ?

Vrai   Faux

c) Que fait le code suivant

```
>>> fichier.__name__
```

2° Que fait le code suivant

```
>>> a, b = 2, 4
>>> print(a,b)
>>> fichier.a
>>> fichier. b
```

Corrigé

1° On importe le fichier dans l'interpréteur, le module fichier va avoir son propre espace des variables

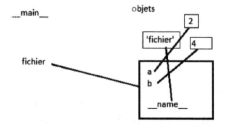

b) Vrai un module est un objet. Ici l'objet Module est référencée par la variable fichier.

c) On va avoir le nom de la variable qui référence le module fichier

```
>>> fichier.__name__
'fichier'
```

2° On a

```
>>> a, b = 2, 4
>>> print(a,b)
```

```
# print(2,4)

# 2 4

2 4

>>> fichier.a

# fichier.a

# fichier.1

1

>>> fichier.b

# fichier.b

# fichier.4

4
```

A retenir

- Un module possède son propre espace de variables

- On accède à ses variables de la façon suivante module.variable (avec l'opérateur .(dot))

>>> Exercice 414

Soit un fichier module.py qui contient le code suivant

```
a = 2
b = True
```

Que fait le code suivant

```
>>> import module
>>> a = 3
>>> module.a
>>> print(module.b)
```

Corrigé

On importe le fichier module qui contient deux noms de variables : a et b.

On a une variable globale a valant 3.

On veut accéder à l'objet référencé par la variable a définie dans le module.

```
>>> module.a
# module.a
# module.2
2
>>> print(module.b)
# print(module.True)
# print(True)
True
```

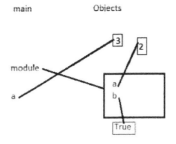

main   Objects

>>> 36.1.1.Les fonctions définies dans un module

>>> **Exercice 415**

Le fichier module1.py contient le code suivant

```
def f( ) :
  x = 1
  return x
a = 3
```

Soit le code suivant

```
>>> import module1
```

1° Combien a-t-on d'espaces de variables ?

2° Que fait le code suivant

```
>>> module1.f()
>>> module1.x
>>> module1.a
```

Corrigé exercice 415

1° Avec l'importation du module on compte désormais trois espaces de variables.

Une pour l'espace des variables principal, une pour le module module1 et une pour la fonction f.

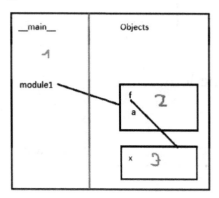

L'espace des variables de f ne contient rien pour l'instant car il n'y a eu aucun appel pour l'instant.

2° On a

```
>>> module1.f()

# x = 1

# return 1

1

>>> module1.x

# module1.x

AttributeError: module 'module1' has no attribute 'x'
```

```
>>> module1.a

# module1.a

#module1.3

3
```

>>> Exercice 416

Soit un fichier module1.py contenant le code suivant

```
def f( ) :

  x = 2

  print(x)
```

Que fait le code suivant

```
>>> import module1

>>> def f( ) :

  x = 1

  print(x)

>>> f()

>>> module1.f()
```

Corrigé exercice 416

On a

```
>>> import module1

>>> def f( ) :
```

```
                    x = 1

                    print(x)
>>> f()
# x = 1
# print(1)
1
>>> module1.f()
# module1.f()
# x = 2
# print(x)
# print(2)
2
```

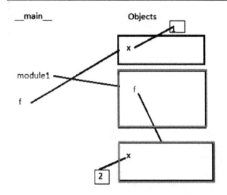

```
>>> 'end'
```

www.ingramcontent.com/pod-product-compliance
Lightning Source LLC
Chambersburg PA
CBHW071230050326
40690CB00011B/2056